U0075535

Knowledge House & Walnut Tree Publishing

Knowledge House & Walnut Tree Publishing

一帶一路：
合作共贏的中國方案

鄒 磊／著

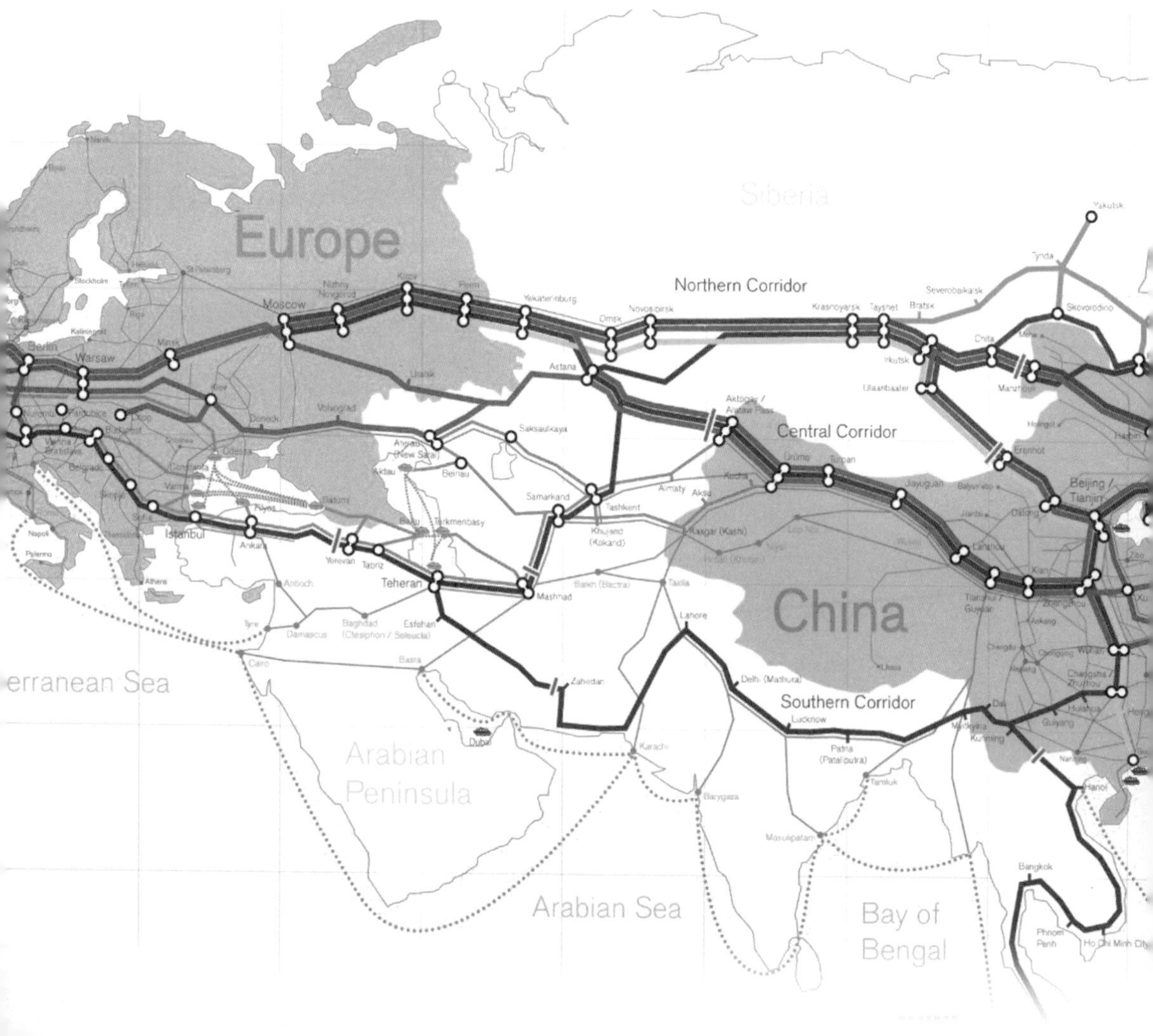

目錄

Contents

引言……007

第一章
「一帶一路」的主要考量 015
一、主要考量……016
二、現實基礎……025
三、時代新意……030

第二章
「一帶一路」的建設思路 037
一、推進原則與思路……039
二、重點路線與走廊……042
三、主要內容……046
四、中國國內各地方定位……053

Contents

第三章
「一帶一路」的多重機遇 057
一、全球發展機遇 058
二、中國發展機遇 064
三、市場機遇 069
四、普通人機遇 074

第四章
「一帶一路」的政府行動 079
一、中央國家機關 080
二、各級地方政府 091

第五章
「一帶一路」的建設進展 103
一、政策溝通 104
二、設施聯通 114
三、貿易暢通 134

Contents

四、資金融通 153
五、民心相通 165

第六章
「一帶一路」的企業參與 175

一、金融 176
二、裝備製造 186
三、優勢產能 191
四、電力 197
五、通信 202
六、鐵路 207
七、港口 213
八、跨境電商 218

Contents

第七章 「一帶一路」的風險應對 225
一、沿線國家內部風險 226
二、跨地區性安全風險 230
三、大國競爭風險 234
四、理性認識與應對風險 237
結語 241
參考文獻 248
後記 253

引言

自二〇一三年九月以來，「一帶一路」已成為了中國內政與外交、中央與地方、政府與市場、政策與學術的核心議題。大至全球治理格局，中至各部委工作安排，小至企業投資經營佈局，都越來越多地受到「一帶一路」的影響。

即便是中國和沿線國家的許多普通人，也正在不同程度且日益明顯地感受到「一帶一路」的存在。在新疆吐魯番種植水果的農民，在重慶組裝筆記型電腦的工人，在福建自貿區從事人民幣跨境業務的銀行職員，在上海從事國際關係研究的青年學者，在哈薩克「雙西公路」沿線開店的餐館老闆，在巴基斯坦山區飽受停電之苦的小學生，在斯里蘭卡科倫坡（Colombo）港貨櫃碼頭工作的吊車司機，在緬甸馬德島（Maday Island）參與中緬原油碼頭建設的青島港員工，在印尼承建雅萬高鐵（雅加達—萬隆）的兩國工人，在埃及蘇伊士經貿合作區上班的紡織女工，在俄羅斯使用阿里巴巴「速賣通」平台網購的女大學生，在西班牙馬德里從事中歐貿易的商人，在英國參與欣克利角C核電站（Hinkley Point C nuclear power station）建設的中法兩國工程師，在全球各地為大型紀錄片《一帶一路》取景的中央電視台編導……無論是主動或被動，他們的學習、工作與生活都在不知不覺間因「一帶一路」而受益或改變。

可以說，「一帶一路」正在參與塑造我們今天所處的世界，很多部門、企業與個人也漸漸習慣於從「一帶一路＋」的角度或在「一帶一路」框架下思考問題。

那麼，什麼是「一帶一路」呢？「一帶一路」是當前中國的重大國際合作倡議和國家發展戰略，在借鑑古代絲綢之路歷史概念的同時，它反映了新時期中國區域發展與對外合作的新思路、新願景，合作對象以亞洲、歐洲和非洲國家為重點，合作內容以經濟和人文交流為主線，當前正從東部與西部、海洋與陸地、國內與國際協同推進建設。

二〇一三年九月七日，中共中央總書記、中國國家主席習近平在哈薩克納扎爾巴耶夫大學（Nazarbayev University）演講時建議：為了使歐亞各國經濟聯繫更加緊密、相互合作更加深入、發展空間更加廣闊，我們可以用創新的合作模式，共同建設「絲綢之路經濟帶」，以點帶面，從線到片，逐步形成區域大合作。❶二〇一三年十月三日，在印尼國會大廈演講時又提出：東南亞地區自古以來就是「海上絲綢之路」的重要樞紐，中國願同東盟國家（Association of Southeast Asian Nations, ASEAN）加強海上合作，使用好中國政府設立的中國—東盟海上合作基金，發展好海洋合作夥伴關係，共同建設二十一世紀「海上絲綢之路」。❷這標誌著在古代絲綢之路衰落數百年之後，中國政府正式向沿線國家發起了共建海陸「新絲綢之路」的合作倡議，簡稱「一帶一路」。此後，「一帶一路」倡議的面向對象逐漸擴展到了亞洲、歐洲、非洲，乃至大洋洲各國，並歡迎所有域外國家共同參與，覆蓋範圍大大超過了古代絲綢之路。

在性質上，「一帶一路」倡議是中國為地區和國際社會提供的公共產品（Public good，公共財），是促進全球互聯互通、合作共贏的「中國方案」。正如習近平在二〇一四年十一月的亞太經濟合作組織（Asia-Pacific Economic Cooperation, APEC）領導人峰會開幕式上所說：隨著綜合國力上升，中國有能力、有意願向亞太和全球提供更多公共產品，特別是為促進區域合作深入發展提出新倡議新設想。中國願意同各國一道推進「一帶一路」建設，更加深入參與區域合作進程，為亞太互聯互通、發展繁榮作出新貢獻。❸對沿線國家而言，「一帶一路」是中國的國際合作倡議；對中國自身而言，「一帶一路」

也是中國新時期的重大國家發展戰略。經過周邊外交工作座談會、中央外事工作會議、中央經濟工作會議、中央財經領導小組會議、全國兩會、中共十八屆三中和五中全會等中共中央重要會議，以及《中共中央關於全面深化改革若干重大問題的決定》《政府工作報告》《中華人民共和國國民經濟和社會發展第十三個五年規劃綱要》等指導性文件的反覆確認，「一帶一路」被確立為國家發展戰略，與「京津冀協同發展」和「長江經濟帶」共同構成了「十三五」時期重點實施的三大區域戰略。

作為國家戰略，「一帶一路」的重要性和高規格體現在哪裡呢？習近平強調，「一帶一路」建設是「擴大開放的重大戰略舉措和經濟外交的頂層設計」，「是今後一個時期要重點拓展的發展新空間」❹。身兼「一帶一路」建設工作領導小組組長的張高麗副總理指出，推進「一帶一路」建設是「對外開放的總抓手」❺。中國國家發展與改革委員會（以下簡稱「國家發改委」）、商務部等具體帶頭推進部門表示，「共建『一帶一路』是習近平向沿線國家提出的重大倡議，是中國當前和今後一段時期對外開放和對外合作的總的綱領」❻。「十三五」規劃明確提出，「以『一帶一路』建設為統領」，構建全方

---

❶ 習近平：〈弘揚人民友誼共創　美好未來——在納扎爾巴耶夫大學的演講〉（二〇一三年九月七日，阿斯塔納），載《人民日報》二〇一三年九月八日，第三版。

❷ 習近平：〈攜手建設中國—東盟命運共同體——在印度尼西亞國會的演講〉（二〇一三年十月三日，雅加達），載《人民日報》二〇一三年十月四日，第二版。

❸ 習近平：〈謀求持久發展　共築亞太夢想——在亞太經合組織工商領導人峰會開幕式上的演講〉（二〇一四年十一月九日，北京），載《人民日報》二〇一四年十一月十日，第二版。

❹ 習近平：〈在黨的十八屆五中全會第二次全體會議上的講話（節選）〉（二〇一五年十月二十九日），載《求是》二〇一六年第一期。

❺ 張高麗：〈完善發展理念〉，收入本書編寫組：《〈中共中央關於制定國民經濟和社會發展第十三個五年規劃的建議〉輔導讀本》，北京：人民出版社，二〇一五年，第一九頁。

❻ 中國國家發改委：〈推進沿邊重點地區開發開放步伐　構築推進「一帶一路」建設重要支撐〉（二〇一六年一月十一日），http://www.sdpc.gov.cn/xwzx/xwfb/201601/t20160111_771029.html。

位開放格局。為此，掌握國家最高經濟決策權的中共中央財經領導小組曾於二〇一四年十一月專門開會，研究和討論推進「一帶一路」建設；中國各省區市和新疆生產建設兵團、國家各部委、各中央企業基本都上報了相應的「一帶一路」對接方案；中國領導人出訪和外國領導人來訪時，「一帶一路」是出鏡率極高的關鍵詞。在中國的政治經濟生活中，這樣的重視矚目程度和資源投入規模，充分體現了「一帶一路」特殊的重要地位。

「一帶一路」倡議絕不是興之所至，而是借鑑了古代絲綢之路的歷史概念，有著深厚的歷史淵源和人文基礎。從公元前二世紀張騫西域鑿空到公元十五世紀初鄭和下西洋的漫長歲月裡，穿越廣袤的草原、沙漠和海洋，在中國與亞洲、非洲、歐洲各國之間長期活躍著一條因絲綢貿易而著稱的貿易通道，此即舉世聞名的「絲綢之路」。「絲綢之路」一詞首見於近代德國地理學家費迪南・馮・李希霍芬（Ferdinand von Richthofen），並經瑞典探險家斯文・赫定（Sven Hedin）於一九三八年出版的同名著作而廣為流傳。最初，這主要用於描述近代西方世界興起以前以中國與中亞、西亞為核心且一度延伸至歐洲的陸上貿易通道。隨著時間的推移，「絲綢之路」的內涵和外延都發生了很大的深化。在內涵上，「絲綢之路」逐漸從一條因絲綢貿易往來而形成的商路擴展為由不同港口、驛站、貨物、原料、思想、文化、宗教和民族結成的複合網絡。在外延上，「絲綢之路」逐漸從原先專指穿越中亞沙漠地帶的「綠洲路」泛化為「綠洲路」「海洋路」「草原路」「西南路」等歐亞之間各條貿易路線的統稱。[7]

不計其數的絲綢、瓷器、茶葉等中國名產，穀物、高粱、肉桂、薑黃、生薑、水稻、麝香、大黃等作物，以及中國的四大發明借由粟特人、波斯人和阿拉伯人向西傳播，為世界文明發展作出了重大的貢獻。同時，各種珍禽異獸、香藥珠寶、貨幣、音樂、舞蹈、飲食、服飾也沿著海陸絲綢之路來到中國。中國古代文獻中記載的一批帶有「胡」字的植物，如胡桃、胡瓜、胡椒、胡蘿蔔等，也大多是在這一時期由西亞、中亞商旅經絲綢之路傳來。可以說，正是絲綢之路使中原華夏文明得以廣泛吸收外來文明，形成了多元的文化景觀。千百年來，從南海到阿拉伯海、地中海，從東南亞到西亞、東非，中國人、粟特人、阿拉伯人、波斯人、印度人、爪哇人、歐洲人、非洲人，以及他們信奉的佛教、祆教、景教、摩尼教、伊斯蘭教等都曾在絲綢之路上留下屬於自己的印記。

今天，「絲綢之路」已成為理解西方世界興起前歐亞之間政治、經濟、民族、宗教、文化交往時最具象徵性的知識圖景、歷史記憶和政治符號。在吉爾吉斯，多個地方的街道以「絲綢之路」命名；在斯里蘭卡科倫坡港務局一號門門外，矗立著一座雕塑，上邊是一個象徵港口和航海的大鐵錨，下面基座的介紹文字中將此處稱為「絲綢之路上物流暢通的金色大門」（參見圖0.1）。雕塑落成於二〇一三年八月五日，在時間上比「一帶一路」倡議還早了一個月。由此可見，古代絲綢之路曾經的輝煌是沿線國家人民的共同記憶。與之相對應的是，以復興絲綢之路的名義

圖0.1　斯里蘭卡科倫坡港務局一號門前雕塑

❼ 鄒磊：《中國「一帶一路」戰略的政治經濟學》，上海：上海人民出版社，二〇一五年，第一—二頁。

重建歐亞大陸內部沉寂已久的地緣經濟紐帶是各方的廣泛共識，冷戰結束以後聯合國、美國、俄羅斯、土耳其、哈薩克、伊朗乃至韓國、日本等都曾提出過各自版本的「新絲綢之路」計劃。

但是，「一帶一路」並非古代絲綢之路的簡單再現。中共中央全面深化改革領導小組辦公室常務副主任、國家發改委副主任穆虹在解讀「十三五」規劃時強調，「『一帶一路』建設是黨中央、國務院根據全球形勢變化和我國發展面臨的新形勢、新任務，統籌國內國外兩個大局作出的重大戰略決策」❽。那麼，當前全球和中國發展的最新形勢是什麼呢？

從全球來看，全球治理格局加速調整，發展中國家和新興經濟體影響力提升，國家間競爭越來越多地轉向對規則制定權和制度性話語權的爭奪；經濟全球化深入發展，各種全球性挑戰層出不窮，需要各國共同應對；歐亞大陸政治安全環境總體改善，大國間發生直接軍事衝突的可能性大大降低，但特定地區地緣政治風險與非傳統安全風險相互交織；全球經濟復甦乏力，主要大宗商品價格暴跌，貿易和投資保護主義有所抬頭，南北差距進一步拉大，地區互聯互通面臨許多瓶頸，發展中國家的工業化進程急需資金和技術支持；中國的綜合國力和國際地位發生了歷史性變化，與各國的利益紐帶進一步加強，國際社會對「中國方案」有了更多的期待。

從中國自身來看，雖然在全球體系中的地位快速提升，議程設置和規則制定的能力有所加強，但西強我弱的局面並未發生根本改變；中國經濟進入新常態，轉型升級面臨關鍵時期，儘管仍是全球經濟的增長引擎，但維護國家經濟安全的壓力也前所未有；外部尤其是周邊政治安全環境錯綜複雜，和平發展所面臨的干擾和挑戰仍然嚴峻；區域發展和對外開放格局仍存在較大失衡，「東強西弱、海強陸弱」的態勢並未發生明顯改變；全方位「走出去」勢頭迅猛，在全球經濟合作中的競爭力增強，但全產業鏈的佈局仍未形成；人民幣國際化進程加快，提升全球經濟治理制度性話語權迎來歷史性機遇。

正是這些內外的宏觀背景，使「一帶一路」呈現出了鮮明的時代特色和中國特色，反映了新時期中國對一系列重大戰略問題的綜合回應和總體部署。

當前，「一帶一路」建設的頂層設計已基本明確，全面務實合作有序推進，一些重大標誌性、示範性項目陸續落地。那麼，在新的歷史起點上，應該如何理解「一帶一路」倡議得以提出的主要考量？它的建設思路和重點內容是什麼？沿線國家、中國自身、企業和普通人，各自將迎來哪些機遇？國家部委和地方政府如何行動，企業如何參與？目前的建設進展如何，發生了哪些精彩的故事？可能面臨風險是什麼，應該怎樣應對？未來的發展前景如何？

這些正是本書各章試圖向讀者一一解答和呈現的。

❽ 穆虹：〈推進「一帶一路」建設〉，載《人民日報》二〇一五年十二月十一日，第七版。

第一章

「一帶一路」的主要考量

很多人會問，為什麼中國領導人要在這樣一個時間節點提出「一帶一路」，其背後深層次的考量是什麼？如此宏大的國家發展戰略和國際合作倡議，它得以推進、落地的現實基礎是什麼？相較於古代絲綢之路和過往的對外合作模式，它反映了怎樣的時代新意？這些問題涉及對「一帶一路」性質與意義的詮釋。

一、主要考量

目前，對「一帶一路」倡議的主要考量已有各種各樣的解讀。為了便於理解，將從兩個角度進行概括和闡述。一方面，「一帶一路」是中國崛起以後對周邊和國際秩序的佈局與回應；另一方面，「一帶一路」體現了中國對許多既有經濟發展方式的結構性調整。

(一)從中國崛起的角度理解「一帶一路」

1. 貢獻全球治理的「中國方案」

二十一世紀以來，中國的綜合國力迅速提升，已成長為僅次於美國的世界第二大經濟體，對地區和國際政治經濟事務的影響日益顯著。由此產生的第一個結果就是，中國對自身在地區和全球治理中作出更大貢獻有了更多的信心，對體現與自身實力相適應的國際地位與話語權有了更迫切的需求。

中國改革開放以來，由於自身國力的限制，主要精力用於國內經濟建設，對外關係的主基調是「韜光養晦，有所作為」，且更強調「韜光養晦」的一面。近年來，伴隨著中國綜合國力和國際地位的顯著提升，中國與世界的關係發生了很大的變化。國際社會對中國的期待加大了，而中國動員和運籌對外關係的資源、手段更加豐富，塑造外部環境的能力也顯著提高。以國家實力為依托，中國特色大國外交在繼續堅持「韜光養晦」的同時，也日益呈現出「有所作為」的一面。具體而言，中國越發廣泛而積極地參與到國際和地區事務中，更加主動地設置戰略議題，為解決各種熱點問題、促進區域和全球合作發展發出中國聲音、貢獻中國智慧、提出中國方案、體現中國作用，強調為國際社會提供更多公共產品。

當前，全球治理體系和規則正在面臨重大調整，國際金融危機深層次影響繼續顯現，全球性挑戰日益增多，各國面臨的發展問題依然嚴峻。在此背景下，中國有責任為促進全球發展合作、完善全球治理體系提出自己的方案。作為當前和今後一段時期內中國對外開放和對外合作的總綱領，「一帶一路」倡議提供了一個包容性巨大的發展平台，有助於將快速發展的中國經濟同沿線國家的利益結合起來。正如習近平在多個場合所強調的，「中國將始終做全球發展的貢獻者，堅持奉行互利共贏的開放戰略。中國開放的大門永遠不會關上，歡迎各國搭乘中國發展的『順風車』」，「搭快車也好，搭便車也好，我們都歡迎」。❶

同時，對於中國而言，在全球治理體系變革的歷史轉折點上，也同樣面臨著爭取國際經濟話語權、

❶ 習近平：〈在亞洲基礎設施投資銀行開業儀式上的致辭〉（二〇一六年一月十六日，釣魚台國賓館），載《人民日報》二〇一六年一月十七日，第二版；習近平：〈守望相助，共創中蒙關係發展新時代——在蒙古國國家大呼拉爾的演講〉（二〇一四年八月二十二日，烏蘭巴托），載《人民日報》二〇一四年八月二十三日，第二版。

發展主動權、規則制定權的重要機遇。二〇一五年十月十二日，中共中央政治局就全球治理格局和全球治理體制進行第二十七次集體學習。習近平強調：隨著全球性挑戰增多，加強全球治理、推進全球治理體制變革已是大勢所趨。這不僅事關應對各種全球性挑戰，而且事關給國際秩序和國際體系定規則、定方向；不僅事關對發展制高點的爭奪，而且事關各國在國際秩序和國際體系長遠制度性安排中的地位和作用。我們提出「一帶一路」倡議、建立以合作共贏為核心的新型國際關係、堅持正確義利觀、構建人類命運共同體等理念和舉措，順應時代潮流，符合各國利益，增加了中國同各國利益匯合點。❷在此意義上，「一帶一路」倡議反映了中國在全球治理體系變革的關鍵時刻所做出的重大戰略抉擇，它既是新時期促進全球發展合作的「中國方案」和公共產品，也是中國為進一步提升自身國際地位和制度性話語權所做出的主動佈局。

2.回應外部世界的疑慮和期待

中國崛起所引發的第二個直接後果就是，外部世界對中國崛起後的國際行為及其後果存在不同的認知，並引發了不同的政策反應，中國需要向外界（尤其是周邊國家）清晰地表達自身的構想與主張。

有些周邊國家困惑於，隨著中國重新成為地區內最強大的國家，它將如何處理與鄰國的關係，會給地區和國際社會帶來和平、發展還是衝突、霸權？有些發展中國家則期待，作為世界第二大經濟體的中國將一如既往地致力於南南合作，與其他國家分享發展成果。還有的域外大國則將中國崛起視為自身威脅，推行所謂「戰略再平衡」，並挑動周邊國家與中國的對抗衝突。

「一帶一路」倡議的提出，正是中國對外部世界（尤其是周邊國家）疑慮和期待的有力回應。正如中國人大外事委員會主任傅瑩在十二屆全國人大三次會議的新聞發佈會上所說：我們領導人提出「一帶一路」的建設，它的中心目的就是為了能夠更好地發展這個地區。我們周邊政策當中有一個很重要的想法，就是要讓中國發展的成果更好地惠及周邊。外界經常問，說中國強大了以後，要怎麼樣去影響世界，要怎麼樣去影響周邊？我覺得確實，「一帶一路」這個構想，這個重要的倡議，它體現的就是中國利用自身的發展優勢，在周邊構築一個新的合作框架，是這樣一個嘗試。[3]因此，「一帶一路」倡議旨在用實際行動向外界表達中國的崛起不僅不是地區和世界的威脅，反而是促進共同發展、合作共贏的重要機遇。二〇一四年十一月，習近平在「加強互聯互通夥伴關係」東道主夥伴對話會上明確表示：「一帶一路」是中國和亞洲鄰國的共同事業，中國將周邊國家作為外交政策的優先方向，踐行親、誠、惠、容的理念，願意通過互聯互通為亞洲鄰國提供更多公共產品，歡迎大家搭乘中國發展的列車。[4]在此意義上，「一帶一路」倡議是中國向世界尤其是周邊國家做出的合作共贏承諾，是堅持正確義利觀和負責任大國的重要體現。在客觀上，這也有助於為中國營造良好的周邊和國際發展環境。

---

❷ 新華社：〈推動全球治理體制更加公正更加合理　為我國發展和世界和平創造有利條件〉，載《人民日報》二〇一五年十月十四日，第一版。

❸ 周小璐、郭蕾：〈傳瑩：「一帶一路」讓中國發展成果更好惠及周邊〉（二〇一五年三月四日，新華網），http://news.xinhuanet.com/politics/2015-03/04/c_127543043.htm。

❹ 習近平：〈聯通引領發展　夥伴聚焦合作——在「加強互聯互通夥伴關係」東道主夥伴對話會上的講話〉（二〇一四年十一月八日，釣魚台國賓館），載《人民日報》二〇一四年十一月九日，第二版。

(二)從發展方式調整的角度理解「一帶一路」

1.促進中國經濟轉型升級

當前，中國經濟進入「新常態」，增速下滑、外貿萎縮和產能過剩等多重挑戰相互交織，維護國家經濟安全的壓力為過去所無法比擬。「一帶一路」作為新時期中國經濟外交的頂層設計，在一定程度上反映了通過加強對外合作（尤其是全方位「走出去」）促進中國經濟轉型升級的努力。

長期以來，外需市場是中國經濟持續增長的重要支撐。但是，受到中國經濟下行壓力、全球經濟復甦乏力和主要大宗商品價格暴跌的綜合影響，中國的對外貿易形勢越發嚴峻。據海關總署統計，二〇一五年中國貨物貿易進出口總值比二〇一四年下降百分之七，進口和出口分別下降百分之十三．二和百分之一．八；與第一、第三大貿易夥伴歐盟和東盟的雙邊貿易額分別下降百分之七．二和百分之〇．六；外商投資企業、國有企業進出口額分別下降百分之六．五和百分之十二．一，加工貿易進出口額下降百分之十．六；機電產品出口值僅增長了百分之一．二，較上一年回落一．四個百分點，而傳統勞動密集型產品出口值則下降百分之一．七。[5]形勢之困難，為近年來之少見。在此背景下，如何挖掘外貿潛力，尤其是重振與「一帶一路」沿線國家的經貿合作，就成為了當務之急。

除了外貿萎縮之外，還面臨著較為嚴重的產能過剩問題。根據中國工信部、發改委等部委的調研，二〇一二年底，中國的鋼鐵、水泥、電解鋁、平板玻璃、船舶產能利用率分別僅為百分之七十二、百分之七十三．七、百分之七十一．九、百分之七十三．一和百分之七十五，明顯低於國際通常水平。[6]同時，二〇一二年底，風電設備製造、太陽能電池、多晶矽（Polycrystalline silicon）等新興產業的利用率只有百分之六十七、百分之五十七和百分之三十五。❼在各相關行業協會調查的三十九個產品中，有二十一個產能利用率低於百分之七十五，而按照世界公認的標準，低於百分之七十五已屬於嚴重過剩。❽可見，與前幾輪過剩相比，本輪產能過剩屬於工業部門的普遍過剩，覆蓋傳統產業和新興產業的多個門類，具有範圍廣、程度深、數量多的特點，化解難度遠高於以往。產能的嚴重過剩造成了企業經營困難、財政收入下降、金融風險積累等一系列問題。

與此同時，中國對外直接投資規模和速度不斷攀升，企業和裝備「走出去」勢頭迅猛，對外承包工程邁上新台階。發達國家的經驗表明，以資本「走出去」帶動優勢產業、富餘產能和高端裝備「走出去」，主動佈局全球產業鏈、價值鏈，是經濟轉型升級的必經階段，也是對外開放和「走出去」戰略的升級版。習近平在二〇一三年九月的政治局常委會會議上指出：「過剩產能對我們是負擔，但對周邊國家和其他發展中國家則是財富。許多國家除了要我們擴大從他們國家進口外，普遍期望我們去投資興業。」❾在此背景下，以周邊和沿線國家為重點，以基礎設施建設和產能合作為主線，鼓勵優勢企業赴

❺中國海關總署：〈二〇一五年我國進出口總值二十四兆五千九百億元〉（二〇一六年一月十三日），http://www.customs.gov.cn/publish/portal0/tab65602/info784205.htm。

❻中國國務院：〈關於化解產能嚴重過剩矛盾的指導意見〉（國發〔二〇一三〕四一號），二〇一三年十月六日。

❼李毅中：〈部分行業產能嚴重過剩是經濟下行主因〉（二〇一三年七月三十一日，21CN財經網），http://finance.21cn.com/webfocus/a/2013/0731/13/23146570.shtml。

❽中國國家發改委：〈鋼鐵行業召開貫徹落實國務院關於化解產能嚴重過剩矛盾的指導意見會議〉（二〇一三年十一月二十日），http://gys.ndrc.gov.cn/gzdt/201311/t20131120_567428.html。

❾習近平：〈在中央政治局常委會會議上關於化解產能過剩的講話〉，二〇一三年九月二十二日。轉引自董小君：〈中國下階段產業轉移的道路選擇——基於產能國際轉移日美兩種模式的創新探索〉，載《人民論壇·學術前沿》二〇一三年十二月下，第七四頁。

沿線國家投資興業，在全球開展資源和價值鏈整合，就成了「一帶一路」倡議的重要考量。

2.促進區域協調發展和海陸雙向開放

作為一個超大型海陸複合國家，受地理區位、資源稟賦、國家戰略和國際環境等多重因素的影響，中國的區域發展和對外開放長期呈現出東快西慢、海強陸弱的失衡格局。「一帶一路」建設作為集區域發展和對外開放於一體的綜合性戰略舉措，體現了新時期中國政府對該問題的統籌謀劃和回應。

中華人民共和國成立以後，國家一度有意識地通過各種制度安排和產業佈局促進區域間協調發展。但隨著改革開放以後中國重新加入由西方主導的國際貿易體系，東部沿海地區在外向型經濟格局中的優勢迅速凸顯，中西部地區的人力、物力和財力等各種資源加速向東部沿海地區流動，歷史上長期存在的經濟重心沿海化格局在全球化的分工體系下再次強化。在此過程中，中國的產業優勢（出口導向型、勞動密集型的製造業）、區域戰略（優先發展東部沿海地區）與對外開放戰略（沿海開放）存在著高度的協同性。一九九二年和一九九九年，國家先後實施沿邊開放戰略和西部大開發戰略。儘管投入和成效都頗為顯著，但多方面因素制約仍使東西發展和海陸開放存在較大差距。據有關部門統計，當前中國進出口總額中沿海地區佔比仍超過百分之八十；近二十年來，沿邊地區對外貿易年均增速僅為沿海地區的一半。[10]

廣袤的西部地區和歐亞大陸是確保未來中國持續發展的戰略縱深，對西部和陸地的經營程度也決定了戰略空間的廣度。誠如中國國務院總理李克強所強調的，「今後擴大開放的最大潛力和迴旋餘地在中西部地區」[11]。因此，在整合既有政策、機制、資源、平台的基礎上，繼續全面推動中國的西部開發和向西開放，成為了中國新時期國家發展的重要戰略考量；相應地，隨著全球經濟尤其是外貿形勢的低迷，新時期東部地區的轉型升級和擴大開放也迫在眉睫。這些都成為了「一帶一路」倡議得以同時提出的重要出發點。在此過程中，由於直接著眼於對東快西慢、海強陸弱格局的調整超越，絲綢之路經濟帶倡議更能體現中國在新時期主動、積極、長遠的謀劃。

3.促進能源進口與貿易路線多元化

長期以來，作為全球最大的原料消費國和商品生產國，中國的能源進口和貿易路線高度依賴海洋通道和海上運輸，由此也產生了諸多的風險與局限。「一帶一路」作為兩條在地理上相互補充的重要通道，正反映了中國尋求路線多元化的努力。

在為全世界提供最多工業製成品的同時，中國的資源能源消費也保持著很高的對外依存度，且處於持續攀升過程中。以石油為例，二〇一一年中國超過美國成為第一大石油進口國和消費國，二〇一五年中國的石油對外依存度（即石油淨進口量佔本國石油消費量的比例）首次突破百分之六十。從進口來源看，自一九九六年中國成為原油淨進口國起，中東石油的比重始終保持在百分之五十左右。然而，中東也歷來是世界地緣政治版圖中族群宗教關係最複雜、大國力量交匯最集中、熱點衝突最頻發的區域。與中國形成鮮明反差的是，隨著加拿大、墨西哥等成為主要進口來源，美國對中東石油的依賴度已下降至百分之二十左右。

二〇一四年六月十三日，中共中央財經領導小組第六次會議召開，會議專門研究了新形勢下能源安

---

⑩ 中國國家發改委：〈推進沿邊重點地區開發開放步伐　構築推進「一帶一路」建設重要支撐〉（二〇一六年一月十一日），http://www.sdpc.gov.cn/xwzx/xwfb/201601/t20160111_771029.html。

⑪ 李克強：〈關於深化經濟體制改革的若干問題〉，載《求是》二〇一四年第九期，第九頁。

全戰略。習近平強調，「全方位加強國際合作，實現開放條件下能源安全」，「務實推進『一帶一路』能源合作，加大中亞、中東、美洲、非洲等油氣的合作力度」。[12]這是中共中央最高決策層首次正式將「一帶一路」建設與國家能源安全戰略相結合。未來，「一帶一路」建設有助於從來源地、運輸方式、貨幣計價結算三個方面促進能源進口的多元化。首先，在中東仍將是主要石油進口對象的背景下，積極拓展與俄羅斯、中亞、非洲等國家和地區的油氣合作，促進能源進口來源的多元化。其次，在海上運輸仍將於相當長的時期內發揮主要作用的背景下，通過與周邊合作修建陸上油氣管道的方式，促進能源進口方式的多元化。第三，在美元仍將是國際大宗商品和能源交易主要計價和結算貨幣的背景下，以資源能源合作為突破口，推進與「一帶一路」沿線國家貿易的本幣或人民幣結算，促進能源進口定價權和結算貨幣的多元化。

與能源進口類似，中國的對外貿易也高度依賴於海上運輸線。僅二〇一三年，中國百分之九十以上的進口貨物通過海運完成，貨物貿易額佔對外貿易總額的百分之六十五左右。受到交通物流條件的限制，陸上貿易所佔的比重非常有限。因此，以基礎設施互聯互通和投資貿易便利化為切入點，在繼續挖掘海上貿易潛力的同時，貫通中國與中南半島、俄羅斯、蒙古、中亞、南亞、中東歐，乃至歐盟的陸上貿易通道，構建充滿活力的亞歐大市場，就成為了「一帶一路」倡議的重要出發點。相較而言，絲綢之路經濟帶建設不僅有助於激活沒落已久的陸上商路，還將在一定程度上彌補海上路線的局限，具有更深遠的歷史和現實意義。

二、現實基礎

「一帶一路」倡議並非空中樓閣，而是有著很強的現實基礎。具體而言，中國與沿線國家至少在資金、工業化、基礎設施建設和資源能源等四方面存在著優勢與需求的互補。

（一）資金

中國是目前全球擁有最多外匯儲備的國家，對外投資勢頭迅猛。據估算，未來五年，中國對外投資將超過六千五百億美元。與此同時，聯合國貿易和發展會議的報告則認為，中國對外投資起步較晚，投資存量與美國、歐盟、日本等傳統對外投資大國相比仍有很大的差距。截至二〇一四年底，中國對外投資的存量僅相當於國內生產總值的百分之七，遠低於美國的百分之三十六，也低於東亞國家百分之二十一．四的平均水平。[13]因此，中國對外投資的巨大潛力仍可挖掘。依托龐大的資金優勢，通過各種雙多邊開發性金融安排，中國得以向發展中國家的基礎設施建設、資源能源開發和產業發展提供融資支持。以往，中國將相當一部分的外匯儲備用在了購買美國國債，那麼，未來將資金大規模投入發展中國家的國內建設無疑代表著一種更為平衡的資金流動方向。

---

[12]〈積極推動我國能源生產和消費革命　加快實施能源領域重點任務重大舉措〉，載《人民日報》二〇一四年六月十四日，第一版。

[13]管克江等：〈中國對外投資書寫新機遇〉，載《人民日報》二〇一五年六月二十八日，第三版。

相應地，「一帶一路」沿線多數是發展中國家和新興經濟體，普遍存在著資金短缺和融資困難的問題。在全球大宗商品價格暴跌的背景下，原先主要依靠資源能源出口的國家更是雪上加霜。無論是基礎設施建設、能源資源開發還是產業發展，都需要大量的資金投入，既有國際金融機構提供的資金卻遠不能滿足需求。尤其是基礎設施建設項目，由於通常具有資金需求量大、回報週期長、流動性差、涉及國家和幣種多等特點，融資瓶頸長期難以克服。根據亞洲開發銀行（Asian Development Bank, ADB）測算，二〇一〇年到二〇二〇年期間有八兆美元的基礎設施融資需求，年平均投資約需七千三百億美元，而世界銀行（WB）、亞洲開發銀行等現有多邊開發銀行在亞洲基礎設施領域的年投資規模僅約為一百億至兩百億美元。[14]兩者之間的差距非常明顯。

因此，通過創新金融合作模式，打造開放多元共贏的金融合作平台，有望使中國的資金優勢與沿線國家的融資需求相結合。這既是中國為全球發展提供公共產品的建設性貢獻，也是中國提升全球經濟治理制度性話語權的重要探索。

（二）工業化

經過多年的發展，中國已經進入工業化成熟期，是全世界唯一擁有聯合國產業分類中全部工業門類的國家，積累了大量的優勢產業和富餘產能。在世界五百種主要工業品中，中國有兩百二十種產品產量居世界首位。尤其是在裝備製造領域，已形成了門類齊全、具有相當技術水平和成套水平的完整產業體系，總體規模佔世界總量的三分之一，高鐵、核電、特高壓、通信、港口機械等在全球擁有相當高的知名度。例如，中國的鐵路機車能適應高寒、高原、高熱、高濕四個不同的場景，中國企業為沙地阿拉伯研製的輕軌車輛已經具備了較強的耐高溫和抗風沙能力，為泰國曼谷研製的地鐵車輛適應了當地的高濕天氣，在歷次暴雨洪水中經受了考驗。中國核電產業形成了較完整的裝備製造和服務體系，發展壯大了一大批為核電服務的配套設備和零部件生產企業，培養了一大批設計、工程和營運人才，世界核電產業的中心已轉移至中國。上海振華重工的港口機械設備所佔全球市場份額高達百分之七十五以上，如今在全球兩百多個港口碼頭都可以看到振華的產品。二〇一四年和二〇一五年，中國承接各類海洋工程裝備訂單連續兩年居世界前列，佔全球市場份額的百分之三十五左右。此外，中國的通信設備已經出口到全球一百四十多個國家，電力設備也已經進入歐洲等中高端市場。

相應地，「一帶一路」沿線大部分發展中國家處於工業化的初期，工業基礎非常薄弱，亟須通過吸引外國投資發展本國工業，市場潛力廣闊。有些在中國已是富餘的產能，卻是許多沿線國家工業化所急缺的。例如，水泥是各項基礎設施建設的核心材料，但在很長時期內，塔吉克絕大部分用量的水泥需要進口，價格卻是中國產品的四倍，建設大型水泥廠對該國經濟發展意義重大；鋁是機械、電器等行業不可或缺的原材料，儘管哈薩克鋁土儲備和產量豐富，但由於工業體系不完整，該國的單質鋁長期依賴進口，嚴重制約了工業發展；在泰國，太陽能、風能、鋼鐵等行業具有很大潛力，無論是出口還是建設生產基地，泰國政府都很鼓勵。[15]

因此，通過國際產能和裝備製造合作，以重點境外經貿園區、產業群聚區為載體，有助於將中國的工業化優勢和沿線國家工業化需求相結合。同時，通過合作開發第三方市場，發達國家的高端裝備、關鍵零部件也能獲得更多海外訂單。此舉將促進全球產業鏈上、中、下游有機整合，有助世界經濟復甦。

⓮ 樓繼偉：〈打造二十一世紀新型多邊開發銀行〉，載《人民日報》二〇一五年六月二十五日，第十版。

⓯ 嚴定非：〈中國的優勢產能，有些是泰國的新興產業〉，載《21世紀經濟報導》二〇一五年六月六日，第二版。

(三)基礎設施建設

除了擁有產能和裝備的優勢，中國也具有全球最強大的基礎設施建設能力，積累了豐富的工程承包營運經驗，「中國基建」已成為中國在國際市場中極富競爭力的新名片。目前，中國基建工程企業的海外業務，已從最初的土建施工向工程總承包、項目融資、設計諮詢、營運維護管理等高附加值領域拓展。以鐵路為例，到二〇一五年底，中國鐵路營業里程達到十二萬一千公里，其中高速鐵路一萬九千萬公里，居世界第一位。⑯世界銀行的報告表明，中國高鐵每公里的造價約為歐美發達國家的三分之二，項目的推進時間約為其他國家的四分之三。⑰目前，中國鐵路建設企業能夠提供勘探設計、工程施工、設備製造、營運管理、安全防護等全產業鏈的服務，並且具有質量、造價、工期等多方面的綜合優勢。從二〇一三年起，高鐵成為了中國領導人在各種外交場合大力推銷的旗艦項目。此外，在沿線國家的港口、電力、通信、工業園區等建設中，中國企業的身影也早已隨處可見。

相應地，為了加快工業化和城市化進程，提升中國經濟水平，改善民生與就業，「一帶一路」沿線國家在交通、電力、通信、能源、教育、農業、醫療等領域普遍存在著龐大而迫切的基礎設施建設需求。但是長期以來，受到資金短缺和工程能力落後的限制，許多發展中國家的基礎設施進展緩慢，不僅阻礙了經濟發展，也使國內民眾面臨很多生活不便。由於建設時間久遠，一些發達國家的基礎設施老化情況較為嚴重，亟須進行升級更新。同時，跨境基礎設施的匱乏也給不同國家之間的商品、資金和人員往來造成許多困難。在此背景下，各國紛紛出台了規模不一的基建投資計劃，並對加強跨境基礎設施互聯互通抱有濃厚興趣。

因此，以加強基礎設施互聯互通為重點，有助於將中國的資金、裝備、產能、技術、工程優勢與沿線國家的基建需求進行結合。由於基建項目可以帶動就業、刺激經濟，最終成果也將留在沿線國家，它也可以被視作中國向地區和國際社會提供的公共產品。

(四)資源能源

中國是目前全球最大的資源能源進口國和消費國。據統計，目前全球大宗商品市場百分之八十以上的增量需求來自中國。[18]長城諮詢的報告也顯示，截至二〇一一年底，中國大宗商品消費量佔全球比重超過百分之四十（含百分之四十）的有八個，包括鐵礦石百分之六十八、稀土百分之六十七、純對苯二甲酸（Pure Terephthalic Acid, PTA）百分之五十二、煤炭百分之四十八、甲醇百分之四十五、精煉銅百分之四十一、原鋁百分之四十一、棉花百分之四十。同時，自一九九三年成為石油產品淨進口國後，中國先後從大豆（一九九六年）、銅（一九九八年）、鐵礦石（二〇〇〇年）、鎳（二〇〇三年）、鋅（二〇〇四年）、白銀（二〇〇七年）、精煉鉛（二〇〇九年）、玉米（二〇〇九年）、煤炭（二〇〇九年）等大宗商品的淨出口國變為淨進口國。[19]近年來，中國又超越美國成為了最大的原油淨進口國。即便是在中國經濟下行壓力較大、全球大宗商品價格暴跌的背景下，中國的原油、鐵礦砂進口量仍然有所增長，為世界經濟作出了應有的貢獻。與此同時，中國資源能源企業也早已走出國門，在廣大發展中

[16] 陸婭楠：〈二〇一五年鐵路建設任務超額完成〉，載《人民日報》二〇一六年一月二日，第一版。

[17] 世界銀行駐中國代表處：〈中國高速鐵路：建設成本分析〉，二〇一四年七月。

[18] 蘇南：〈新常態下應增強我國大宗商品貿易控制力〉，載《中國能源報》二〇一五年五月二十五日，第二版。

[19] 長城戰略諮詢：〈大宗商品中國時刻〉，二〇一二年。

國家耕耘。以中國石油天然氣總公司（簡稱「中石油」）為代表的石油企業在沿線國家的油氣合作已有二十多年，具有一定的先發優勢。[20]

相應地，「一帶一路」沿線地區大多是資源能源儲備豐富的國家，原材料等初級產品是其主要的出口商品和貿易順差來源。從貿易結構來看，目前中國與東南亞、中亞、西亞、俄羅斯、蒙古、非洲等「一帶一路」沿線地區之間的貿易往來主要體現為工業品與原材料之間的交換，且以中國大幅的貿易逆差為代價。隨著當前全球大宗商品需求萎縮、價格暴跌，對中國市場的出口就變得至關重要。同時，在「一帶一路」的背景下，資源能源合作將向全產業鏈的合作推進，幫助所在國加強資源能源工業體系建設，提升就地加工轉化率和資源國的深加工能力。

因此，通過全產業鏈合作，有助於加強中國的資源能源需求與沿線國家的資源能源優勢的深度結合。值得一提的是，中國企業在清潔能源開發利用上的不俗實力，也將最大限度地提升沿線國家的生態保護水平。

三、時代新意

「一帶一路」既是對古代絲綢之路的繼承，也體現出了鮮明的時代特色，蘊含了諸多的新思路與新願景。

（一）新型國際關係方案

作為當前和今後一段時期內中國對外開放和對外合作的總綱領，「一帶一路」是中國政府首次主動而明確提出的超大型洲際合作倡議，集中體現了中國對構建新型國際關係的設想與方案。

未來的國際關係應該建立在怎樣的價值和規則基礎上呢？在全球秩序發生深刻變動重組的當下，這一問題日益成為攸關中國自身和全人類發展的重大選擇。隨著綜合國力的增強，中國在國際事務中的影響力和發言權正不斷提升，而中國倡議、中國方案也越來越多地成為影響塑造地區秩序和全球治理體系的關鍵力量。

長期以來，國際關係的主導邏輯是國強必霸、倚強凌弱，大國之間為爭奪主導權乃至霸權進行對抗，或組建排他性和封閉性的小圈子，或制定以犧牲中小國家利益為代價的經濟、貿易、金融規則。

「一帶一路」是中國推動構建新型國際關係的重要嘗試。新型國際關係到底新在哪裡？簡言之，以合作取代對抗，以共贏取代獨佔，不再搞零和博弈與贏者通吃那一套。[21]在二〇一四年十一月底的中共中央外事工作會議上，習近平首次明確提出了構建「以合作共贏為核心的新型國際關係」的理念，並將「一帶一路」建設作為實現合作共贏的重要路徑。中國政府希望以合作共贏的方式，推動建立以合作共贏為核心的新型國際關係，堅持互利共贏的開放戰略，把合作共贏理念體現到政治、經濟、安全、文化等對外合作的方方面面……要切實加強務實合作，積極推進「一帶一路」建設，努力尋求同各方利益

[20] 陸如泉等：《「一帶一路」話石油》，北京：石油工業出版社，二〇一五年，第一頁。

[21] 王毅：〈構建以合作共贏為核心的新型國際關係——外交部長王毅在中國發展高層論壇午餐會上的演講〉（二〇一五年三月二十三日，北京），http://www.fmprc.gov.cn/web/wjbz_673089/zyhd_673091/t1247689.shtml。

的匯合點，通過務實合作促進合作共贏。[22]在政治上，「一帶一路」並不是由中國一家主導，而是通過對接各自發展戰略以實現共建、共享。中國也不謀求借助「一帶一路」加強對沿線國家的政治控制，也無意將「一帶一路」沿線國家經營為自己的勢力範圍，排除或對沖域外大國的影響。事實上，中國領導人在許多場合都提出，歡迎域外國家共同參與「一帶一路」建設。在經濟上，「一帶一路」並不是中國輸出過剩落後產能或加緊掠奪他國資源能源，而是依托自身的資金、裝備、產能、技術、工程等優勢，為沿線國家的發展提供公共產品，為南南合作與南北合作提供新平台。中國將聚焦於基礎設施、產業投資、資源能源等重點合作領域，在促進自身經濟轉型升級的同時，著力提升沿線國家的發展能力，真正做到「授人以漁」。在此意義上，「一帶一路」務實合作的展開有助於從長遠意義上塑造更為平等、均衡、包容的國際政治經濟新格局。

（二）新型對外開放格局

「一帶一路」建設是中國構建開放型經濟新體制的重大戰略舉措，有望扭轉長期以來「東強西弱、海強邊弱」的開放局面，打造陸海內外聯動、東西雙向開放的全面開放新格局。

沿著絲綢之路經濟帶的北、中、南三線，西部地區可以分別通向東南亞、南亞、中亞、俄羅斯、蒙古、西亞和歐洲等沿線各地。伴隨一系列陸上跨境基礎設施的互聯互通，歷史上長安、洛陽，與撒馬爾罕、巴格達、大馬士革、拜占庭、羅馬之間的經濟走廊有可能再次興起，並從深度和廣度上全面超越古代陸上絲綢之路，歐亞大陸的經濟地理也有望得到重塑。沿著二十一世紀海上絲綢之路，東部沿海地區可以經南海過印度洋、馬六甲海峽、阿拉伯海，延伸至歐洲，或經南海通向南太平洋地區。通過港口合作網絡、海上互聯互通和臨港工業園的建設，海上絲綢之路巨大的經濟價值和潛力將得到進一步挖掘，歷史上廣州、泉州、揚州、寧波，與蘇門答臘、爪哇、馬六甲、奎隆（Kollam）、亞丁（Aden）、巴士拉（Basra）等海港之間一度繁榮的海上貿易通道有可能再次被激活，而這也將是近代西方主導海上秩序以來，中國與沿線國家新的海洋聯繫圖景。

「一帶」與「一路」之間並非競爭性的相互替代關係，兩者的同時提出正顯示了新時期中國統籌經略東部和西部、海洋和陸地的意志。未來，東部地區的商品、人員和產業既可以沿海上絲綢之路走向太平洋和印度洋沿岸國家，也可以經由西部地區沿絲綢之路經濟帶進入陸上諸國。相應地，西部地區將變成中國與亞歐諸國陸上合作的最前沿。它不僅有可能成為未來歐亞內陸國家向東通往太平洋的橋樑，也將成為未來非洲、中東、中亞、俄羅斯、蒙古的資源能源從陸上輸往中國，尤其是東部沿海地區的中轉地，而西部開發與向西開放也將在整個亞歐大市場的大格局下展開。相較於中國以往沿海或沿邊省份與周邊國家的次區域合作，新時期「一帶一路」倡議無疑將中國各地區納入到了更為廣闊的發展版圖中，從而蘊含著更為巨大的發展潛力。

值得指出的是，作為本屆中國政府提出的另一項國家戰略，長江經濟帶有望成為「一帶」與「一路」之間的連接樞紐。二〇一四年九月中國國務院印發的〈關於依托黃金水道推動長江經濟帶發展的指導意見〉明確提出：「用好海陸雙向開放的區位資源，創新開放模式，促進優勢互補，培育內陸開放高地，加快同周邊國家和地區基礎設施互聯互通，加強與絲綢之路經濟帶、海上絲綢之路的銜接互動。」㉓未來，「一帶」、「一路」與長江經濟帶三者之間若能有效聯動，將形成一幅聯通海江陸、橫貫東中西的發展開放新圖景。

㉒ 新華社：〈中央外事工作會議在京舉行〉，載《人民日報》二〇一四年十一月三十日，第一版。

㉓ 中國國務院：〈關於依托黃金水道推動長江經濟帶發展的指導意見〉（國發〔二〇一四〕三九號），二〇一四年九月二十五日。

(三)新型對外合作模式

「一帶一路」沿線大部分是發展中國家和新興經濟體。作為促進全球合作共贏的「中國方案」，「一帶一路」有望將中國的資金、產能、裝備、技術、商品、勞務、標準、管理乃至人民幣，與沿線發展中國家的資源、能源、市場相結合和聯動，構建平等互利、共贏共享的對外經濟合作新模式。

在古代絲綢之路的國際貿易往來中，中國與沿線國家之間基本是平等的交換關係，中國主要出口製成品，而沿線國家則主要輸出原材料。近代西方興起以後，國際貿易的性質發生了根本性的變化，原先鬆散、平等的國際貿易關係也被強制性地轉換為「中心—邊緣」的二元結構，發達國家掌握著國際貿易的規則、貨幣、定價權與主導權，而發展中國家則充當原料產地和商品傾銷地。

改革開放以來，中國逐漸融入以西方為主導的國際經濟體系中，並成為了全球經濟大循環中不可或缺的中間環節。一方面，中國從發展中國家大規模進口資源能源等大宗商品；另一方面，中國向全世界大規模輸出相對廉價的「中國製造」；而各方都接受美元為主要的計價、結算、支付和融資貨幣。這使得中國與沿線國家（尤其是發展中國家）的經濟合作以貿易往來為主要形式，在本質上體現為美元本位制之下工業製成品與原材料之間的交換。

隨著「一帶一路」建設的推進，中國與沿線發展中國家的經濟合作有可能進入一個新階段。具體而言，中國在資金、工業製造和工程基建等方面優勢明顯，而沿線國家則擁有豐富的資源能源和廣闊的市場潛力，工業化、城市化的需求迫切而強烈，在交通、能源、通信、電力、農業等基礎設施和社會民生領域的資金缺口巨大。通過共建多元開放共贏的金融合作平台，以基礎設施互聯互通和國際產能合作為兩大抓手，有望開啟南南合作的新時代。一方面，它有助於解決中國自身面臨的資源短缺、產能過剩、資本過剩等問題，尤其是以重大工程建設帶動中國的資金、產能、裝備、技術、標準、管理和人民幣「走出去」。相較於過往以商品為主體的「走出去」，「一帶一路」建設中的「走出去」將是全方位的，對全面提升中國在全球經濟治理中的制度性話語權有重要促進作用。另一方面，它也有助於改善沿線發展中國家的基礎設施狀況，促進資源能源開發、資金積累和工業化進程，為發展中國家切實提升發展能力創造條件。相較於過去以貿易和援助為主要形式的南南合作，這無疑是更為根本、可持續的合作模式。

值得關注的是，「一帶一路」建設在開創南南合作新局面的同時，也將在一定程度上重構中國與發達國家之間的經濟關係，為南北合作注入新的動力。一方面，中國將與發達國家共同開發第三方市場，後者與發展中國家之間的歷史紐帶有助於促進彼此的優勢互補；另一方面，越來越多的中國資金將進入西歐，收購先進的企業乃至核心技術，中國的裝備、工程將在西歐國家的基礎設施建設中大放光彩，而人民幣國際化也將在英國、德國、法國、盧森堡等歐洲金融重鎮穩步推進。

綜上所述，「一帶一路」是中國在綜合國力增強和發展方式轉型兩大背景下，統籌國內和國際兩個大局所做出的重大決策。在繼承古代絲綢之路平等合作精神的同時，它展現出了鮮明的時代新意，既集中反映了中國對新型國際關係的構想，也蘊含了新型的對外開放格局和對外合作模式。作為促進地區和全球合作共贏的「中國方案」和公共產品，「一帶一路」也有望為沿線國家和域外國家、南南合作和南北合作提供巨大的合作平台。

第二章

「一帶一路」的建設思路

自二〇一三年九月倡議提出以來，經過一年多的反覆醞釀，中共中央層面關於「一帶一路」建設的頂層設計已基本明確。

從組織保障看，推進「一帶一路」建設工作領導小組已投入運作。二〇一五年二月一日，首次推進「一帶一路」建設工作會議在北京召開，由國務院副總理張高麗領銜的領導小組也正式亮相。小組成員包括王滬寧（中共中央政治局委員、中央政策研究室主任、中央改革辦主任）、汪洋（中共中央政治局委員、國務院副總理）、楊晶（中共中央書記處書記、國務委員、國務院秘書長）、楊潔篪（中國國務委員、中央外辦主任）等中共中央領導和有關部門負責人，規格之高可見一斑。公開資訊顯示，負責日常辦事和協調工作的領導小組辦公室設在中國國家發改委西部開發司。

從政策規劃看，二〇一五年三月二十八日，中國國家發改委、外交部和商務部聯合發佈《推動共建絲綢之路經濟帶和二十一世紀海上絲綢之路的願景與行動》（以下簡稱《願景與行動》），「一帶一路」建設的願景、原則、思路、重點路線、主要內容、合作機制和中國國內各地方定位得到了清晰闡述。

根據《願景與行動》，「一帶一路」旨在構建全方位、多層次、複合型的互聯互通網絡，實現沿線各國多元、自主、平衡、可持續的發展，增進沿線各國人民的人文交流與文明互鑒，打造政治互信、經濟融合、文化包容的利益共同體、命運共同體和責任共同體。

一、推進原則與思路

(一)推進原則

1.開放合作

「一帶一路」建設是開放性的。它基於但不限於古代絲綢之路的範圍，不圈定參與國家的數量。它不是針對特定國家的排他性計劃，無意於削弱相關國家的影響力，凡有意願的國家和國際、地區組織均可參與進來。二〇一五年九月，習近平在訪美期間明確表示，「中國提出『一帶一路』、建立亞洲基礎設施投資銀行等倡議是開放、透明、包容的，歡迎包括美國在內有關各方積極參與」❶。十月，習近平在訪英時再次重申，「一帶一路」源於古絲綢之路但不限於古絲綢之路，是穿越非洲、環連亞歐的廣闊「朋友圈」，所有感興趣的國家都可以添加進入「朋友圈」❷。同時，「一帶一路」建設也是合作性的。它不可能成為中國一家主導包辦的投資計劃，若缺乏其他國家的理解、支持、參與，「一帶一路」就只是停留在口頭上或紙面上的規劃。

❶杜尚澤、陳麗丹：〈習近平同美國總統奧巴馬共同會見記者〉，載《人民日報》二〇一五年九月二十六日，第二版。
❷杜尚澤、黃培昭：〈習近平出席中英工商峰會並致辭〉，載《人民日報》二〇一五年十月二十二日，第一版。

2.市場運行

「一帶一路」雖然是由國家層面推動的大型合作倡議，但它的建設主體是企業。這既是基於國際通行的規則，也體現了政府與市場的不同角色。政府本身不可能掌握「一帶一路」建設涉及的所有資訊、資金和資源，也不可能取代企業成為各項合作的實際執行者。在中國企業全面「走出去」的背景下，政府的作用更多應該在於提供宏觀指導和便利服務；同時，通過政府間溝通協商，搭建合作平台，消除各種政策性壁壘，保障企業跨國投資和經營安全。

3.互利共贏

「一帶一路」建設絕不是中國一方獲利，或是中國企業一家賺錢。唯有充分照顧到其他參與者的利益和舒適度，「一帶一路」才能吸引對方共同參與。相應地，其他國家也只有在認識到參與「一帶一路」可以為本國發展帶來好處，才會有意願加入。這就要求中國始終保持開放的心態，在具體的推進過程尤其是重大項目實施中，注重尋找雙方乃至三方的利益契合點。

(二)推進思路

1.以點帶面

「一帶一路」涉及國家和領域眾多，建設難度前所未有。因此，在整體推進的同時，必須注意重點突破。通常來說，一個重大標誌性工程項目的成功，常常可以帶動一個城市的發展；一個節點城市的繁榮，可以給整個國家乃至周邊地區形成示範效應。因此，無論是在一國內部還是一個區域，都應聚焦重點，選擇具有戰略意義的節點優先加以推進。

根據《願景與行動》，陸上將依托國際大通道，以沿線中心城市為支撐，以重點經貿產業園區為合作平台，共同打造新亞歐大陸橋、中蒙俄、中國—中亞—西亞、中國—中南半島、中巴、孟中印緬六大國際經濟合作走廊；海上以重點港口為節點，共同建設通暢安全高效的運輸大通道。由此可見，無論是「一帶」還是「一路」，都注重發揮節點（中心城市、重點港口、重點經貿產業園區）的作用，進而形成從點到面，由線到片的建設局面。

事實上，在二〇一五年七月和二〇一六年一月中國政府召開的第二次、第三次推進「一帶一路」建設工作會議上，領導層也反覆強調要瞄準重點方向、重點國家、重點領域和重點項目。

2. 循序漸進

在中國自身國力仍然有限、沿線國家態度不一的情況下，必須掌握好節奏，不宜戰線過長、攤子太大。

從合作國家看，應以周邊國家尤其是基礎好、意願強、戰略地位關鍵、政治關係良好的周邊國家為現階段「一帶一路」建設的重點工作對象。以這個標準來衡量，哈薩克、印尼、巴基斯坦、俄羅斯等國有可能成為中國在「一帶一路」建設中較為倚重的對象。

從合作領域看，應盡早推出和完成一批具有示範性作用的重大旗艦項目，形成早期收穫，增強「一帶一路」對沿線國家的吸引力，也提振民眾的信心。因此，基礎設施建設（尤其是與民生直接相關的能源、交通、通信項目）由於效果直觀、明顯、迅速，將成為「一帶一路」初期建設的優先方向。在產業合作層面，建立具有群聚和平台作用的境外或跨境產業園區則是首選。相應地，在金融合作層面，解決基礎設施建設和產業合作所亟需的投融資問題是最迫切的工作。

二、重點路線與走廊

根據《願景與行動》，「一帶一路」的地理範圍覆蓋亞、歐、非大陸，兩端分別是活躍的東亞經濟圈和發達的歐洲經濟圈，中間則是廣大的發展中國家。

絲綢之路經濟帶包括北、中、南三條重點路線，分別是(1)中國經中亞、俄羅斯至歐洲（波羅的海）；(2)中國經中亞、西亞至波斯灣、地中海；(3)中國至東南亞、南亞、印度洋。

二十一世紀海上絲綢之路的重點路線則有兩條，分別是(1)從中國沿海港口過南海到印度洋，延伸至歐洲；(2)從中國沿海港口過南海到南太平洋。

沿著這些重點方向，中國將著力推進新亞歐大陸橋、中蒙俄、中國—中亞—西亞、中國—中南半島、中巴、孟中印緬六大國際經濟走廊建設。

(一)新亞歐大陸橋經濟走廊

新亞歐大陸橋又稱「第二亞歐大陸橋」，從中國的連雲港、日照等港口城市出發，沿隴海鐵路和蘭新鐵路，經新疆阿拉山口和霍爾果斯出境，穿過哈薩克、俄羅斯、白俄羅斯、波蘭、德國，到達荷蘭鹿特丹、比利時安特衛普，全長一萬多公里，是橫跨亞歐大陸的國際陸海聯運大通道。相較於原來的西伯利亞大陸橋，它在地理條件、氣候條件、吞吐能力、經濟成本上更具優勢。這一經濟走廊連接東亞和西歐兩大經濟圈，合作潛力巨大，有望重塑亞歐大陸的經濟地理。值得指出的是，新亞歐大陸橋沿線國家政局總體穩定，經濟基礎良好，安全風險較小，是非常理想的貿易、投資、產業、金融合作對象。在現階段，基礎設施互聯互通和投資貿易便利化是新亞歐大陸橋經濟走廊建設的重中之重。

(二)中蒙俄經濟走廊

二〇一四年九月十一日，習近平在中俄蒙三國元首首次會晤中指出，把「絲綢之路經濟帶」同俄羅斯「跨歐亞大鐵路」、蒙古國「草原之路」倡議進行對接，打造「中蒙俄經濟走廊」。據悉，為充分利用身處歐亞之間的地理優勢，蒙古國總統額勒貝格道爾吉（Tsakhiagiin Elbegdorj）於二〇一四年提出了總投資約五百億美元的「草原之路」計劃，具體包括連接中俄的鐵路通道、連接亞歐的公路通道、出口中國的電力通道，以及經由蒙古國的石油天然氣管道。同時，俄羅斯政府也提出在遠東地區設立跨越式發展區，借鑑中國建設經濟特區的經驗，通過稅收減免等優惠政策吸引外資在遠東開辦企業和工廠。❸

據悉，中蒙俄經濟走廊分為兩條路線：從中國華北的京津冀到呼和浩特，再到蒙古和俄羅斯；東北地區從中國的大連、瀋陽、長春、哈爾濱到滿洲里和俄羅斯的赤塔（Chita）。[4]蒙俄兩國政局相對穩定，擁有十分豐富的礦產資源和油氣資源，也是極具潛力的新興市場，與中國產業互補性強。通過建設中蒙俄經濟走廊，還可以帶動中國華北、東北地區的經濟發展與對外開放。當前，由於走廊建設受到基礎設施建設滯後、投資貿易壁壘等硬體和軟體方面的制約，應以此為優先建設方向。

(三)中國—中亞—西亞經濟走廊

中國—中亞—西亞經濟走廊從中國新疆出發，經過中亞五國（哈薩克、吉爾吉斯、塔吉克、烏茲別克、土庫曼）、伊朗、伊拉克、沙地阿拉伯、土耳其等中亞、西亞國家，抵達波斯灣和地中海沿岸。這條經濟走廊涉及國家眾多，資源能源儲備豐富，沿線民眾以信仰伊斯蘭教為主，民族宗教問題複雜，基礎設施相對落後。因此，一方面，發展前景與合作空間巨大；另一方面，風險挑戰與制約因素也不少。

(四)中國—中南半島經濟走廊

中國—中南半島經濟走廊從中國廣西南寧和雲南昆明等節點城市為起點，縱貫中南半島的越南、寮國（老撾）、柬埔寨、泰國、馬來西亞等國家，直抵新加坡，並延伸至印尼。沿線國家自然資源和人力資源豐富，與中國山水相連、人文相通。在中國—東盟自貿區（CHINA-ASEAN Free Trade Area, CAFTA）、大湄公河次區域經濟合作（The Greater Mekong Subregion, GSM）等既有機制框架下，雙方經貿聯繫日益緊密。未來，中國與沿線國家在產業投資、互聯互通等重點領域有很大合作空間。

(五)中巴經濟走廊

中巴經濟走廊最初由中國國務院總理李克強於二〇一三年五月訪問巴基斯坦時提出，北連中國新疆喀什，南抵巴基斯坦瓜達爾港（Gwadar Port）。穿越高原峽谷、縱橫盆地沙漠，綿延三千多公里，是「一帶一路」的重要組成部分。為了落實好走廊建設，兩國政府專門成立了中巴經濟走廊遠景規劃聯合合作委員會，負責走廊的規劃、落實與監督，分別由中國國家發改委和巴基斯坦計劃發展部帶頭。在推進過程中，瓜達爾港、能源、交通基礎設施、產業園區合作是當前和今後一段時期內中巴經濟走廊的四個重點領域。據巴基斯坦駐華大使馬蘇德・哈立德（Masood Khalid）介紹，巴基斯坦政府將沿著經濟走廊開發專門的「中巴投資區」和「工業園」，為在這些地區投資的企業提供發展工業用地、通訊網絡和無水港設施，並給予企業減稅優惠和關稅豁免。❺巴基斯坦是中國的全天候戰略合作夥伴，戰略地位重要，雙方政治基礎穩固，合作潛力巨大。但是，該國內部族群、宗教勢力錯綜複雜，安全風險不容小覷。

❸林雪丹、霍文：〈中俄蒙共繪發展藍圖〉，載《人民日報》二〇一五年七月七日，第三版。

❹史燕君、吳婧：〈六大經濟走廊有多長〉，載《國際金融報》二〇一五年六月一日，第六版。

❺蘆垚、姚億博、汪子怡：〈新「海上絲綢之路」輪廓漸清〉，載《瞭望東方週刊》二〇一四年六月五日。

（六）孟中印緬經濟走廊

孟中印緬經濟走廊最初由中國國務院總理李克強於二〇一三年五月訪問印度期間提出。在路線上，它從中國雲南出發，以昆明、曼德勒、達卡、加爾各答等重要城市為節點，連接緬甸、孟加拉國和印度，處於「一帶」和「一路」的交匯處。為了推進走廊建設，四國成立了孟中印緬經濟走廊聯合工作組，並先後於二〇一三年十二月、二〇一四年十二月在中國和孟加拉國舉行工作組會議。這一經濟走廊人口規模龐大，物產十分豐富，經濟互補性強。但與此同時，受到緬甸國內政治轉型、印度態度猶疑、次區域互聯互通水平較低等因素限制，仍存在不少的困難。

三、主要內容

「一帶一路」建設的主要內容是「五通」，即政策溝通、設施聯通、貿易暢通、資金融通和民心相通。

（一）政策溝通

政策溝通是「一帶一路」建設的前提和保障。作為一項超大型的洲際經濟合作倡議，「一帶一路」

涉及地區廣泛、各國利益訴求多元、發展程度不一，遠非中方一國之力所能承載。因此，它有賴於主要大國和沿線國家的認同、支持和參與。唯有通過政府間多層次、多形式的交流溝通，才能使各國增信釋疑，澄清外界對於「一帶一路」所作出的以「西進」對沖「戰略東移」、以陸權對沖海權、「中國版馬歇爾計劃」、「亞洲版門羅主義」、「中國版經互會」等錯誤解讀。同時，唯有通過政策溝通，挖掘「一帶一路」倡議與沿線國家、國際組織發展戰略的利益契合點，才能制定出有針對性的共贏方略和共建路線圖，使各方成為切實的利益相關者，從而增強其認同感和參與度。正是在此意義上，習近平指出：「『一帶一路』不是中國一家的獨奏，而是沿線國家的合唱。」❻

(二)設施聯通

正所謂「要致富，先修路」，這是中華人民共和國在六十多年發展進程中總結出的成功經驗。因此，基礎設施互聯互通是「一帶一路」建設的優先領域，也是最有可能在短期內形成重大示範性成果的領域。它可以減少中國與沿線國家之間所受地理環境的限制，促進人員、商品、資金、資源更為快速便捷地集散交流和互通有無。同時，它也可以切實推動沿線國家（尤其是發展中國家）的民生改善、產業發展和經濟增長，切實提升「一帶一路」倡議對沿線國家的吸引力。

根據中共中央改革辦常務副主任、國家發改委副主任穆虹介紹，「十三五」期間，「一帶一路」建設的重點任務之一，就是著力推動「六路多港」建設。即推動鐵路、公路、水路、空路、管路、資訊高

❻ 習近平：〈邁向命運共同體　開創亞洲新未來——在博鰲亞洲論壇二〇一五年年會上的主旨演講〉（二〇一五年三月二十八日，海南博鰲），載《人民日報》二〇一五年三月二十九日，第二版。

速路的「六路」互聯互通，建設若干海上支點港口。[7]這就意味著，交通、能源和通信等三大基礎設施合作領域是「一帶一路」設施聯通的重中之重。在交通方面，以關鍵通道、關鍵節點和重點工程為突破口，加強公路、鐵路、水路、港口、航空的建設與合作，推進建立統一的全程運輸協調機制，實現陸、海、水、空國際運輸的便利化。在能源方面，共同維護跨境油氣管道安全，推進跨境電力與輸電通道建設，開展區域電網升級改造合作。在通信方面，推進跨境光纖、洲際海底光纖等通信幹線網絡建設，暢通資訊絲綢之路。

(三)貿易暢通

投資貿易合作是「一帶一路」建設的重點內容，也是促進沿線國家工業化、實現全球經濟均衡發展的關鍵。現階段，主要圍繞促進投資貿易便利化、國際產能與裝備製造合作、資源能源合作三個重要方面展開。

1. 投資貿易便利化

在二〇一五年三月博鰲論壇期間，習近平在與中外企業家代表座談時提出：「我們希望用十年左右的時間使中國同沿線國家的年貿易額突破兩兆五千億美元。」[8]然而，目前各國間的投資和貿易壁壘仍然不少，通關、物流、認證、標準等缺乏協調，貿易保護主義、所謂「國家安全審查」等屢見不鮮。為此，應加快與沿線國家和地區的自由貿易區、投資保護協定、避免雙重徵稅協定的磋商；推動沿線國家在海關、檢驗檢疫、認證認可、標準計量、統計資訊等方面的雙多邊合作；加快邊境口岸「單一窗口」

建設，開展「經認證的經營者」（安全認證優質企業Authorized Economic Operator, AEO）互認；發展跨境電子商務等新商業形態。

2.國際產能與裝備製造合作

正如中國國務院總理李克強在許多場合所闡述的，目前中國處於全球產業鏈中端，擁有大量優勢產業和富餘產能，質優價廉且配套能力強；多數發展中國家處於工業化初期，基礎設施建設需要大量先進裝備；一些發達國家處於工業化後期或後工業化階段，高端技術裝備亟須拓展出口途徑。推動國際產能與裝備製造合作，不僅有助於擴大中國優勢產業的國際份額，提升發展中國家的工業化水平，還能帶動發達國家核心技術和關鍵零部件出口，是實現南南、南北合作三方共贏局面的新路徑。根據二〇一五年五月中國發佈的〈國務院關於推進國際產能和裝備製造合作的指導意見〉，中國將以鋼鐵、有色、建材、鐵路、電力、化工、輕紡、汽車、通信、工程機械、航空航天、船舶和海洋工程等行業為重點，以裝備和產能契合度高、合作願望強烈、合作條件和基礎好的發展中國家為主要方向，根據不同國家和行業的特點，有針對性地採用貿易、承包工程、投資等多種方式有序推進合作。實踐也證明，境外經貿合作區、跨境經濟合作區等各類產業園區和產業群聚區既是中國改革開放和全面參與全球經濟進程中形成的寶貴經驗，也是近年來中國企業「走出去」的重要載體。通過合作建設產業園區，不僅有助於沿線國家培育亟需的生產線、產業體系和產業工人，還能增加稅收和擴大就業；中國企業則將在人員安全、稅

❼ 穆虹：〈推進「一帶一路」建設〉，載《人民日報》二〇一五年十二月十一日，第七版。

❽ 杜尚澤、趙明昊：〈習近平同出席博鰲亞洲論壇年會的中外企業家代表座談〉，載《人民日報》二〇一五年三月三十日，第一版。

收優惠、簽證辦理、基礎設施、交通物流等方面得到更多的保障和便利，獲得更廣闊的海外市場空間。

3. 資源能源合作

深化煤炭、油氣、金屬、礦產等傳統能源的資源勘探開發合作，推進水電、核電、風電、太陽能等清潔能源合作，與重點國家加強就地加工轉化合作，形成資源能源合作上中下游一體化產業鏈。上游合作堅持油氣並舉，主要地區是中亞、俄羅斯、中東和非洲；中游合作重點是油氣管網的互聯互通建設；下游合作重點則是在資源國和消費國培育建設一批與資源優勢相結合、綠色環保的油氣化工、煤化工、鉀肥、鋼鐵、有色等境外生產基地、技術研發基地和裝備製造基地，重點佈局在中國西部地區、中亞地區哈薩克、巴基斯坦瓜達爾港、中東地區、俄羅斯遠東地區和東南亞地區等，形成六大產業園區。此外，還將建立和完善石油天然氣交易中心，培育一批世界水平的跨國油氣公司，推動能源裝備製造及能源服務企業「走出去」等。[9]

（四）資金融通

資金融通是「一帶一路」建設的重要支撐，各項合作的開展都無法離開金融的支持。具體而言，重點圍繞投融資、貨幣流通和金融安全三個方面展開。

在投融資方面，推進亞洲基礎設施投資銀行、金磚國家新開發銀行（New Development Bank, BRICS，簡稱「金磚銀行」）、絲路基金（Silk Road Fund）等新平台的組建營運，並繼續就建立上海合作組織開發銀行和發展基金進行磋商；發揮好中國—東盟投資合作基金、中國—中東歐投資合作基金

（China-ASEAN Investment Cooperation Fund）、中國—歐亞合作基金（China-Central and Eastern Europe Investment Cooperation Fund）的作用，深化中國—東盟銀行聯合體、上海合作組織銀行聯合體框架內的務實合作，支持中國國家開發銀行、中國進出口銀行等繼續在雙多邊框架內提供銀團貸款和銀行授信；設立人民幣海外合作基金，推動亞洲債券市場的開放和發展；進一步擴大與項目所在國政策性銀行、商業銀行、主權基金的合作，深化與其他國際金融機構、主權財富基金、產業投資基金、保險公司、風險資本等的合作，為「一帶一路」建設提供充足的融資保障。

在貨幣流通方面，擴大沿線國家雙邊本幣互換、結算、直接交易的範圍和規模；加快人民幣跨境支付系統建設，進一步完善人民幣全球清算體系；在涉外經濟管理、核算和統計中使用人民幣作為主要計價貨幣，鼓勵使用人民幣向境外進行貸款和投資；支持沿線國家政府、企業、金融機構在中國境內發行人民幣債券，以及符合條件的中國境內金融機構和企業在境外發行人民幣債券和外幣債券；支持離岸市場人民幣計價金融產品的創新，加快人民幣離岸市場建設，擴大人民幣的境外循環；推動銀行卡清算機構開展跨境清算業務和支付機構開展跨境支付業務，助力沿線發展中國家金融基礎設施建設。

在金融安全方面，推進亞洲貨幣穩定體系和信用體系建設，完善風險應對和危機處置制度安排，構建區域性金融風險預警系統，形成應對跨境風險和危機處置的交流合作機制；加強徵信管理部門、徵信機構和評級機構之間的跨境交流與合作。

---

❾穆虹：〈推進「一帶一路」建設〉；王璐、趙晶：〈一帶一路油氣合作瞄準六大領域〉，載《中國能源報》二〇一五年十一月三十日，第十三版。

(五)民心相通

民心相通是「一帶一路」建設的社會根基。從古代絲綢之路發展史來看，民間和人文交流是最重要的推動力量和載體形式。若僅靠政府層面的溝通與推動，「一帶一路」必然無法真正地在沿線國家落地，更難以獲得沿線國家長期的理解與支持。過往的許多教訓都表明，中國在海外的一些重大合作項目過於依賴上層路線和政府關係，而忽視了在當地社會尤其是草根民眾中的耕耘，使中國海外利益遭受威脅時難以得到有效保護。因此，儘管民心相通的成效相對緩慢，卻是真正的百年工程。唯有使沿線國家的普通民眾參與「一帶一路」並從中得以獲益，才有可能構築最廣泛而堅實的群眾基礎。

從交流主體來看，「一帶一路」民心相通將覆蓋留學生、志願者、青年、婦女、基層民眾、民間組織、立法機構、主要黨派、政治組織、友好城市、智庫等各個方面。值得指出的是，中國政府將擴大相互間留學生規模，開展合作辦學，每年向沿線國家提供一萬個政府獎學金名額。

從交流領域來看，「一帶一路」民心相通將包括文化、學術、傳媒、藝術、影視、圖書、旅遊、體育、衛生、醫藥、科技創新、環境保護、人才培養、創業培訓、職業技能、社會保障、公益慈善等各方面的合作交流。尤其是在科技合作領域，中國將與沿線國家共建聯合實驗室（研究中心）、國際技術轉移中心、海上合作中心，促進科技人員交流，合作開展重大科技攻關。

四、中國國內各地方定位

中國國內各地方的參與，是「一帶一路」建設的重要載體和動力。《願景與行動》提出，「將充分發揮國內各地區比較優勢」。二〇一五年七月中國政府召開的第二次推進「一帶一路」建設工作會議進一步強調，要突出重點地區，明確各省區市的定位，發揮各地比較優勢，加強東中西合作，實現良性互動，在參與「一帶一路」建設中形成全國一盤棋。

中國西北、東北地區。新疆被定位為絲綢之路經濟帶核心區，通過發揮新疆獨特的區位優勢和向西開放重要窗口作用，深化與中亞、南亞、西亞等國家交流合作，形成絲綢之路經濟帶上重要的交通樞紐、商貿物流和文化科教中心。陝西、甘肅、寧夏、青海被定位為面向中亞、南亞、西亞國家的通道、商貿物流樞紐、重要產業和人文交流基地，通過加強西安、蘭州、西寧等節點城市內陸開放，以及寧夏內陸開放型經濟試驗區建設加以推進。內蒙古的區位優勢在於聯通俄蒙，黑龍江、吉林、遼寧的定位是向北開放的重要窗口，為此應加強與俄羅斯尤其是遠東地區的鐵路通道建設與陸海聯運合作。

中國西南地區。鑑於廣西與東盟國家陸海相鄰的獨特優勢，它被確立為二十一世紀海上絲綢之路與絲綢之路經濟帶有機銜接的重要門戶，西南、中南地區開放發展新的戰略支點，這也是唯一在《願景與行動》中做出如此定位的省區。雲南被定位為面向南亞、東南亞的輻射中心、大湄公河次區域經濟合作新高地。西藏現階段的重點則是加強與尼泊爾等國家邊境貿易和旅遊文化合作。

中國沿海和港澳台地區。東部沿海擁有長三角、珠三角、海峽西岸、環渤海等開放程度高、經濟實力強、輻射帶動作用大的地區。福建被定位為二十一世紀海上絲綢之路核心區。上海、天津、寧波—舟山、廣州、深圳、湛江、汕頭、青島、煙台、大連、福州、廈門、泉州、海口、三亞等沿海城市港口被寄予了「一帶一路」，特別是二十一世紀海上絲綢之路建設排頭兵和主力軍的厚望，上海和廣州的國際樞紐機場功能將被強化。作為海上絲綢之路建設的題中應有之義，將加大浙江海洋經濟發展示範區、福建海峽藍色經濟試驗區、舟山群島新區、海南國際旅遊島的開發開放力度，深化深圳前海、廣州南沙、珠海橫琴、福建平潭等開放合作區與港澳台地區的合作。此外，《願景與行動》還提出要發揮海外僑胞以及香港和澳門這兩個特別行政區的獨特優勢作用，並為台灣參與「一帶一路」建設作出妥善安排。二〇一五年十一月七日，在兩岸領導人歷史性會談中，習近平再次強調，歡迎台灣同胞積極參與「一帶一路」建設，也歡迎台灣以適當方式加入亞投行。

中國內陸地區。重慶被定位為西部開發開放的重要支撐，這也是唯一一個入圍《願景與行動》的內陸省區。四川、河南、湖北、湖南、江西、安徽等省雖未直接出現，但其省會成都、鄭州、武漢、長沙、南昌、合肥則以節點城市的身份入圍。同時，為彌補內陸地區的區位劣勢，強化其向西開放水平，將建立中歐通道鐵路運輸、口岸通關協調機制，打造「中歐班列」品牌，加強長江中上游地區與俄羅斯伏爾加河沿岸聯邦區的合作，支持鄭州、西安等內陸城市建設航空港、國際陸港。

針對中國部分省區因沒有入圍《願景與行動》而產生的困惑，推進「一帶一路」建設工作領導小組辦公室也迅速做出了回應。二〇一五年四月十日，中共領導小組辦公室成員、國家發改委西部開發司巡視員歐曉理表示：「一帶一路」是中國今後對外開放和對外經濟合作的總綱領，不存在誰在路上、誰在帶上，誰不在路上、誰不在帶上的問題。認為沒有點名就沒有納入的問題是個偽問題。「一帶一路」領導小組第一次會議上要求地方編製本省區市推進「一帶一路」建設的實施方案，這個要求是全覆蓋的，各個省區都要編製，而不是十八個省區市。[10]簡言之，中國推動共建「一帶一路」的總體思路已基本明確，棋盤業已畫好。儘管「一帶一路」是普遍性、綜合性的合作倡議，但這並不意味著中國將一哄而上、四面出擊。按照以點帶面、循序漸進的建設思路，中國將進一步聚焦重點方向（六大國際經濟合作走廊）、重點國家（基礎好、意願強、位置佳、影響大的友好國家）、重點領域（基礎設施互聯互通、國際產能與裝備合作、資源能源合作與人文交流）和重點項目（具有標誌性示範效應的旗艦項目），積極穩妥地推動「一帶一路」的務實合作有序展開。

❿ 桐欣：〈發改委官員詳解「一帶一路」機遇：不存在哪個省缺席的問題〉（二〇一五年四月十日，一財網），http://www.yicai.com/news/2015/04/4604547.html。

第三章

「一帶一路」的多重機遇

作為中國新時期的重大國家發展戰略和國際合作倡議，「一帶一路」所帶來的機遇將是全方位的。隨著建設思路逐漸清晰，尤其是伴隨著《推動共建絲綢之路經濟帶和二十一世紀海上絲綢之路的願景與行動》（以下簡稱《願景與行動》）的發佈，無論是對全球發展還是中國自身發展，無論是對政府、市場還是普通人而言，都有可能從中受益。

一、全球發展機遇

「一帶一路」建設給全球發展帶來的機遇在於，它不僅將為增長乏力的世界經濟注入新的動能，也將切實促進沿線國家的互聯互通和工業化進程。

（一）促進沿線國家互聯互通

實現互聯互通，是沿線國家經濟發展和對外交往的重要前提，理所當然地成為了「一帶一路」建設的優先領域。二〇一四年十一月，習近平在「加強互聯互通夥伴關係」東道主夥伴對話會上表示：「一帶一路」和互聯互通是相融相近、相輔相成的。如果將「一帶一路」比喻為亞洲騰飛的兩隻翅膀，那麼互聯互通就是兩隻翅膀的血脈經絡。那麼，什麼是中國所理解的「互聯互通」呢？習近平指出：我們要建設的互聯互通，不僅是修路架橋，而更應該是基礎設施、制度規章、人員交流三位一體，是全方位、立體化、網絡狀的大聯通。❶在這三者中，基礎設施互聯互通又是最為迫切的。長期以來，基礎設施落後是沿線許多國家經濟騰飛的阻礙，而遠離出海口的內陸國家和交通不便的發展中國家更是難以獲得資本和產業的青睞。中亞五國處於連通歐亞的樞紐位置，自然資源豐富，總人口超過六千萬人。但是，吉爾吉斯的鐵路總長度只有四百多公里，而且被分割成互不相連的南北兩部分。沒有出海口，沒有覆蓋成網的鐵路線，吉爾吉斯的交通主要依賴公路。作為世界上最大的內陸國家，哈薩克不少地區的硬質路面比例不足百分之六十。在中寮鐵路開工前，塔納楞（Thanaleng）是寮國唯一的一座火車站（參見圖3.1），而從泰國廊開延伸出來的鐵路在寮國境內長度僅為三．五公里。由於交通不便，物流成本已經佔到印尼國內生產總值的百分之二十五至百分之三十，產自印尼國內的芒果在雅加達的售價高達每公斤四十多元人民幣，相當於越南芒果在上海超市的價格。作為印度洋的重要航運和物流樞紐，在招商局國際幫助修建營運科倫坡南港碼頭之前，斯里蘭卡全國港口的年設計吞吐能力僅四百萬個標準貨櫃……

交通狀況尤其是陸上交通的不暢，以及由此導致的高昂

圖3.1　寮國萬象塔納楞火車站

❶ 習近平：〈聯通引領發展　夥伴聚焦合作——在「加強互聯互通夥伴關係」東道主夥伴對話會上的講話〉（二〇一四年十一月八日，釣魚台國賓館），載《人民日報》二〇一四年十一月九日，第二版。

運輸成本，歷來是困擾歐亞大陸貿易和人員往來的癥結。目前，中國與沿線國家多數骨幹通道存在缺失路段，不少通道等級低，通而不暢。據統計，歐亞之間的貿易額僅佔兩個地區貿易總額的十分之一，貿易潛力遠未得到充分挖掘。相關研究也表明，一個典型內陸國家的運輸成本要比一個沿海國家高百分之五十，貿易量則要低百分之六十，而運輸成本降低百分之十即可使貿易量增加百分之二十五。❷然而，「一帶一路」沿線發展中國家在基礎設施融資上普遍存在困難，現有的國際融資機構遠不能滿足巨大的資金缺口。

正是在此意義上，中國倡議的「一帶一路」建設將為促進沿線國家的互聯互通提供寶貴機遇。中國是目前全球外匯儲備最多的國家，亞洲基礎設施投資銀行、金磚國家新開發銀行、絲路基金，以及其他基礎設施優惠貸款的設立，都旨在為沿線國家提供新的融資管道。同時，中國在基礎設施建設、勞務承包、項目管理等領域經驗豐富，也願意與發展中國家分享。

按照中方的規劃，「一帶一路」建設將在加強與沿線各國規劃對接的基礎上，以建設融資平台為抓手，以沿線中心城市為支撐，著力推動「六路多港」建設，推動鐵路、公路、水路、空路、管路、資訊高速路「六路」互聯互通，建設若干海上支點港口，構建聯通內外、安全暢通、綠色高效的國際大通道，打造六大國際經濟走廊。❸同時，與沿線國家商簽交通、貿易、投資領域的便利化協定，銜接和統一各類規章制度，降低人員、商品、資金跨境流動的成本和時間。

互聯互通所帶來的積極影響是不言而喻的。國際評級機構穆迪（Moody's）曾發佈報告表示，「一帶一路」建設的實施可能對南亞和東南亞基礎設施貧乏的國家產生變革性影響，其中，孟加拉國、柬埔寨、巴基斯坦和越南可能成為基建投資的最大受益者，而基礎設施的發展將帶動哈薩克和蒙古等中亞國家的貿易活動。❹通過「一帶一路」建設，不僅能為內陸國家找到出海口，使中亞地區變成歐亞間的便利走廊，還將使中東歐國家、泰國、印尼、斯里蘭卡、希臘等許多國家成為地區和國際貿易、物流的樞紐，重塑亞歐乃至全球的經濟地理版圖。在非洲，中非「三網一化」（非洲高速鐵路網、高速公路網、區域航空網和工業化）合作，將極大促進該地區的互聯互通進程，為經濟發展奠定基礎。二〇一五年四月至五月，韓國《中央日報》（*JoongAng Ilbo*）和韓國貿易協會（Korea International Trade Association）採訪組曾沿著絲綢之路經濟帶路線進行考察，發現「一帶一路」建設將為改善韓國的物流環境提供契機。相當一部分韓國產品可以從中國港口出發，經新亞歐大陸橋輸往中亞、歐洲，中歐國際鐵路貨運班列成為了連接韓國與歐洲間最短的物流網。❺目前，許多中國港口也紛紛實施海鐵聯運，大幅簡化通關手續，進出口貨物實現了從船舶運輸到鐵路運輸的無縫連接，大大降低了業主的成本。

隨著基礎設施條件的改善和互聯互通進程的推進，沿線發展中國家有望吸引資本、產業的關注，歐美發達國家也將獲得更多的貿易投資機會，而這正是「一帶一路」作為中國向地區和國際社會提供的公共產品之所在。

---

❷ Asian Development Bank and Asian Development Bank Institute, Infrastructure for a Seamless Asia（Tokyo: Asian Development Bank Institute, 2009）, p.42.

❸ 穆虹：〈推進「一帶一路」建設〉，載《人民日報》二〇一五年十二月十一日，第七版。

❹ 王子辰：〈穆迪：「一帶一路」對新興市場國家及中國具有正面信用影響〉（二〇一五年七月二十九日，新華網），http://news.xinhuanet.com/politics/2015-07/29/c_1116075476.htm。

❺ 陳尚文：〈「一帶一路」建設帶給韓國機遇〉，載《人民日報》二〇一五年六月四日，第三版。

（二）促進沿線國家工業化

實現工業化是絕大多數發展中國家的共同夢想。目前，「一帶一路」沿線大部分發展中國家都處在工業化的初期階段，工業增加值佔國內生產總值的比重在百分之三十左右，而大部分非洲國家製造業對國內生產總值的貢獻更是低於百分之十五。❻同時，聯合國貿易和發展會議（United Nations Conference on Trade and Development, UNCTAD）的一項研究結果顯示，三分之二的發展中國家嚴重依賴初級產品出口，近一半發展中國家對初級產品出口的依賴與日俱增。❼近年來，隨著石油、金屬等原材料和糧食等初級產品的價格暴跌，一些發展中國家的財政和貨幣狀況都趨於惡化，全球南北差距持續擴大。

在此背景下，廣大發展中國家紛紛謀求經濟轉型，試圖改變過度依賴初級產品出口的經濟發展模式，將推進工業化作為國家發展戰略。例如，非洲聯盟（African Union）在〈二〇六三年議程〉中明確提出了製造業佔國內生產總值的比重百分之五十以上、吸納超過百分之五十新增勞動力的目標，南非、衣索匹亞（埃塞俄比亞）等國都將發展工業化作為經濟多元化的主要方向之一。在東南亞、中亞、南亞、拉丁美洲，許多國家都明確將工業化列入中長期發展目標。

但是，第二次世界大戰以來的世界經濟史表明，只有中國等極少數發展中國家通過艱苦卓絕的努力實現了工業化，並逐漸向產業鏈和價值鏈的中高端邁進，既有的南北合作與南南合作模式都未能帶動發展中國家的整體性發展，後者被長期鎖定在產業鏈和價值鏈的低端位置。事實上，由於大多數發展中國家工業基礎薄弱、產業人才匱乏、基礎設施落後，所能承接的也基本都是發達國家淘汰的高污染和低附加值產業。

作為當前中國經濟外交的亮點，國際產能與裝備製造合作是「一帶一路」建設的重中之重，有望給沿線發展中國家帶來實現工業化的寶貴機遇。事實上，這也正是許多沿線國家對「一帶一路」的期待。正如吉爾吉斯經濟部副部長薩茲巴科夫（Ibraev Danil Tursunbekovich）接受採訪時所說：我們不僅希望能夠重現當年絲綢之路的輝煌，更希望能夠讓一些先進的生產工藝留存在吉爾吉斯，給這個地區帶來長久的繁榮。長期以來我們處於前蘇聯產業鏈的一個環節，獨立後出現原料、生產、消費相互脫節，雖然有一體化的世界與歐亞聯盟，但是我們應該建立一個比較完整的工業體系，並能夠把吉爾吉斯生產的商品出口到國外去；同時我們也希望通過絲綢之路交通走廊，把更多優質廉價的商品送到吉爾吉斯和我們的鄰國。❽

中國自二十世紀八〇年代起從發達國家引進大量的產能，對經濟發展起到了重大促進作用。當前，中國已進入工業化的中後期，擁有完備的工業體系、大量的優勢產業和富餘產能，裝備產品性價比高，綜合配套和工程建設能力強。相較於發達國家的產業轉移和對外投資，中國倡導的國際產能與裝備製造合作更注重對發展中國家發展能力和工業體系的培育塑造。同時，相較於以往的中國企業「走出去」或國際化經營，「一帶一路」建設中的國際產能合作與裝備製造更注重產業鏈的整體輸出。二〇一五年五月二十日，中國國家發改委外資司司長顧大偉在例行新聞發佈會上明確表示：我們現在要搞的產能合作是什麼含義？是產業的輸出，是能力的輸出。什麼是產業輸出？我們不是簡單的把產品賣到國外，而是把我們的產業整體輸出到不同的國家去，同時幫助這些國家建立更加完整的工業體系、製造能力，所以說我們推進國際產能和裝備製造的合作，核心就在於通過這樣的合作把產品的貿易、產品的

❻ 徐惠喜：〈推進中非產能合作正當時〉，載《經濟日報》二〇一五年十二月五日，第六版。

❼ 陳建：〈多數發展中國家過度依賴初級產品出口〉，載《經濟日報》二〇一五年七月十日，第十二版。

❽ 趙憶寧：〈吉爾吉斯經濟部副部長：「一帶一路」戰略是一次重要機遇〉，載《21世紀經濟報導》二〇一五年五月十一日，第六版。

輸出推進到一個產業的輸出和能力輸出上來。[9]按照以點帶面的建設思路，中國將沿著六大國際經濟走廊，引導和鼓勵企業到沿線國家投資興業，合作建設一批緊缺實用的生產線、境外產業園區和產業群聚區，推動建立當地產業體系，積極擴大就業。尤其是以高鐵、核電等高端裝備和重大合作項目為抓手，推動中國資金、技術、規劃、標準、裝備、管理經驗等全面「走出去」。通過技術轉讓、聯合營運、人才培訓等合作方式，為沿線國家培育產業發展能力，培養一批產業工人，並帶動相關企業和配套產業發展。同時，針對許多沿線國家資源能源豐富的優勢，可推進就地就近加工轉化合作，形成資源能源合作上下游一體化產業鏈，幫助東道國提高資源附加值，將資源優勢轉化為發展動力。

這種注重發展能力培育與工業體系建設的合作模式，將給沿線發展中國家提供實現工業化的契機。它既不同於以往以「工業品換原材料」為核心的貿易模式，也不同於以往由官方主導的政府間援助模式。相較之下，國際產能與裝備合作的作用更大、效果更佳，影響也將更為深遠。同時，在中方倡導國際產能三方合作的背景下，發達國家也將迎來更多的投資機會。

二、中國發展機遇

「一帶一路」建設在促進全球發展與合作共贏的同時，也將給中國自身帶來多方面的發展機遇。

（一）培育對外合作新優勢

「一帶一路」沿線國家多數是發展中國家和新興經濟體，人口總數和經濟總量龐大，現有發展規模與未來潛力都不容小覷。長期以來，中國與沿線國家的經濟合作主要是貿易驅動。依托強大的工業製造能力和低廉的勞動力成本，中國得以向全世界大規模出口「中國製造」，換回了巨額的貿易盈餘、大量的資源能源和寶貴的先進技術。但總體而言，中國仍處於全球產業鏈和價值鏈的中低端，企業「走出去」雖已逐步向高附加值領域邁進，但全產業鏈的佈局尚未形成。

目前，中國經濟發展正面臨轉型升級和結構調整的關鍵時期。一方面，部分行業出現產能過剩的局面，供給側結構性改革成為新常態背景下經濟工作的主基調；另一方面，在一些行業尤其是基建工程、裝備製造、資訊通信、新能源等方面形成了很強的國際競爭力，還擁有大量的資金作為保障。從沿線國家來看，由於金融危機的後續影響，發達國家經濟復甦乏力，發展中國家本已脆弱的經濟則因資源能源大宗商品暴跌而雪上加霜。在此背景下，中國的進出口都出現萎縮，傳統的對外經濟合作模式遇到瓶頸。

「一帶一路」建設的實施，有望給中國經濟的轉型升級，尤其是對外合作新優勢的培育，帶來新的機遇。依托雄厚的資金優勢和工程製造能力，以互聯互通和產能合作為兩大主線，中國將在沿線國家推動共建一批基礎設施項目、境外生產線、產業園區和產業群聚區。一方面，有助於促進中國產業資源整合和技術升級換代，帶動中國的資金、產能、裝備、技術、商品、勞務、標準、管理乃至人民幣等全面

---

❾ 中國國家發改委：〈國家發展改革委舉行例行新聞發佈會介紹〈國務院關於推進國際產能和裝備製造合作的指導意見〉有關情況〉（二〇一五年五月二十一日），http://www.sdpc.gov.cn/xwzx/xwfb/201505/t20150520_692690.html。

「走出去」，加快富餘產能的海外消化和優勢產業的海外佈局。另一方面，將極大改善沿線國家的基礎設施、產業結構和外貿條件，帶動居民就業、民生改善和收入增長。在客觀上，這也將為中國繼續擴大商品出口，實現向全球產業鏈和價值鏈高端升級提供機遇。

(二)加速人民幣國際化進程

加快推進人民幣國際化，對提高中國在全球經濟治理中的制度性話語權具有戰略和指標意義。在「一帶一路」資金融通層面，除了拓寬融資管道、維護金融安全之外，促進人民幣國際化也是重要內容。近年來，通過貨幣互換、跨境貿易結算和境外離岸中心建設等途徑，人民幣在全球金融體系中的地位迅速提升。隨著「一帶一路」建設的推進，人民幣有望在沿線國家獲得更多青睞。

《願景與行動》提出，擴大沿線國家雙邊本幣互換、結算的範圍和規模。除了與英國、法國、德國以及歐盟等繼續加強金融合作以外，未來中國還可以將東盟、俄羅斯、中亞、蒙古、非洲等沿線國家和地區作為優先突破口，在資源、能源、糧食等大宗商品交易中嘗試採取人民幣計價和結算。鑑於中國在裝備、工程等方面的強大實力，可以鼓勵中國企業在承擔沿線國家資源能源開發與基礎設施項目時，推動重大裝備出口優先以人民幣進行結算。

同時，中國可以在沿線國家著力拓展以人民幣進行直接投資的管道。例如，支持人民幣或人民幣專項基金直接投資沿線國家的基礎設施建設、資源能源開發等項目；成立人民幣專項產能合作基金，助力國際產能合作的實施，包括境外產業園區和產業群聚區建設。與之相配套，中國還可以向沿線國家（尤其是發展中國家）借出人民幣貸款，用於購買中國的商品、裝備、工程和勞務。由於人民幣債務須用人民幣償還，且這些國家的出口以原材料等大宗商品為主，此舉也有助於推動人民幣逐漸進入大宗商品結算貨幣行列。

此外，《願景與行動》還提出，支持沿線國家政府和信用等級較高的企業以及金融機構在中國境內發行人民幣債券，符合條件的中國境內金融機構和企業可以在境外發行人民幣債券和外幣債券。這將強化人民幣的跨境融資功能，加速人民幣計價債券市場的發展。

(三)賦予地方發展新紅利

各級地方政府是「一帶一路」建設的重要推動力和執行者。鑑於「一帶一路」建設的規格之高、覆蓋面之廣和實施決心之大，有望賦予中國三十一個省區市、新疆生產建設兵團乃至港澳台地區新的發展紅利。

從整體上看，由於設施聯通是「一帶一路」的優先領域，而基礎設施建設也是拉動經濟、擴大就業和化解過剩產能的有效手段，相關的地方政府有望掀起新一輪的基建投資熱潮。在《願景與行動》中，對各地加快基礎設施建設亦有大量的部署。例如，完善黑龍江對俄羅斯鐵路通道和區域鐵路網，推進構建北京—莫斯科歐亞高速運輸走廊，構建廣西面向東盟區域的國際通道，推進雲南與周邊國家的國際運輸通道建設等；加強上海、天津、寧波—舟山、廣州、深圳、湛江、汕頭、青島、煙台、大連、福州、廈門、泉州、海口、三亞等沿海城市港口建設，強化上海、廣州等國際樞紐機場功能，支持鄭州、西安等內陸城市建設航空港、國際陸港等。很顯然，這些安排將成為許多地方政府加大基礎設施投資的重要依據。

從具體區域來看，中國沿邊地區將進一步強化與周邊國家的次區域合作。例如，近年來中國東北地區經濟增速下降較快，老工業基地振興動力不足，通過全面融入中蒙俄經濟走廊建設，有望獲得新的發展契機。由於向西開放是「一帶一路」建設的重要取向，過去在經濟地理中處於發展窪地的中國西部地區，一躍成為了向西開放的最前沿，未來很有可能獲得更多的政策關注和資源投入，這從「一帶一路」領導小組辦公室設在中國國家發改委西部司就可以看出。西部大開發將迎來2.0時代，其中，豐富的文化旅遊資源有望得到進一步開發。二〇一五年十二月底，為發揮沿邊重點地區對推進「一帶一路」建設的支撐作用，中國國務院印發〈關於支持沿邊重點地區開發開放若干政策措施的意見〉，從多方面進行了部署。沿海地區尤其是重點港口城市作為二十一世紀海上絲綢之路的排頭兵和主力軍，除了在海洋經濟、對外貿易、產業投資等方面迎來新機遇之外，還有望在創新開放型經濟體制的先行先試上獲得更多支持。

從具體省區來看，新疆和福建是由《願景與行動》明確定位的兩個核心區，地位和重要性不言而喻。可以預見，中國這兩個省區（包括新疆生產建設兵團）將獲得遠超出其他省區市的政策支持和資源傾斜。

除了兩大核心區之外，各地本有的優勢也將得到加強和發揮。例如，上海的「四個中心」、科創中心、自由貿易試驗區建設與「一帶一路」高度契合，尤其是在金融領域，繼金磚國家新開發銀行之後，未來若能促成上海合作組織開發銀行總部也落戶上海，將極大提升上海的國際金融中心地位；海南的國際旅遊島的開發開放力度將進一步加大；浙江的海洋經濟發展示範區和舟山群島新區有望持續推進。在省級政府以下，一些沿海和內陸的重要節點城市、開放合作區（如深圳前海、廣州南沙、珠海橫琴、福建平潭等），以及古代絲綢之路上的著名樞紐，也將在此過程中迎來機遇。

值得指出的是，「一帶一路」建設也將給港澳台地區參與全球經濟合作以新空間。香港、澳門具有獨特的制度優勢、平台優勢和國際化優勢，有望在「一帶一路」建設中發揮積極作用。台灣近年來經濟低迷，早已不復當年「四小龍」之勇。未來，若能搭載「一帶一路」建設的便車，與大陸一起拓展沿線國家市場，有望打破現今的困局。

三、市場機遇

企業是「一帶一路」建設的主體，也是該合作倡議實施的重要受益者。中國自倡議提出尤其是《願景與行動》發佈以來，各種「一帶一路」概念的行業、企業和股票得到市場追捧。隨著「一帶一路」建設的推進，許多中外行業和企業都將直接或間接受益，機遇既面向中國企業，也同時屬於沿線國家和歐美發達國家企業。例如，對外貿行業來說，國際運輸便利化、「單一窗口」建設、「經認證的經營者」（AEO）互認、降低非關稅壁壘等都有助於降低時間和經濟成本；英國外交部和英中貿易協會於二〇一五年十二月聯合發佈的〈英國企業在「一帶一路」發展中的作用〉報告認為，「一帶一路」建設將為英國企業提供一系列與中國企業共同開發第三方市場的機會，雙方可以優先從基礎設施、金融與專業服務、先進製造、交通運輸與物流等領域開展合作。[10] 以下將以部分行業為例，闡述「一帶一路」建設所帶來的市場機遇。

[10] 蔣華棟：〈「一帶一路」為中英經貿合作帶來新機遇〉，載《經濟日報》二〇一五年十二月十一日，第四版。

金融行業。在「一帶一路」建設中，無論是基礎設施建設、經貿合作、產業投資、資源能源開發，還是海上合作、人文交流，都離不開金融業的支持。隨著中國企業和公民大量前往沿線國家，以及沿線企業和公民來到中國，中外金融機構在跨境匯兌、結算、融資和擔保等方面的服務需求也隨之增加。目前，許多政策性和商業性銀行都儲備了龐大的「一帶一路」項目資料庫，並根據項目需求創新跨境融資方式。《願景與行動》還提出：「支持沿線國家政府和信用等級較高的企業以及金融機構在中國境內發行人民幣債券，符合條件的中國境內金融機構和企業可以在境外發行人民幣債券和外幣債券，鼓勵在沿線國家使用所籌資金。」此外，在推進人民幣國際化的背景下，中資銀行的跨境人民幣業務將迎來重要機遇。

基建工程行業。設施聯通是「一帶一路」建設的優先領域，沿線許多國家都面臨著基礎設施升級改造或新建的需要，這給基建工程企業帶來了重要的機遇。目前，中國基建工程企業已在海外參與了很多國家的港口、機場、高速公路、鐵路建設，在項目規劃、設計、建設、營運和管理上積累了豐富的經驗，形成了極強的國際競爭力。同時，依托本國雄厚的資金優勢，伴隨著各類基礎設施融資平台的成立，基建工程企業在海外開展業務也有了更多的資金支持。值得指出的是，基建工程作為貨物貿易、技術貿易和服務貿易的綜合載體，也有望帶動中國國內產能、裝備、勞務的出口，以及運輸、通信、金融等相關行業的發展。

優勢產能行業。沿線發展中國家大多處於工業化和城市化的初級階段，新建或升級基礎設施的願望強烈，由此帶來了巨大的產能需求。中國的大量優勢產能儘管在國內面臨著過剩的問題，卻是很多發展中國家所亟需的。據計算，每億元鐵路基本建設投資大約能夠拉動鋼材需求三千三百三十噸，基礎設施建設對鋼鐵需求的巨大拉動作用將在「一帶一路」沿線得到釋放。[11]由於基礎設施互聯互通和國際產能合作是「一帶一路」建設的兩條主線，兩者都將給優勢產能企業「走出去」帶來機遇。

裝備製造行業。目前，中國裝備製造業已形成了門類齊全、具有相當技術水平和成套水平的完整產業體系，在價格、質量、總承包工期、維保服務等方面的優勢明顯，並在國外建立起大量的分支機構、研發中心。高鐵、核電已成為中國裝備製造「走出去」的國家名片，得到國家領導人的大力支持和推薦。權威調查表明，南美、中東歐、俄語地區的軌道交通設備已經進入了車輛更新換代的高峰，非洲地區對機車、貨車、普通客車的需求在逐步增加，很多國家已經將高鐵作為交通運輸領域的發展重點，全球鐵路市場容量到二〇一八年有可能增長到一千九百億歐元。⑫相關統計也顯示，「一帶一路」沿線計劃發展核電的國家二十五個，規劃機組有一百四十台左右，總投資規模將超過一兆兩千億美元。⑬隨著「一帶一路」建設的推進，汽車、船舶、機床、發電設備、工程機械等生產規模已穩居世界前列的裝備製造行業，也都將迎來相應的機遇。

資源能源行業。「一帶一路」沿線國家資源能源儲備十分豐富，能源裝備和基礎設施則較為落後，對中國相關企業是重要機遇。從油氣行業來看，許多沿線國家缺乏勘探開發、生產、運輸、加工的能力，經常出現產油國需進口汽油的現象。能源戰略研究者陸如泉先生提出，除了油氣項目投資之外，中國企業還可以在煉油化工、技術服務、裝備製造、能源金融等方面發力。尤其是通過裝備出口或就地建設裝備基地等途徑，推廣中國石油工業的標準，後者意味著主動權、話語權和盈利能力。⑭再看電力行

---

⑪ 重華：〈河北「兩會」熱議「一帶一路」 過剩產能借勢走出去〉，載《第一財經日報》二〇一五年一月十三日，A疊中國。

⑫ 中國商務部：〈商務部舉行我國鐵路設備出口情況新聞吹風會〉（二〇一五年二月五日），http://www.mofcom.gov.cn/article/ae/slfw/201502/20150200889819.shtml。

⑬ 朱學蕊：〈中國躋身世界核電第一方陣〉，載《中國能源報》二〇一五年五月二十五日，第十七版。

⑭ 陸如泉等：《「一帶一路」話石油》，北京：石油工業出版社，二〇一五年，第六—八頁。

業，東南亞、南亞、中亞等國均不同程度缺電，非洲三分之一人口至今缺少照明。巴基斯坦電力嚴重短缺，不僅影響生產用電，居民生活用電也難以保障。儘管水力、風能和太陽能資源豐富，但開發進展卻十分緩慢，近年來屢屢出現夏季用電高峰期間全國大停電的情況。目前，中國在電力裝備、規劃、工程施工和營運維護上已有較高水平，完全有能力承接更多境外電力合作項目。同時，根據《願景與行動》，「一帶一路」建設除了將加大煤炭、油氣、金屬礦產等傳統能源資源勘探開發合作，還將積極推動水電、核電、風電、太陽能等清潔、可再生能源合作。值得一提的是，隨著太陽能和風能產業的持續發展，中國正在成為世界上最大的可再生能源投資國，未來相關企業有望成為建設「綠色絲綢之路」的主力軍。

資訊通信產業。「一帶一路」設施聯通中，資訊通信是重要內容。中國的通信行業經過數十年的自主創新和實踐建設，在技術專利、產業鏈成熟度上均處於全球領先。近年來，華為、中興、中國移動、中國聯通等一批優質的資訊通信和光纖光纜企業早已在沿線國家開拓市場，提供從設備、技術、營運到綜合性解決方案的各類服務。《願景與行動》提出：「共同推進跨境光纖等通信幹線網絡建設，提高國際通信互聯互通水平，暢通資訊絲綢之路。加快推進雙邊跨境光纖等建設，規劃建設洲際海底光纖項目，完善空中（衛星）資訊通道，擴大資訊交流與合作。」同時，由工信部參與制定的〈周邊國家互聯互通基礎設施建設規劃〉進一步對打造「數字（數位）絲綢之路」進行了部署。這些都將給資訊通信企業帶來新的發展機會。值得指出的是，「一帶一路」建設也有助於推動中國北斗衛星導航系統的全面國際化。目前，北斗系統形成了包括基礎產品、應用終端、運行服務等較為完整的產業體系。按照計劃，北斗系統將於二〇二〇年形成全球運行服務能力，屆時北斗產業的產值將達到四千億元。

跨境電商。跨境電子商務是國際貿易的新興業態，有助於實現全球商品更為快速、便捷地流動交換。目前，中東和北非擁有一億一千萬網民，三千萬人已在網上購物；俄羅斯的互聯網用戶已達七千萬，是歐洲第一大互聯網國家。以阿里巴巴為代表的中國電商平台，也早已加快跨境電子商務的佈局和營運。據統計，二〇一四年中國跨境電商交易規模約四兆兩千億元人民幣，同比增長百分之三十三・三，其中出口佔比約百分之八十五・四，企業對企業（B2B）交易佔比達百分之九十三・五。[15]隨著「一帶一路」建設的推進，跨境電商將迎來更為廣闊的天地。值得指出的是，隨著「渝新歐」等中歐國際鐵路貨運班列的開通，運輸價格和時間都有所下降，從歐洲進口商品的流轉率可提高一倍以上，這對相關企業無疑幫助很大。[16]

海洋產業。近年來，世界海洋生產總值以平均每年百分之十一的速度增長，預計二〇二〇年將達到三兆美元。《願景與行動》提出，將積極推進海水養殖、遠洋漁業、水產品加工、海水淡化、海洋生物製藥、海洋工程技術、環保產業和海上旅遊等領域合作。作為二十一世紀海上絲綢之路建設的重要組成部分，海洋產業也有望迎來大發展。

文化和旅遊產業。「一帶一路」沿線的文化和旅遊資源十分豐富和多元，而這也是和普通人生活關係最為密切的部分。過去，由於交通、簽證、資金、自然環境等原因，並未得到充分開發。據估計，未來五年將有一億五千萬人次中國遊客前往沿線國家，旅遊消費超過兩千億美元；同時，中國也有望吸引八千五百萬人次沿線國家遊客來華，帶動旅遊消費一千一百億美元。[17]鑑於「絲綢之路」這一概念無與

[15] 祝龍、韓煦：〈「一帶一路」助力大宗商品跨境交易新模式〉，載《人民日報海外版》二〇一五年十月十六日，第九版。
[16] 高江虹：〈跨境電商首搭「渝新歐」掘金重慶一帶一路〉，載《21世紀經濟報導》二〇一五年六月二十九日，第十一版。
[17] 錢春弦等：〈中國描摹「一帶一路」旅遊發展藍圖〉（二〇一五年六月十九日，新華網），http://news.xinhuanet.com/politics/2015-06/19/c_1115673270.htm。

倫比的知名度和接受度，由此所衍生出的各類文化和旅遊產業將面臨前所未有的廣闊發展空間。

四、普通人機遇

「一帶一路」建設作為中國向地區和國際社會提供的公共產品，將對中國和沿線國家普通人的生活帶來許多改變和助益。

日常生活。交通、能源、通信等基礎設施落後，給沿線許多國家普通民眾的日常生活造成了很大困擾。例如，由於道路陳舊狹窄，印尼首都雅加達經常嚴重堵車，三五公里路程常要行駛一個小時。居住在雅加達郊外的羅西塔為躲避早晚高峰，每天早晨五點半就得出門，晚上七點半才離開公司，上下班的路上從未見過太陽。巴基斯坦電力短缺問題由來已久，首都伊斯蘭堡（Islamabad）夏季每天停電的時間達到十二小時，絕大部分農村和山區每日停電時間更是高達二十小時。居住在克什米爾山區的穆罕默德·汗每天放學後要跑十幾里的山路才能回到家，到家後第一件事情就是趕在太陽落山之前做完老師佈置的作業。二〇一四年，一張記錄非洲移民生活的照片榮膺世界新聞攝影比賽年度新聞圖片獎，幾個聚集在吉布提海岸的年輕人向著夜空舉起手機，以接收來自鄰國的信號……

「一帶一路」建設將設施聯通作為優先領域。在中國國內，各級地方政府都正在或即將推出一系列基建項目；在沿線國家，依托中國強大的基建工程能力，在亞投行、金磚銀行、絲路基金、歐洲復興開發銀行（European Bank for Reconstruction and Development, EBRD）等各類融資平台的支持下，普通民眾將受惠於一個個互聯互通項目的實施和落地。以巴基斯坦為例，在中巴經濟走廊建設中，能源項目佔據相當大的比例，中國企業承建的電力能源項目週期短、見效快，將有效緩解巴基斯坦民眾的燃眉之急。在非洲，隨著中非共同推進高速鐵路、高速公路和區域航空「三大網絡」合作，該地區民眾的日常生活將迎來不小的積極變化。

就業。在中國，由於「一帶一路」建設涉及諸多領域、項目和投資，有望創造出許多新的就業機會。在沿線國家，無論是基礎設施建設、經貿合作、產業投資還是資源能源開發，都將帶來大量的工作崗位。由於當前中國企業國際化越來越強調履行社會責任、屬地化經營，將更多地招聘和培訓當地員工。

消費。《願景與行動》提出，「一帶一路」建設將致力於消除投資和貿易壁壘，共同商建自由貿易區，發展跨境電子商務等。這意味著，未來中國和沿線國家民眾有望購買到越來越豐富、新鮮、便宜的國外商品。值得指出的是，「一帶一路」金融合作也將給普通人帶來便利。隨著人民幣國際化的推進，未來中國消費者有望越來越多地直接使用人民幣和銀聯卡進行支付結算，減少因多次貨幣兌換產生的額外成本。

教育。《願景與行動》提出：「擴大相互間留學生規模，開展合作辦學，中國每年向沿線國家提供一萬個政府獎學金名額。」這給了更多沿線國家的莘莘學子到中國來學習的機會，對於發展中國家的年輕人來說，他們將獲得除本國和歐美發達國家之外新的教育選擇。同樣，以往中國學生出國留學或訪學的主要目的地是歐美、日韓等發達地區，但未來也將有機會前往更多沿線國家進行訪學、交流。在許多地方政府的「一帶一路」對接方案中，也都提出將推進中外合作辦學，或鼓勵本地學校在沿線國家設立分校，這也將給中外教育界和普通學生更多機遇。

學術研究。「一帶一路」建設將給學術研究提供前所未有的廣闊空間和寶貴機遇。以往，許多從事國際經濟、世界政治、國別地區研究或科學技術研究的中國學者比較缺乏前往發展中國家進行田野調查、學術交流的機會、平台和經費支持。未來，在國家戰略的引導和推動下，將有越來越多的中國學者有望走進沿線尤其是廣大發展中國家。沿線國家豐富多元的政治社會生態、人文自然環境、經濟發展模式、民族宗教狀況，都將極大地拓展中國學者的視野。在國際學術界，中國和沿線國家學者也可以通過加強合作交流，發出自己的聲音，打破由歐美國家學者和話語所壟斷的學術格局。值得指出的是，隨著中國企業大規模「走出去」，尤其是前往沿線發展中國家，對所在國各類信息的需求激增，這也為相關智庫及其研究人員提供了廣闊的機會。

文化藝術。「一帶一路」沿線國家歷史悠久、文化多元，交流空間廣闊。《願景與行動》提出：「沿線國家間互辦文化年、藝術節、電影節、電視週和圖書展等活動，合作開展廣播影視劇精品創作及翻譯，聯合申請世界文化遺產，共同開展世界遺產的聯合保護工作。」在此背景下，未來中國普通民眾有望欣賞到越來越多的外國文化藝術演出、文物展覽、影視節目和圖書作品。同時，在「一帶一路」的推動下，中國的文化藝術也將豐富沿線國家民眾的日常生活。

旅遊。「一帶一路」建設將給旅遊業帶來發展空間，這也是相當為普通人所喜聞樂見的前景。過去，由於交通、氣候、環境等限制，中國西部地區和沿線國家的旅遊資源並未得到充分開發，而經費、簽證等因素也制約著人們「走出去」。例如，在吉爾吉斯東部有世界上最大湖泊之一的伊塞克湖（Issyk-Kul），碧藍無際的湖水、瑩白通透的雲朵、對岸山頂的積雪都讓人十分憧憬，但以往北京和比什凱克（Bishkek）之間並未開通空中直航航線；很多人都希望重走當年玄奘西天取經的路線，但受到諸多條件的限制，真正成行的寥寥；還有很多人希望從中國一路坐著高鐵前往歐洲，欣賞歐亞大陸的美景，但目前的選擇僅限於從北京到莫斯科的國際鐵路客運班列。《願景與行動》提出，聯合打造具有絲綢之路特色的國際精品旅遊線路和旅遊產品，提高沿線各國遊客簽證便利化水平；加快提升航空基礎設施水平；推進構建北京—莫斯科歐亞高速運輸走廊。未來，到「一帶一路」沿線的旅遊將更為便利，選擇更為豐富，價格也將更為便宜。

值得一提的是，郵輪旅遊是目前較為新興的一種休閒方式，也是二十一世紀海上絲綢之路建設的重要內容。近些年來，上海、天津、廈門、三亞、舟山和青島等港口城市相繼加入郵輪母港建設行列，近期還有深圳、廣州、北海、煙台、海口、大連正在建設或籌劃興建郵輪碼頭。沿著二十一世紀海上絲綢之路的線路，一批國際郵輪航線正在開闢，未來中國遊客乘坐郵輪到馬來西亞、新加坡、印尼、斯里蘭卡，乃至地中海觀光旅遊將不再是奢望，沿線國家也會有絡繹不絕的遊客乘坐郵輪來到中國。

「一帶一路」建設所蘊含的機遇是全方位的。隨著全面務實合作的推進，許多潛在機遇有望轉化為現實成果。沿線國家、中國自身、各類企業與普通民眾，都有可能從中受惠，而「一帶一路」作為公共產品和發展平台的屬性也將陸續展現。但是，這種轉化並不是自動和輕易的，曲折和風險也相伴相生，能否最大限度地把握機遇、規避風險，有賴於各方的智慧、耐心與合作。

第四章

「一帶一路」的政府行動

自該倡議提出以來，對接和服務「一帶一路」就迅速成為了中國各部門、各地方的核心工作之一。中國從中央到地方，一系列的政府規劃、部署與舉措陸續出台，使「一帶一路」從宏大的倡議變成了一項項具體的行動。

一、中央國家機關

中國目前在中共中央層面，有以副總理張高麗為組長的推進「一帶一路」建設工作領導小組。在各個中央國家機關中，國家發改委、商務部和外交部作為「一帶一路」建設的具體帶頭協調部門，聯合組織、制定、發佈了《推動共建絲綢之路經濟帶和二十一世紀海上絲綢之路的願景與行動》，並積極指導、支持和配合各部門、各地方開展對接工作。

就這三個部門而言，由於中國國家發改委（西部開發司）直接承擔著推進「一帶一路」建設工作領導小組辦公室的職責，其帶頭協調的作用更為突出。在領導小組辦公室下，又分別設有綜合組、絲綢之路組、海上絲綢之路組和對外合作組。❶目前，幾乎所有與「一帶一路」建設相關的重要工作都與中國國家發改委相關，各部門和各地方的「一帶一路」對接方案也都上報匯總至此。據秘書長李樸民介紹，下一步中國國家發改委推進「一帶一路」建設的重點工作包括：(1)積極推進標誌性項目建設；(2)穩步打造「六廊多港」；(3)推進重點國別合作，打造「一帶一路」合作樣板；(4)持續加強國際溝通交流；(5)統籌中國國內各種資源，形成推進合力。❷

值得指出的是，中國在黨和國家政治、經濟、外交最高決策中地位極其關鍵的中央全面深化改革領導小組辦公室（簡稱「中央改革辦」）、中央財經領導小組辦公室（簡稱「中財辦」）、中央外事領導小組辦公室（簡稱「中央外辦」）的負責人均是「一帶一路」建設工作領導小組的主要成員，這三個「超級辦公室」也將在推進「一帶一路」建設，尤其是宏觀指導、統籌協調過程中發揮不可估量的重要作用。

根據中共中央和國家統一部署，目前中央有關部門普遍建立了工作領導機制，紛紛將服務「一帶一路」建設納入本部門的重點工作中，並開展了相關的專項工作規劃的編制。為了更加清晰地反映「一帶一路」建設的重要性、全面性和協同性，以下將結合各類公開資訊，以「五通」為重點，梳理各中央國家機關圍繞「一帶一路」所展開的部署與行動。誠然，必須指出的是，許多部門的工作都涉及「五通」中的各個方面，這樣的分類更多是出於敘述和理解的便利。

（一）政策溝通方面

外交部。作為中國國務院主管外交事務、執行外交政策的專門機構，外交部是「一帶一路」政策溝通的主要工作部門。通過各類雙多邊平台和國內外場合，外交部積極向沿線國家政府、國際組織和駐華使節闡釋「一帶一路」的願景、思路與行動，澄清外界對「一帶一路」的種種誤解，推動簽署共建「一帶一路」的合作文件或諒解備忘錄。同時，中國各駐外使領館也紛紛行動起來，積極向沿線國家政府、

❶ 聶歐、龔婉茹：〈「一帶一路」已做了什麼〉，載《財經國家週刊》二〇一五年第二十六期。

❷ 中國網：〈發改委就宏觀經濟運行數據舉行發佈會〉（二〇一五年十月十五日），http://www.china.com.cn/zhibo/2015-10/15/content_36809100.htm。

主要黨派和主流媒體進行政策說明。

中聯部。在中國作為推進政黨外交和黨際交流的主要職能部門，中聯部的重點工作是向沿線國家各政黨、駐華使節和政黨國際組織闡釋說明「一帶一路」倡議，增信釋疑，尋求彼此發展戰略的契合點。

此外，中國國家發改委、商務部等部委也都承擔著與沿線國家政府、國際組織以及駐華機構進行政策溝通、動員協調的職責，推動發展戰略、共同利益和合作項目的對接。

(二)設施聯通方面

交通運輸部。交通運輸互聯互通是設施聯通的重中之重。二〇一五年四月，中國交通運輸部新聞發言人表示，該部將從三個方向對接「一帶一路」建設。具體包括：(1)將交通運輸「十三五」規劃與周邊國家互聯互通規劃相對接，共同推進國際骨幹通道建設。(2)抓住交通基礎設施的關鍵通道、關鍵節點和重點工程，逐步形成內暢外聯的國際運輸大通道。按照優先打通缺失路段、暢通瓶頸路段的思路，重點推進渝新歐、漢新歐、義新歐等中歐鐵路運輸通道建設，加快推進中緬、中寮泰、中越、中蒙俄等國際道路運輸和陸水聯運通道建設，會同沿線國家確定優先領域和重點項目，推進鐵路、公路、水運、航空等基礎設施在建項目和新建項目建設。(3)大力推動交通運輸企業「走出去」，帶動相關產業轉型升級。❸二〇一五年六月初，交通運輸部審議通過〈交通運輸部落實「一帶一路」戰略規劃實施方案（送審稿）〉。公開資訊顯示，方案主要方向包括「一帶一路」中交通運輸大佈局定位、大通道發展、重要項目節點、運輸便利化、多平台合作、雙邊關係，以及政府引領作用等方面。二〇一五年十二月初，交通部部長楊傳堂在中央黨校表示，交通部在服務國家「一帶一路」建設過程中，要大力推進國際陸上運輸

大通道建設，完善海上戰略通道，大力促進國際運輸便利化，積極拓展國際航空網絡和郵政網絡。❹

國家鐵路局。主要包括深化與推進中國與周邊國家鐵路項目合作；加強與國際標準化組織等機構的溝通聯繫；積極開展政府間鐵路對外交流合作，為中國鐵路「走出去」提供有力支持等。

中國民航局。據介紹，中國民航局正在編製「一帶一路」建設方案，以及與相關國家的合作規劃。根據〈二〇一五年重點推進的民航大中型建設項目清單〉，二〇一五年民航領域直接服務於「一帶一路」的重點項目有五十一個，總投資兩千億元。未來，中國民航局將特別加強北京、上海、廣州等國際機場的樞紐建設，使西安、烏魯木齊、南寧、昆明、廈門等達到區域門戶樞紐水平，並加大中小機場建設的力度。同時，中國民航局將與沿線國家在擴大市場開放、保障運輸安全、提升基礎建設水平和實現運輸便利化等方面創新合作模式。❺

中國海事局。二〇一五年四月，中國海事局公佈了近期推進「一帶一路」、促進海上互聯互通的六項舉措，其中包括在馬六甲海峽（馬來西亞）、印度洋陸海通道（緬甸）、南印度洋通道（斯里蘭卡）開展海事合作項目，推進以上重要通道的海事戰略支點建設。❻

國家能源局。二〇一五年五月，中國國家能源局召開落實「一帶一路」推進能源國際合作會議，部署能源系統推進「一帶一路」能源國際合作的重點工作任務。具體包括加強能源基礎設施互聯互通合

❸中國交通運輸部：〈二〇一五年度第二次例行新聞發佈會〉（二〇一五年四月十六日），http://www.mot.gov.cn/zhuzhan/wangshangzhibo/2015second/index.html。

❹中國交通新聞網：〈楊傳堂應邀為中央黨校學員作報告　服務國家「三大戰略」，建設交通運輸強國〉（二〇一五年十二月二日），http://www.zgjtb.com/2015-12/01/content_62620.htm。

❺李家祥：〈以推進「一帶一路」戰略為契機構建民航區域合作發展新模式〉，載《空運商務》二〇一五年第七期，第一一一—一一三頁。

❻龍巍：〈中國海事局公佈推進「一帶一路」多項舉措〉，載《中國水運報》二〇一五年四月二十四日，第二版。

作，共同維護油氣運輸通道安全，推進跨境電力與輸電通道建設，開展區域電網升級改造合作等。[7]

工業和信息化部。公開信息顯示，中國工信部參與制定了〈周邊國家互聯互通基礎設施建設規劃〉，旨在推動中國與周邊國家的資訊高速公路建設，打造「數字絲綢之路」。

國家國防科工局。中國國家國防科工局正積極推進「一帶一路」空間資訊走廊工程，是「一帶一路」建設三年（二〇一五至二〇一七）滾動計劃中二〇一五年新開工項目之一。該工程以衛星通信、遙感、導航等天基基礎設施為主體，以地面網絡和設施的互聯互通為重點，不僅將為國家各部委、地方政府和企業參與「一帶一路」提供空間資訊綜合集成應用服務，也可為沿線國家的防災減災、資源能源開發、基礎設施建設、海上應急服務等提供支持。[8]

(三)貿易暢通方面

商務部。綜合相關發言人在多個場合的表述，中國商務部在「一帶一路」建設方面已經在做和接下來要做的工作主要包括：(1)按照中共中央統一部署，制定推進「一帶一路」建設經貿合作的時間表和路線圖，制定有關「一帶一路」重點項目的規劃；(2)依托雙邊經貿聯委會、混委會等合作機制，發揮駐外經商機構作用，加強與沿線國家溝通協調，推動實施一批重大合作項目；(3)引導和推動企業到沿線國家投資興業，建設一批產業園區，推動製造業和配套服務業企業「走出去」；(4)促進與沿線國家貿易往來，提高貿易便利化水平，挖掘貿易新增長點；(5)深化區域次區域合作，推進自貿區談判；(6)加大對「一帶一路」沿線和周邊重點受援國的援助力度，重點推進民生項目與人力開發合作等。[9]

國家發改委。在貿易暢通方面，中國國家發改委服務「一帶一路」建設的重點工作是帶頭推進國際產能與裝備製造合作。除了推動已確定政策的落實之外，當前和下一階段的舉措還包括：(1)會同商務部、外交部等部門編製〈國際產能合作規劃〉，明確重點區域與國別；(2)與有關省份、重點企業、主要金融機構建立委省、委企協作機制；(3)拓展與沿線國家雙邊產能合作機制，推動實施一批重點合作項目；(4)聯合發達國家共同開發第三方市場。❿

工業和信息化部。在貿易暢通方面，中國工信部圍繞「一帶一路」建設的重點工作包括編製〈製造業「走出去」戰略規劃〉和產業指導目錄，推動裝備製造業「走出去」；啟動產業轉移合作示範園區建設等。

國務院國資委。二〇一五年六月，中國國務院國資委召開推進中央企業參與「一帶一路」建設暨國際產能和裝備製造合作工作會議，要求中央企業要將參與「一帶一路」建設作為企業「十三五」和中長期發展規劃的重要內容，以項目為載體，因國因業因企施策，靈活採取貿易、投資、園區建設、技術合作等多種方式，探索聯合出海，完善風險管控體系。⓫

---

❼ 中國國家能源局：〈國家能源局召開落實「一帶一路」戰略　推進能源國際合作會議〉（二〇一五年五月十四日），http://www.nea.gov.cn/2015-05/14/c_134237339.htm。

❽ 中國國家國防科工局：〈國防科工局將加快「一帶一路」空間信息走廊建設〉（二〇一五年七月十三日），http://www.sastind.gov.cn/n112/n117/c6054430/content.html。

❾ 中國商務部：〈商務部召開例行新聞發佈會（二〇一四年十二月十六日）〉，http://www.mofcom.gov.cn/article/ae/ah/diaocd/201412/20141200834923.shtml；中國政府網：〈商務部談加快培育外貿競爭新優勢〉（二〇一五年六月十六日），http://www.gov.cn/wenzheng/talking02/20150616ft116/。

❿ 中國國家發改委：〈上半年國際產能和裝備製造合作成效顯著〉（二〇一五年八月十一日），http://www.sdpc.gov.cn/xwzx/xwfb/201508/t20150811_744978.html。

⓫ 中國國務院國資委：〈國資委召開推進中央企業參與「一帶一路」建設暨國際產能和裝備製造合作工作會議〉（二〇一五年六月十九日），http://www.sasac.gov.cn/n1808314/n2106300/n2106312/c2106461/content.html。

國家稅務總局。稅收問題是中國企業在「走出去」過程中面臨的重要問題。二〇一五年四月，中國國家稅務總局發佈〈關於落實「一帶一路」發展戰略要求做好稅收服務與管理工作的通知〉，從「談簽協定維權益、改善服務促發展、加強合作謀共贏」三個方面制定出台了十項對接措施。具體包括加大稅收協定談簽和修訂力度；加強涉稅爭議雙邊磋商；建立「一帶一路」稅收服務網頁，分國別發佈「一帶一路」國家稅收指南，發佈有關稅收政策解讀、辦稅服務指南；舉辦「走出去」企業稅收協定專題培訓班；設立12366納稅服務熱線專席；引導註冊會計師事務所、註冊稅務師事務所等中介服務機構「走出去」；為「走出去」企業開展面對面宣講；建立「一帶一路」沿線國家稅收溝通機制；邀請「一帶一路」沿線國家稅務局長舉辦論壇；為沿線發展中國家提供培訓援助等。⓬

海關總署。在中國海關總署的推動下，自二〇一五年五月一日起，山東、河南、山西、陝西、甘肅、寧夏、青海、新疆、西藏等九省（區）的青島、濟南、鄭州、太原、西安、蘭州、銀川、西寧、烏魯木齊、拉薩等十個海關啟動絲綢之路經濟帶海關區域通關一體化改革，允許報關企業「一地註冊、多地報關」。五月，中國海關總署又對外發佈了服務「一帶一路」建設的實施方案，重點從「暢順大通道、提升大經貿、深化大合作」三個方面推出十六條措施。具體包括統籌口岸發展佈局；創新口岸管理模式；推進國際貿易「單一窗口」建設；推行「聯合查驗、一次放行」等通關新模式；支持新疆、福建兩大核心區建設；加強與沿線國家海關簽署合作協議等制度性安排；推進與沿線國家海關開展經認證的經營者（AEO）互認合作；建立「一帶一路」三互交換與共享服務平台；打造一批促進互聯互通合作項目典範等。⓭

國土資源部。二〇一五年六月，中國國土資源部中國地質調查局組織編製完成《「一帶一路」能源和其他重要礦產資源圖集》。主要內容包括「一帶一路」沿線國家的行政區劃與自然地理；與沿線國家開展礦業投資和貿易合作的資源基礎；與沿線國家開展優質產能合作的潛力；參與沿線國家工業化城鎮化進程的機會；沿線國家重要基礎設施與重大工程建設條件；實施「一帶一路」建設需要關注的重大地質問題；獲取「一帶一路」沿線國家地質礦產資訊的管道與方式等。⓮

國家能源局。能源合作是貿易暢通的重點內容。在中國國家能源局帶頭編製能源專項規劃中，除了推進油氣管網互聯互通之外，還將推進「四個合作區」和「六個產業園區」，建立和完善石油天然氣交易中心，開闢新的海陸聯運航線，培育一批具有世界水平的跨國油氣公司，推動能源裝備製造及能源服務企業「走出去」等。⓯

國家海洋局。據局長王宏介紹，在海洋經濟發展方面，「十三五」時期中國國家海洋局將研究支持涉海企業「走出去」和海洋產業合作的政策措施；推動建立一批雙邊或多邊海洋產業園區或示範基地，構建跨國產業鏈，提升中國海洋產業在全球價值鏈中的比重；推進海上互聯互通，切實將中國與沿海各國的地緣毗鄰優勢等轉化為務實合作優勢和持續發展優勢。⓰

⓬ 中國國家稅務總局：〈關於落實「一帶一路」發展戰略要求 做好稅收服務與管理工作的通知〉（稅總發〔二〇一五〕六〇號），二〇一五年四月二十一日。

⓭ 中國海關總署：〈暢順大通道、提升大經貿、深化大合作——海關總署出台服務「一帶一路」建設十六條措施〉（二〇一五年五月二十九日），http://www.customs.gov.cn/publish/portal0/tab65602/info743890.htm。

⓮ 中國地質調查局：〈中國地質調查局〈「一帶一路」能源和其他重要礦產資源圖集〉編製重中之重工作全面完成〉（二〇一五年六月二十九日），http://www.drc.cgs.gov.cn/cgkx/123246.htm。

⓯ 王璐、趙晶：〈一帶一路油氣合作瞄準六大領域〉，載《中國能源報》二〇一五年十一月三十日，第十三版。

⓰ 杜芳、沈慧：〈藍色引擎強勁發力——訪國家海洋局局長王宏〉，載《經濟日報》二〇一六年一月十四日，第十一版。

(四)資金融通方面

財政部。根據二〇一五年的重點工作安排，中國財政部服務「一帶一路」建設主要體現在帶頭完成亞洲基礎設施投資銀行、金磚國家新開發銀行的籌建工作；繼續推進上海合作組織融資機構的籌建；完善促進外貿有關政策措施，促進基礎設施互聯互通重大項目實施，推動優勢產業走出去；加強財經對外交流合作，深入參與二十國集團、東盟「10＋3」、金磚國家、上海合作組織等多邊合作機制等。

中國人民銀行。公開資訊顯示，中國人民銀行支持「一帶一路」建設的舉措主要包括帶頭完成絲路基金的組建；擴大與沿線國家本幣互換、結算的範圍和規模，建立高效安全的人民幣跨境支付和清算體系，積極有序地推進人民幣國際化；推動簽署雙邊監管合作諒解備忘錄，完善風險應對和危機處置制度安排，構建區域性金融風險預警系統等。

(五)民心相通方面

國家衛生計生委。醫療衛生合作與援助是中國外交的優良傳統。二〇一五年十月，中國國家衛計委發佈〈關於推進「一帶一路」衛生交流合作三年實施方案（二〇一五至二〇一七）〉，確定了合作機制建設、傳染病防控、能力建設與人才培養、衛生應急和緊急醫療援助、傳統醫藥、衛生體制和政策交流、衛生發展援助、健康產業發展等八個重點合作領域。重點項目和活動包括舉辦「絲綢之路衛生合作論壇」、中亞地區和大湄公河次區域傳染病聯防聯控機制合作、中國—東盟衛生人才培養百人計劃、中國—中東歐國家公立醫院合作網絡、中俄災害醫學合作項目、中國—東盟傳統醫藥交流合作中心建設項目、「光明行」眼科義診活動、哈薩克「陝西村」醫院援建項目等。

科技部。中國科技部是「一帶一路」科技創新合作專項規劃的編制單位，也是亞歐科技創新合作中心的協同建設部門。在二〇一六年的中國科技工作會議上，中國科技部部長萬鋼提出，「十三五」時期將圍繞提高全球配置創新資源能力，深度參與全球創新治理，創製國際科技合作公共產品，促進創新資源雙向開放和流動，打造「一帶一路」協同創新共同體，加大科技開放力度。在二〇一六年，中國科技部的主要工作是結合「一帶一路」沿線國家發展基礎和需求，依托科技夥伴計劃和政府間科技創新合作機制，推進科技創新平台建設，加強科技人文交流。同時，推動氣候變化、環境等重點領域的聯合研發、技術轉移與創新合作，共建特色園區，支撐優勢產業走出去，深化國際產能對接，打造「一帶一路」協同創新共同體。[17]

國家新聞出版廣電總局。主要包括啟動實施「絲路書香工程」，面向絲綢之路沿線國家啟動實施五大重點項目；引導中國廣播電視媒體做好新聞報導；推出一批「一帶一路」題材重點影視作品，包括多部「一帶一路」題材紀錄片，為「一帶一路」建設營造良好的國際輿論環境。

國家旅遊局。二〇一五年，中國國家旅遊局開展了「美麗中國——二〇一五絲綢之路旅遊年」活動，與中國相關省份合辦絲綢之路國際旅遊節，在境外宣傳推廣中重點突出絲綢之路主題。同時，中國國家旅遊局制定了〈絲綢之路經濟帶和二十一世紀海上絲綢之路旅遊合作發展戰略規劃〉，涉及實施重點行動、完善保障機制與推進三年計劃等務實內容。[18]

---

[17] 萬鋼：〈堅持創新驅動　強化科技引領　實現「十三五」良好開局——在二〇一六年全國科技工作會議上的報告〉，二〇一六年一月十一日，北京。

[18] 中國國家旅遊局：〈「一帶一路」的旅遊願景如何實現〉（二〇一五年四月七日），http://dj.cnta.gov.cn/html/2015-04/1824.shtml。

公開資訊亦顯示，中國教育部、農業部、文化部、環保部等部門帶頭啟動了一批專項規劃的編製工作。除此之外，其他一些中國中央國家機關也都從各自工作出發，加大了服務「一帶一路」建設的部署與行動力度。

中央統戰部。二〇一五年五月，中共中央統戰部印發〈關於統一戰線服務「一帶一路」戰略的意見〉，指出要充分調動統一戰線各方面力量參與「一帶一路」建設。具體包括支持民主黨派、工商聯和無黨派人士深入實地考察調研；支持有條件的民營企業赴沿線國家和地區進行資源開發、工程承包、構建銷售網絡等；鼓勵港澳台同胞、海外僑胞和留學人員將自身事業與「一帶一路」相結合；引導統一戰線各類團體和組織廣泛開展與沿線民間組織和國際組織的交流合作；引導統一戰線成員在對外交往中有針對性地解疑釋惑等。⑲

最高人民法院。二〇一五年七月，〈最高人民法院關於人民法院為「一帶一路」建設提供司法服務和保障的若干意見〉發佈，要求充分發揮中國人民法院審判職能作用，有效服務和保障「一帶一路」建設的順利實施。具體包括加強涉外刑事、涉外民商事、海事海商、國際商事海事仲裁司法審查和涉自貿區相關案件的審判工作；加強與沿線各國的國際司法協助合作，準確適用國際條約、慣例以及外國法律；構建和完善「一帶一路」建設的多元化糾紛解決機制；積極參與相關國際司法規則制定等。⑳

國家統計局。二〇一五年十月，中國國家統計局在「一帶一路」國家統計發展會議上提出，該部門將積極搜集整理「一帶一路」相關國家統計資料，與沿線國家研究建立數據共享平台，系統監測貨物、資本、服務、技術及貿易情況，有效監測重大項目建設情況。㉑

二、各級地方政府

中國各級地方政府是「一帶一路」建設的主力。自倡議提出以來，中國相關省區市（尤其是西北五省和沿海地區）表現出了極大的參與熱情，陸續建立「一帶一路」工作領導機制，推出自己的對接思路、工作方案和項目清單。截至二〇一五年十月底，中國三十一個省區市和新疆生產建設兵團的「一帶一路」建設實施方案銜接工作已基本完成，並上報「一帶一路」建設領導小組辦公室。[22]

綜合已有的公開資訊來看，中國各地對自身參與推進「一帶一路」建設的定位逐漸清晰，也更趨理性和務實。中國各省級政府的實施方案和推進舉措基本都圍繞「五通」中的設施聯通、貿易暢通、資金融通、民心相通展開。具體而言，主要集中在基礎設施建設、經貿合作、產業投資、資源能源、金融合作、生態環境、人文交流與海上合作等八個方面。[23]

---

[19] 中新網：〈中央統戰部印發意見就統一戰線服務「一帶一路」戰略作出部署〉（二〇一五年五月十二日），http://www.chinanews.com/gn/2015/05-12/7270401.shtml。

[20] 徐雋：〈最高法發佈意見為「一帶一路」建設提供司法服務保障〉，載《人民日報》二〇一五年七月八日，第十一版。

[21] 王軼辰：〈「一帶一路」國家統計發展會議召開〉，載《經濟日報》二〇一五年十月二十日，第四版。

[22] 中國國家發改委：〈統籌協調　有序推進——「一帶一路」建設的地方實施方案銜接工作成效初顯〉（二〇一五年十一月二十日），http://www.sdpc.gov.cn/xwzx/xwfb/201511/t20151120_759151.html。

[23] 以下內容皆來自於公開資訊，受篇幅所限，不再一一列舉。

（一）基礎設施建設

重慶、新疆、內蒙古、湖南、湖北、河南、黑龍江、遼寧、浙江、雲南、四川、貴州、山東、江蘇等地陸續開通至中亞和歐洲的國際貨運班列。甘肅將集中力量開展「六八七三」交通突破行動，強化大能力運輸通道建設，加快隴海－蘭新鐵路既有線改造，提升「絲綢之路經濟帶」甘肅段通達能力。內蒙古將加快與俄、蒙的公路通道建設，重點推進兩條出海通道、三條能源通道和三條旅遊通道建設。福建將集中力量打造「兩集兩散兩液」核心港區，重點加快廈門東南國際航運中心和廈門新機場建設。寧夏將開通直達杜拜、新加坡和馬來西亞等航線，逐步擴展直通海灣六國航線，推動銀川至哈薩克貨運包機常態化，逐步開通面向歐洲和中東國家的貨運包機。雲南積極推進「七出省、五出境」公路通道建設，著力構建互聯互通的交通運輸支撐體系。上海將以亞太示範電子口岸建設為契機，加快推動與沿線重要口岸的互聯互通。湖南將推動開通長沙至香港全貨航班，長沙至歐洲、美國、澳大利亞、俄羅斯、日本、西亞等國際洲際航線。廣東將以廣州白雲機場為龍頭，加大珠三角機場群建設，構建以高速公路和高鐵為骨幹、連接東盟的運輸大通道。陝西「西安港」國家、國際代碼啟用，實現「一次申報、一次查驗、一次放行」，正式納入國際貿易與運輸體系。江蘇的中哈（連雲港）國際物流合作基地、上合組織（連雲港）國際物流園等項目有序推進。吉林將加快打造國際郵件智慧資訊化平台，推進羅津港（Rajin Port）、扎魯比諾港（Zarubino）等境外港口建設。

(二)經貿合作

上海加快與新加坡、捷克、土耳其、阿拉伯聯合大公國等沿線國家的經貿部門或節點城市簽署經貿合作備忘錄，未來將繼續鼓勵跨國公司地區總部拓展功能，進一步落實外貿穩增長、服務貿易發展、跨境電商發展政策措施。浙江將與沿線國家建立起與跨境電商交易相適應的海關監管、檢驗檢疫、退稅、跨境支付等快速支撐系統，打造跨境電子商務資訊服務平台。廣東將建設一批輻射全省乃至全中國的進口商品交易中心，並赴沿線國家設立建材、酒店用品等廣東特色商品展銷中心。廣西將加快建設中國—東盟商品交易中心，圍繞棕櫚油、橡膠、有色金屬、糧油等地區特色優勢產品，打造大宗商品交易市場。江蘇將進一步建設營運好柬埔寨西哈努克港（Sihanoukville）經濟特區等境外經貿合作區和產業群聚區。陝西將推進陝韓產業合作園區、中俄絲綢之路高科技產業園區和中國—中亞經濟合作園區建設。甘肅在白俄羅斯、伊朗、吉爾吉斯、印尼等國家和新疆霍爾果斯口岸設立商務代表處，並建立了特色商品貿易中心。黑龍江推動設立黑河、綏芬河、黑瞎子島跨境經濟合作區，支持俄羅斯烏蘇里斯克（Ussuriysk）經貿合作區建設。安徽首個綜合保稅區合肥綜合保稅區正式封關運行，總投資二十二億美元的十二英寸晶圓生產基地項目已開工建設。此外，福建、四川、寧夏、青海、新疆、內蒙古等還積極借助各類展會活動平台擴展與沿線國家經貿合作。

(三)產業投資

河北鼓勵太陽能、鋼鐵、玻璃、水泥等產能相對過剩、具有比較優勢的企業到境外建設一批生產基地，具體針對中東歐國家，還劃分了更加細化的「合作國別版圖」，明確了不同的產業影響哪些重點的區域和板塊轉移。廣西將依托中馬「兩國雙園」、中越跨境經濟合作區、中印尼經貿合作區、汶萊—廣西經濟走廊等境內境外園區，服務中國優勢產能和裝備製造業赴東盟地區投資。四川制訂「二五一行動計劃」，擬用三年時間，推動二十個重點國家，培育五十個重點項目，重點鎖定有能力有意願的一百家企業走進「一帶一路」。湖南計劃培育二十家左右在國內外有較大影響的產能「走出去」和國際工程承包重點企業，加大北歐湖南農業產業園、泰國湖南工業園、越南商貿物流園、阿拉伯聯合大公國阿基曼（Ajman）中國城等在建園區的建設力度。安徽的建材、汽車、農業、礦產資源開發等領域企業加快國際產能合作，其中海螺集團在印尼、寮國、柬埔寨、緬甸的多個水泥項目加快推進。浙江將在沿線國家主要節點城市和港口佈局建設一批境外經貿合作區，推動優勢、富裕產能在境外集群發展。新疆生產建設兵團將進一步加快兵團農業企業「走出去」步伐。

（四）資源能源

福建將依托主要港口，佈局建設來自沿線國家和地區的進口油氣、礦石等物流中轉及加工基地。山西將加強與中亞地區在煤炭採掘、洗選、運輸等裝備方面的合作，推動在哈薩克投資設立天然氣裝備廠項目建設。山東推進在印尼鋁礬土、迦納金礦開採等項目，並在澳大利亞、俄羅斯、印尼等國家建立海外資源供應基地。江西將鼓勵地質勘測單位到柬埔寨、印尼、菲律賓、伊朗等沿線國家開展地質調查和探尋礦產資源，鼓勵龍頭企業參與沿線國家礦產資源開發。遼寧啟動印尼鎳礦、哈薩克銅礦開採冶煉加工等境外資源開發項目。廣東將重點推動廣東振戎緬甸五百萬噸煉油、粵電印尼電源合作、廣晟泛澳寮國銅金礦、廣新印尼鎳鐵礦、廣墾東南亞橡膠種植加工基地等境外合作項目。此外，新疆、黑龍江、雲南、內蒙古等沿邊省區都提出，加強與周邊國家和地區油氣管道、跨境電力與輸電通道、區域電網等能源基礎設施的互聯互通。

(五)金融合作

上海將以自貿試驗區金融創新為突破口，拓展自由貿易賬戶功能，積極探索離岸市場與在岸市場銜接聯動，創新面向國際的人民幣金融產品，推動建立亞洲債券發行、交易和流通平台，有序推進資本項目可自由兌換，研究探索與「一帶一路」沿線國家主要金融中心推進金融合作協議。廣東設立了多幣種廣東絲路基金，首期主要投資於符合重點國別的產業園區、重大基礎設施、農漁業、製造業和服務業等領域項目，同時跟投國家絲路基金及其新設子基金等。天津將充分利用租賃、保險理財、債券等金融工具，推動跨境人民幣業務創新，並積極爭取國家投資基金項目。黑龍江在黑河和綏芬河海關開通盧布現鈔跨境通關業務的基礎上，將積極推動中俄跨境電子商務在線支付結算平台建設，打造面向俄羅斯及東北亞的區域金融服務中心。陝西將建立與中亞各國的合作發展基金，優先推動建立中國陝西—哈薩克合作基金。河南將推動建立「一帶一路」政策性出口信用保險統保平台，對大型成套設備出口融資應保盡保。寧夏將鼓勵金融機構積極開展對阿拉伯國家金融合作，力爭建立中阿貿易人民幣結算中心。雲南將依托沿邊金融綜合改革試驗區，吸引東南亞及南亞國家的銀行、證券等金融機構入駐雲南，提升跨境金融服務。新疆將統籌推進烏魯木齊建設區域性國際金融中心，喀什打造區域金融貿易區次區域金融中心，以及霍爾果斯形成離岸人民幣試點金融港，構建新疆金融金三角。

(六)生態環境

甘肅將發揮在內陸河流域生態治理、風沙源防護林建設、雨水集蓄利用、野生動植物保護等方面的技術優勢，與中亞及環中亞國家開展沙塵暴預防、塵源地生態治理、荒漠化監測和防治、旱作農業和節水灌溉、濕地保護等方面的合作交流。雲南積極推動大湄公河次區域濕地保護與能力建設。江西將依托世界低碳生態經濟大會、國際白鶴論壇、世界生命湖泊大會，加強應對全球氣候變化、發展低碳技術和綠色經濟、越冬白鶴保護等方面合作。廣東將推進與沿線國家在海洋防災減災、生態保護等方面的合作，建立海洋污染防治協作機制，共同開展近海海洋生態系統保護研究。陝西將與沿線國家廣泛開展聯合保護建設生態系統、林產品加工貿易、林業科技、森林旅遊合作開發等方面合作交流，完成絲綢之路生態綜合系統建設中國段項目。新疆持續推進科技部支持的兩個重大國際合作項目，已系統掌握了中亞五國近百年來水文資源、氣象觀測及氣候變化過程等資料，首次建設覆蓋中亞的生態系統野外觀測與研究網絡，建立了國際首個中亞生態與環境數據庫及首個中亞生態系統模型。

(七)人文交流

福建舉辦絲綢之路國際電影節，推進「海上絲綢之路數字（數位）文化長廊」建設，支持泉州整合海外交通史博物館、華僑歷史博物館等資源，建設海上絲綢之路國際文化交流展示中心。廣東將開設駐海外旅遊合作推廣中心，在廣州、深圳設立國際郵輪母港，在珠海、汕頭、湛江等市啟動郵輪旅遊開發。陝西將實施絲綢之路文化基地、漢長安城遺址文化景區工程等文化旅遊類項目和西安絲綢之路經濟帶青少年國際文化交流中心等人才交流類項目。甘肅將依托絲綢之路（敦煌）國際文化博覽會、蘭洽會、敦煌行．絲綢之路國際旅遊節等大型節會平台，大力發展節會和展會經濟。黑龍江積極推進中東鐵路建築群整體保護，發展生態觀光、養生度假、冰雪旅遊等中俄旅遊精品路線和旅遊產品，在綏芬河開展對俄醫療旅遊試點。湖南將推進中義低碳研究中心、中英綠色環保建設中心、湖南國際技術轉移中心（1＋N）平台，以及孟加拉國、巴基斯坦、印尼、印度、泰國雜交水稻種子研發分中心等項目建設。江西將發掘景德鎮陶瓷文化底蘊，加強景德鎮御窯遺址和中國陶瓷博物館等平台建設，打造世界陶瓷文化交流中心。寧夏將加快建設中國－阿拉伯國家技術轉移中心和分中心，實施中阿科技夥伴計劃。新疆將積極推進「上海合作組織科技夥伴計劃」，以「中國－中亞科技合作中心」、中塔（塔吉克）農業科技合作園建設等為支撐，加強科技合作力度。新疆生產建設兵團將大力發展跨境旅遊，打造「中國屯墾旅遊」品牌。

（八）海上合作

福建將積極開發太平洋和印度洋公海漁業資源，建立與東南亞、南亞、西亞及非洲有關國家長期穩定的漁業捕撈合作關係，抓好中國－東盟海洋合作中心、東盟漁船檢驗中心建設，支持福州加快建設完善中國－東盟海產品交易所，形成面向沿線國家和地區的海產品電子交易平台。廣東將推進廣東－馬六甲海洋工業園、中國－東盟現代海洋漁業技術合作及產業化示範項目。廣西將支持欽州市、北部灣港務集團、東盟及中外知名航運企業聯合打造名為「二十一世紀海上絲綢之路」的海上航線項目。江蘇的馬來西亞遠洋漁業合作項目正式啟動，還分別與印度、巴基斯坦旁遮普省（Punjab）簽署合作備忘錄，開展水產養殖及技術合作。未來還將組建遠洋漁業產業股權基金，引導江蘇企業和社會資本與沿線國家開展漁業項目合作，與沿線國家合作建立二至三家海洋經濟創新示範園區和海洋科技合作園區。山東加快東亞海洋合作平台建設，並推進在印尼、斯里蘭卡、烏拉圭、迦納、所羅門群島、斐濟建設遠洋漁業海外基地。

除了各省級政府之外，中國一些重要節點城市也紛紛推出了自己的「一帶一路」對接方案。例如，甘肅蘭州提出「一八五一」的發展思路，以建設國家向西開放戰略平台、絲綢之路經濟帶重要節點城市為目標，實施八大任務和打造五大平台，計劃在五年內實現項目投資一兆人民幣，實現向中亞西亞進出口額與「一帶一路」國家進出口總額達到五十億美元以上。陝西西安將打造國際合作、科教創新、經貿物流、金融服務、文化交流等五大平台，逐步建成絲綢之路經濟帶的金融商貿物流中心、機械製造業中心、能源儲運交易中心、文化旅遊中心、科技研發中心、高端人才培養中心。遼寧大連將充分利用金普新區這個平台，盡快形成連接東北亞和歐洲兩個市場的功能。浙江寧波航運交易所推出「海上絲路指數」，由其編製的寧波出口貨櫃運價指數（NCFI）於二〇一五年十月在波羅的海交易所官方網站成功發佈，係後者自一七四四年成立以來首次發佈其他機構的指數，標誌著中國航運指數獲得國際市場認可。福建泉州將實施泉州港口復興、雙向投資貿易、發揮僑力攜手共贏、阿拉伯新走廊拓展、綠色製造提升、金融創新、對接自貿區、現代海洋城市建設、國際文化旅遊合作、人才培養引進和人員往來等「十大行動計劃」。福建福州與中國國家開發銀行福州分行、中非發展基金（China-Africa Development Fund）合作共同成立了總規模約人民幣一百億元的「海上絲綢之路基金」，希望通過基金的市場化運作參與「二十一世紀海上絲綢之路」建設。海南三亞正在加快推進鳳凰島國際郵輪港二期工程，積極策劃海上絲綢之路郵輪旅遊航線。廣東湛江將依托遠洋樞紐深水大港，加快實施鋼鐵、石化、紙業等重大產業項目。廣東珠海已與巴基斯坦瓜達爾市確定了兩地友好城市和友好港口的關係，兩港的初期合作將圍繞商貿物流展開，未來將在瓜達爾港自貿區建設「珠海—瓜達爾跨境經濟合作區」。廣西欽州將以中國—東盟港口城市合作網絡為平台，構建中國和東盟國家四十七個港口城市參與的「海上絲綢之路」合作機制，並進一步開通加密欽州港至東盟國家主要港口班輪航線，加快建設中國—東盟港口物流資訊中心，以中馬「兩國雙園」為載體推進海上絲綢之路臨港產業帶。

綜觀中國各級地方政府參與「一帶一路」建設的實施方案和推進舉措，其特徵大致可概括為「三個注重」。

首先，注重凸顯地方特色優勢。例如，中國各沿海省份和重點港口城市紛紛將加強港口建設、發展臨港產業、拓寬海上合作列為工作重點。各沿邊省份都以接壤的周邊國家、地區作為優先合作和開放對象，次區域合作程度更趨緊密，成為六大經濟走廊建設的主力軍。寧夏積極利用與阿拉伯國家的文化紐帶，打造重點面向阿拉伯—伊斯蘭世界的合作基地，彌補自身在地理經濟上的劣勢。浙江、福建、廣東、海南等省份充分發揮與海外華僑華人的親緣、人緣優勢，大力吸引華僑華人參與「一帶一路」建設。上海注重「四個中心」與「一帶一路」的結合，重點加強在經貿、金融、航運等方面的對接力度，尤其是在金融合作領域發揮制度創新、先行先試的作用。作為能源大省，新疆的實施方案中注重以大型油氣生產加工和儲備、大型煤炭煤電煤化工、大型風電和太陽能發電等三大能源基地為支撐。陝西、甘肅、福建等地積極發掘絲綢之路歷史遺產，紛紛打出「歷史牌」、「文化牌」、「旅遊牌」。貴州則將生態文明、大數據作為參與「一帶一路」合作的亮點。海南緊緊圍繞「國際旅遊島」建設，將促進旅遊合作放在優先位置。

其次，注重發揮平台載體作用。一方面，中國各省區市和節點城市都加大了境外或跨境經貿合作區、產業園區的建設力度，並大力支持中國本地企業赴沿線國家建設境外產業合作平台。另一方面，許多節點城市都充分借助了各類國際博覽會、論壇、貿易洽談會的平台效應，中國地方政府的國際化聯繫進一步得到加強。如中國—東盟博覽會（China-ASEAN Exposition, China-ASEAN Expo, CAEXPO，廣西南寧）、中國—亞歐博覽會（China-Eurasia Expo，新疆烏魯木齊）、中國—阿拉伯博覽會（China-Arab States Expo，寧夏銀川）、歐亞經濟論壇（Euro-Asia Economic Forum，陝西西安）、中國—南亞博覽會（China-South Asia Commodity Expo and Investment Fair，雲南昆明）、中國—東北亞博覽會（China-Northeast Asia Expo，吉林長春）、中國西部國際博覽會（Western China International Fair，四川成都）、二十一世紀海上絲綢之路國際博覽會（21st Century Maritime Silk Road International Expo，福建福州），以及中國進出口商品交易會（China Import and Export Fair，廣東廣州）、中國國際投資貿易洽談會（China International Fair for Investment and Trade，福建廈門）、前海深港合作論壇（廣東深圳）、中俄博覽會（China Russia Expo，黑龍江哈爾濱）、中蒙博覽會（內蒙古呼和浩特）等。值得一提的是，二〇一五年十一月，中國與新加坡之間的第三個國家級合作項目確定落戶重慶，項目以「現代互聯互通和現代服務經濟」為主題，通過分別在國家、部委和重慶設立三級合作機制進行協調和運作。二〇一六年一月，中新（重慶）戰略性互聯互通示範項目管理局在渝正式揭牌，由此重慶也獲得了在「一帶一路」建設中重要的平台和抓手。

第三，注重發揮項目引領作用。例如，湖南將投資人民幣三千多億元，建設八十個左右的重大項目。甘肅按照開工一批、儲備一批、謀劃一批的滾動機制，建立了基礎設施、能源資源、產能合作、人文交流和其他等五大類兩百一十四個重點項目儲備庫。新疆生產建設兵團的項目清單涉及總投資人民幣五千多億元。廣東優先推進的項目合計六十八個，總投資達五百五十四億美元，涵蓋基礎設施、能源資源、製造業、服務業等六大領域。江西梳理出二〇一五年到二〇一七年優先推進項目，共涉及通道建設等五方面二十六類項目。福建泉州的「十大行動計劃」篩選了一百八十個配套項目，其中基建項目超過五十個。浙江寧波圍繞港口合作、通道建設、經貿合作、人文交流、跨境電商、體制創新等六大主要任務，每項任務規劃實施十個左右重點項目，總投資約人民幣一千四百二十億元，簡稱「六一〇行動計劃」。陝西西安啟動了第一批六十個絲綢之路經濟帶的重點項目，總投資達到人民幣一千一百五十五億元，其中有四個項目總投資在人民幣一百億元以上。山東青島圍繞打造「一帶一路」北方重要門戶城市的目標，佈局了一批投資貿易重點項目，包括海爾俄羅斯家電、海信埃及家電等三十個產業轉移項目，以及約旦油頁岩礦、蒙古鉛鋅礦等二十個境外資源能源開發項目。廣西南寧建立「南寧市建設一帶一路重大項目儲備庫」，涉及基礎設施、能源開發、經貿合作、農業、旅遊等多個領域。

值得指出的是，中國除了內地省區市之外，澳門、香港也陸續加大了參與「一帶一路」建設的力度。二〇一五年十一月十七日，澳門特區行政長官崔世安在做二〇一六年度施政報告時指出，特區政府將充分發揮自身制度優勢、僑眷紐帶和橋樑作用，把握「一帶一路」建設的機遇。這是澳門首次將「一帶一路」寫入年度施政報告。根據規劃，未來澳門將促進中葡商貿合作服務平台與「一帶一路」倡議有機結合，發揮澳門的中國與葡語國家人民幣清算平台作用，推動中國與葡語國家金融合作；通過與中國國家開發銀行等的合作機制，讓澳門特區部分財政儲備參與「一帶一路」投資。二〇一五年十二月十日，香港特區行政長官梁振英表示，香港可在「一帶一路」建設中擔當投資者、中介者和支持者，而在此之前香港貿易發展局也推出了「一帶一路」資訊網站。十二月二十四日，梁振英在赴京述職後又拜會國家發改委，討論香港如何配合國家「十三五」規劃和「一帶一路」建設。二〇一六年一月十三日，梁振英在發表二〇一六年施政報告時提出，特區政府將成立由其主持的「一帶一路」督導委員會，負責制定香港參與「一帶一路」的策略和政策。同時，設立「一帶一路」辦公室，負責推動研究工作，統籌協調相關政府部門及貿易發展局、旅遊發展局等機構，以及與中央部委、各省市政府、香港的業界、專業團體和民間團體聯絡。

綜上所述，中國從中央到地方，各政府部門都已經根據自身的職責和優勢，圍繞「一帶一路」展開了工作部署。正所謂「萬事開頭難」，儘管政府部門不可能包辦「一帶一路」建設的所有工作，但它在建設初期的引領作用卻是基礎性和方向性的。這些行動既是中國國家戰略的具體化呈現，也是至關重要的推動力量，確保了「一帶一路」得以從理念逐步落地。尤其是對中國各級地方政府而言，對接「一帶一路」既是直接服務國家戰略，也為自身贏得了新的發展和開放機遇。

第五章

「一帶一路」的建設進展

「中共總書記習近平指出：「『一帶一路』建設不是空洞的口號，而是看得見、摸得著的實際舉措，將給地區國家帶來實實在在的利益。」❶自二〇一三年倡議提出以來，在中國和沿線國家的共同努力下，以「五通」（政策溝通、設施聯通、貿易暢通、資金融通和民心相通）為主要內容，聚焦重點方向、重點國家、重點領域和重點項目，「一帶一路」建設陸續取得一系列成果。

一、政策溝通

「政策溝通」是「一帶一路」建設的起點，也是該倡議得以落地的基礎。從二〇一三年九月倡議提出到二〇一五年年初，中國開始有意識地將「一帶一路」倡議納入與相關方的外交議程中，並逐步加大了與沿線各國政策溝通的力度。尤其是借助「亞洲相互協作與信任措施會議」（Conference on Interaction and Confidence-Building Measures in Asia, CICA，簡稱「亞信會議」）、中國—阿拉伯國家合作論壇（China-Arab States Cooperation Forum）、上海合作組織峰會、加強互聯互通夥伴關係對話會、亞太經濟合作組織等平台和機制，以「主場外交」為契機，中方進行了密集的雙多邊動員，基本覆蓋了沿線所有重要的國家和區域組織。在中國領導人參加的一系列高訪活動中，「一帶一路」這一關鍵詞始終保持著很高的出鏡率，成為了中國外交的「標配」。通過高層引領，沿線國家對「一帶一路」的理解認同不斷提升，合作意願持續升溫。

中阿共建「一帶一路」。二〇一四年六月五日在北京舉行的中阿合作論壇第六屆部長級會議是新形勢下中國政府首次以「共建一帶一路」為核心議程所展開的重大外交行動。會議以「建設現代絲綢之路，促進共同發展」為主線，就中國和二十二個阿拉伯國家合作共建「一帶一路」達成共識，並對未來十年中阿關係發展的重要方向和優先領域作出了規劃部署。在回顧過去十年中阿關係發展的基礎上，習近平提出了構建「1＋2＋3」的中阿「一帶一路」合作新格局，即以能源合作為主軸，以基礎設施建設、貿易和投資便利化為兩翼，以核能、航天衛星、新能源三大高新領域為突破口，打造中阿利益共同體和命運共同體。同時，中方還提出加快推進和協商中國—海合會自貿區、中國—阿拉伯聯合大公國共同投資基金、阿拉伯國家參與籌建亞洲基礎設施投資銀行等重大項目。❷

加強互聯互通夥伴關係對話會。二〇一四年十一月八日，由中方發起的加強互聯互通夥伴關係對話會在北京舉行，來自孟加拉國、寮國、蒙古國、緬甸、塔吉克、柬埔寨、巴基斯坦、聯合國亞洲及太平洋經濟社會委員會（U.N. Economic and Social Commission for Asia and the Pacific）、上海合作組織等國家和國際組織的領導人共同與會。這是繼十一月四日中共中央財經領導小組第八次會議討論推進「一帶一路」建設後，中方首次主動主持召開以「互聯互通」和「一帶一路」為主題的多邊國際會議。在對話會上，習近平對新時期深化「一帶一路」合作提出了系統的論述。即以亞洲國家為重點方向，以經濟走廊為依托，以交通基礎設施為突破，以建設融資平台為抓手，以人文交流為紐帶，加強「一帶一路」務實合作，深化亞洲國家互聯互通夥伴關係，共建發展和命運共同體。❸

❶ 習近平：〈邁向命運共同體　開創亞洲新未來——在博鰲亞洲論壇二〇一五年年會上的主旨演講〉（二〇一五年三月二十八日，海南博鰲），載《人民日報》二〇一五年三月二十九日，第二版。

❷ 習近平：〈弘揚絲路精神　深化中阿合作——在中阿合作論壇第六屆部長級會議開幕式上的講話〉（二〇一四年六月五日，北京），載《人民日報》二〇一四年六月六日，第二版。

❸ 習近平：〈聯通引領發展　夥伴聚焦合作——在「加強互聯互通夥伴關係」東道主夥伴對話會上的講話〉（二〇一四年十一月八日，北京），載《人民日報》二〇一四年十一月九日，第二版。

進入二〇一五年尤其是中國《推動共建絲綢之路經濟帶和二十一世紀海上絲綢之路的願景與行動》（以下簡稱《願景與行動》）發佈以後，中國與沿線國家的政策溝通日趨深入，並逐漸從中國的闡釋過渡為雙方的共商，議程從「一帶一路是什麼」轉向「如何實現戰略對接」。以彼此戰略對接為核心，以重點國家為優先，中方的政策溝通進入了「一帶一路＋」階段。

作為「一帶一路」旗艦項目的中巴經濟走廊。二〇一五年四月二十日，習近平飛抵伊斯蘭堡，這既是他的年內首訪，也是《願景與行動》發佈後中國領導人的首次正式出訪，雙方同意，以中巴經濟走廊為引領，以瓜達爾港、能源、交通基礎設施、產業園區合作為重點，打造「1＋4」合作佈局，使其成為對本地區互聯互通具有示範意義的重大項目。❹值得注意的是，這與巴基斯坦計劃發展部於二〇一四年出台的中長期經濟發展藍圖性文件《願景二〇二五》高度契合。在兩國領導人的共同見證下，雙方簽訂了以能源電力和基建項目為主體的五十一項合作協議和備忘錄，意向投資總額為四百六十億美元（相當於巴基斯坦國內生產總值的五分之一）。二〇一六年一月，巴基斯坦政府決定成立由總理謝里夫（Mian Muhammad Nawaz Sharif）擔任主席的中巴經濟走廊建設指導委員會，負責協調走廊建設中各省工作和資訊共享，成員包括聯邦計劃和發展部部長、水利部部長、鐵道部部長、交通部部長，以及各省首席部長等。值得注意的是，巴方決定將按照「一個走廊、多個通道」的原則，優先建設中巴經濟走廊的西部通道。❺

絲綢之路經濟帶對接哈薩克「光明之路」計劃。哈薩克是中亞地區的大國，也是絲綢之路經濟帶倡議的提出地，是「一帶」建設的戰略支點國家。目前，哈方已制訂旨在振興國內經濟的「光明之路」計劃，將在二〇一五至二〇一七年期間投資九十億美元，致力於推進國內交通、工業、能源、社會和文化等領域的基礎設施建設。❻二〇一四年十二月，中國國務院總理李克強首次向哈方表示願積極參與「光明之路」計劃，開展裝備與產能合作。二〇一五年三月，中哈重大產能合作二十八個項目文件簽署，在鋼鐵、水泥、平板玻璃、化工、機械、有色、輕紡等產業領域進行深度對接，投資總額近兩百三十六億美元，對中國優勢產能開拓國際市場形成了良好示範效應。二〇一五年五月七日，習近平在訪哈期間，兩國領導人明確表示將推進絲綢之路經濟帶建設與哈方「光明之路」經濟發展戰略的對接，實現共同發展與繁榮。

二十一世紀海上絲綢之路對接印尼「全球海洋支點」（Global Maritime Axis）計劃。作為「一路」倡議的提出地，印尼是東盟人口最多、經濟實力最強的地區大國，是中方推進「一路」建設的戰略支點國家。佐科總統上任後大力貫徹海洋強國戰略，推動基礎設施互聯互通建設，旨在將印尼打造為「全球海洋支點」。二〇一五年三月底，佐科（Joko Widodo）訪華期間，兩國在聯合聲明中首次提出「二十一世紀海上絲綢之路」重大倡議與「全球海洋支點」戰略構想高度契合，同意加強戰略交流和政策溝通，推動海上基礎設施互聯互通，深化產業投資、重大工程建設等領域合作。四月，習近平赴印尼出席亞非領導人會議和萬隆會議（Asian-African Conference）六十週年紀念活動期間，兩國領導人重申「二十一世紀海上絲綢之路」與「全球海洋支點」對接，共同打造「海洋發展夥伴」。同時，中方重申將積極參與印尼鐵路、公路、港口、碼頭、水壩、機場、橋樑等基礎設施和互聯互通建設，並願意通過

❹〈中華人民共和國和巴基斯坦伊斯蘭共和國關於建立全天候戰略合作夥伴關係的聯合聲明〉（二〇一五年四月二十日，伊斯蘭堡），載《人民日報》二〇一五年四月二十一日，第二版。

❺李偉：〈巴基斯坦決定成立中巴經濟走廊建設指導委員會〉（二〇一六年一月十六日，新華網），http://news.xinhuanet.com/2016-01/16/c_128633981.htm。

❻黃東明、董愛波：〈哈薩克斯坦駐華大使：「光明之路」計劃與絲綢之路經濟帶建設契合互補〉（二〇一五年四月十六日，新華網），http://news.xinhuanet.com/world/2015-04/16/c_1114996805.htm。

多種方式對相關項目提供融資支持。

絲綢之路經濟帶對接歐亞經濟聯盟（Eurasian Economic Union）。歐亞經濟聯盟於二〇一五年一月一日正式啟動，目前成員國包括俄羅斯、哈薩克、白俄羅斯、亞美尼亞和吉爾吉斯。從性質上看，這是一個由俄羅斯主導的地區經濟合作組織。由於俄方長期將中亞視作自己的後院，因此對近年來中國在該地區影響力的增長一直抱有疑慮，對絲綢之路經濟帶倡議的反應也較為冷淡。然而，鑑於中方在推進過程中所體現出的開放與合作，以及烏克蘭危機後俄方面臨的經濟制裁和外交孤立形勢，俄羅斯對「一帶一路」的態度趨於積極。二〇一五年五月八日，在習近平訪俄並出席俄羅斯紀念衛國戰爭勝利七十週年慶典期間，兩國確認將繼續在絲綢之路經濟帶和歐亞經濟聯盟框架內尋找地區經濟一體化進程的契合點。同時，雙方還發表《中華人民共和國與俄羅斯聯邦關於絲綢之路經濟帶建設和歐亞經濟聯盟建設對接合作的聯合聲明》，商定在投資貿易便利化、產能合作、產業園區、基建、本幣結算、金融合作等優先領域採取步驟加以推進。六月二十日，普京在聖彼得堡國際經濟論壇（St. Petersburg International Economic Forum）期間表示，「絲綢之路經濟帶」建設同歐亞經濟聯盟發展戰略的對接對俄中兩國具有極為重要的意義，有助於加強雙方在高科技、交通和基礎設施等領域的合作，特別是推動俄羅斯遠東地區的發展。❼七月九日，習近平在上海合作組織（（The Shanghai Cooperation Organization，簡稱「上合組織」）烏法峰會期間首次提出，中俄要將上海合作組織作為絲綢之路經濟帶和歐亞經濟聯盟對接合作的重要平台，帶動整個歐亞大陸發展、合作、繁榮。

「一帶一路」對接「跨歐亞大鐵路」「草原之路」。二〇一四年九月上海合作組織峰會期間，中蒙俄舉行首次三國元首會晤，建議把絲綢之路經濟帶同俄羅斯跨歐亞大鐵路、蒙古國草原之路倡議進行對接，打造中蒙俄經濟走廊。❽此後，相關部門保持了密切溝通協調，鐵路運輸、旅遊等領域合作順利展開。二〇一五年七月烏法峰會期間，中蒙俄三國元首第二次會晤進一步達成三方深化合作共識，共同批准或簽署了《中俄蒙發展三方合作中期路線圖》、《關於編製建設中俄蒙經濟走廊規劃綱要的諒解備忘錄》、《關於創建便利條件促進中俄蒙三國貿易發展的合作框架協定》、《關於中俄蒙邊境口岸發展領域合作的框架協定》。習近平強調，經濟合作是三方合作優先和重點領域。值得指出的是，中方還在會晤中首次提出了中蒙俄經濟走廊與歐亞經濟聯盟進行對接合作的設想。❾

「一帶一路」對接韓國「歐亞倡議」（Eurasia Initiative）。截至二〇一五年底，中國是韓國的第一大貿易夥伴、第二大海外投資對象國，而韓國則在當年第四季度歷史性地超越日本成為中國的第二大貿易夥伴國。「歐亞合作倡議」是朴槿惠總統於二〇一三年十月提出的國際合作倡議和國家發展戰略，旨在通過構建連接韓國、朝鮮、俄羅斯、中國、中亞和歐洲的鐵路、電力和油氣管網，加強與歐亞地區國家的經濟合作。二〇一五年九月，中韓兩國領導人就推動「一帶一路」與「歐亞倡議」實現對接達成重要共識。十月三十一日，在中國國務院總理李克強和朴槿惠總統的見證下，雙方簽署《關於在絲綢之路經濟帶和二十一世紀海上絲綢之路建設以及歐亞倡議方面開展合作的諒解備忘錄》，標誌著「一帶一路」政策溝通在東北亞地區取得重要進展。

「一帶一路」對接越南「兩廊一圈」。越南是中國的重要鄰國。截至二〇一五年，中國連續十二年成為越南最大貿易夥伴國，同時也是越南第一大進口來源地和第四大出口對象國。二〇〇四年五月，

---

❼ 岳連國、魯金博：〈歐亞經濟聯盟對接「絲綢之路經濟帶」可帶來巨大機遇〉（二〇一五年六月二十日，新華網），http://news.xinhuanet.com/world/2015-06/20/c_1115678843.htm。

❽ 杜尚澤、林雪丹：〈習近平出席中俄蒙三國元首會晤〉，載《人民日報》二〇一四年九月十二日，第一版。

❾ 杜尚澤、林雪丹：〈習近平出席中俄蒙三國元首第二次會晤〉，載《人民日報》二〇一五年七月十日，第二版。

越南總理潘文凱訪華時向中方提出共建「兩廊一圈」倡議。兩廊是指「昆明（中國）—老街—河內—海防—廣寧」「南寧（中國）—諒山—河內—海防—廣寧」經濟走廊，一圈是指環北部灣經濟圈，涉及中越十個沿海地區。二〇一五年十一月，習近平訪問越南期間，兩國達成了推動「一帶一路」倡議和「兩廊一圈」構想對接，加強互聯互通和產能合作的重要共識。

「一帶一路」對接「歐洲投資計劃」（European Commission Investment Plan for Europe）。歐盟是中國的第一大貿易夥伴，也是「一帶一路」沿線經濟最發達的地區。二〇一四年十一月，歐盟委員會主席容克提出了一項總額達三千一百五十億歐元的投資計劃，被稱為「歐洲投資計劃」（或稱「容克計劃」Juncker Plan），旨在通過設立歐洲戰略投資基金（European Fund for Strategic Investments, EFSI）重振歐盟經濟，主要投資能源、交通基礎設施、寬頻網路建設、教育項目等領域。二〇一五年六月底中國國務院總理李克強訪歐期間，雙方領導人決定支持「一帶一路」倡議與「歐洲投資計劃」對接，建立中歐共同投資基金和「互聯互通合作平台」。事實上，在交通運輸以外，中歐在產業和產能領域也有諸多對接的潛力。目前中國正在推行的「中國製造二〇二五」與「德國工業4.0」（Industry 4.0）、「新工業法國」（New Industrial France）、「英國製造二〇五〇」（The future of manufacturing：a new era of opportunity and challenge for the UK）等戰略都強調產業轉型升級，存在不少共通之處；中方倡導的國際產能三方合作，有助於實現中國、歐洲發達國家和發展中國家產業鏈上中下游的共同發展；「互聯網＋」與歐洲單一數位市場建設、歐洲智慧城市建設也可以相互促進。

「一帶一路」對接「16＋1」合作。中國與中東歐國家的「16＋1」合作是近年來中國外交新的增長點，搭建了具有南北合作特點的南南合作新平台。二〇一五年六月，中國與匈牙利兩國外長共同簽署了《中華人民共和國政府和匈牙利政府關於共同推進絲綢之路經濟帶和二十一世紀海上絲綢之路建設的諒解備忘錄》，這是中國同歐洲國家簽署的第一個此類合作文件，具有示範和引領作用。中國外交部部長王毅表示，兩國應共同努力，推動中方「一帶一路」倡議與匈方「向東開放」政策的戰略對接。以簽署政府間諒解備忘錄為契機，匈牙利將成為「一帶一路」建設在歐洲（尤其是中東歐）的重要支點。同時，以共同建設匈塞鐵路為契機，匈牙利有可能成為歐亞物流的重要樞紐。[10]在匈牙利的示範效應下，二〇一五年十一月，在第四次中國—中東歐國家領導人會晤期間，中國又分別與波蘭、塞爾維亞、捷克、保加利亞、斯洛伐克等五國分別簽署政府間共同推進「一帶一路」建設的諒解備忘錄。

「一帶一路」對接沙地阿拉伯、埃及、伊朗發展戰略。二〇一六年一月，習近平對沙地阿拉伯、埃及、伊朗進行國事訪問，並訪問阿拉伯國家聯盟（League of Arab States）總部。三國地處「一帶一路」西端交匯地帶，是中東地區具有重要影響力的大國。訪問期間，中方與三國商定在共建「一帶一路」框架下對接各自發展戰略，並分別簽署了共建「一帶一路」的諒解備忘錄，中國與沙地阿拉伯還簽署了加強「網上絲綢之路」建設的諒解備忘錄。值得關注的是，習近平在埃及訪問時指出：「雙方要將各自發展戰略和願景對接，利用基礎設施建設和產能合作兩大抓手，將埃及打造成『一帶一路』沿線支點國家。」[11]在阿拉伯國家聯盟總部，習近平闡述了「一帶一路」框架下中國要做中東和平的建設者、中東發展的推動者、中東工業化的助推者、中東穩定的支持者、中東民心交融的合作夥伴。[12]在伊朗，習近平系統闡述了新時期兩國戰略對接的四個重點方向，即把能源合作作為「壓艙石」，把互聯互通合作作

[10] 中國外交部：〈王毅：中匈要對接「一帶一路」和「向東開放」〉（二〇一五年六月七日），http://www.fmprc.gov.cn/mfa_chn/zyxw_602251/t1271037.shtml。

[11] 劉水明、杜尚澤：〈習近平同埃及總統塞西會談〉，載《人民日報》二〇一六年一月二十二日，第一版。

[12] 習近平：〈共同開創中阿關係的美好未來——在阿拉伯國家聯盟總部的演講〉（二〇一六年一月二十一日，開羅），載《人民日報》二〇一六年一月二十二日，第三版。

為「著力點」，把產能合作作為「指南針」，把金融合作作為「助推器」。⓭

除了上述國家和地區之外，中國還陸續與塔吉克、烏茲別克、吉爾吉斯、土庫曼、卡達（Qatar）、科威特、斯里蘭卡、馬爾地夫、格魯吉亞、白俄羅斯、尼泊爾、新加坡、土耳其、亞塞拜然等國簽署了共建「一帶一路」的諒解備忘錄或合作協議。截至二〇一六年初，與中國簽署「一帶一路」合作文件的國家已增至三十多個。通過「一帶一路＋」式的戰略對接，這一重大合作倡議逐漸得以落地。

回顧二〇一三年九月倡議提出以來中國政府所採取的一系列的政策溝通舉措，大致可以歸納出以下三個特徵。

首先，依托中國與沿線國家和地區之間既有的雙多邊合作機制。「一帶一路」雖然是新倡議，卻不是另起爐灶。通過對現有合作機制平台的利用和整合，有助於中國盡可能減少其他國家的疑慮，從而有效降低溝通、動員的政治和制度成本。早在「一帶一路」倡議最初提出時，中國領導人所依托的場合即是目前中國所參與的兩大最重要的周邊和區域合作機制——上海合作組織和中國—東盟（10＋1）。此後，除了各類雙邊性會晤之外，中國還先後通過中國—海合會戰略對話、博鰲亞洲論壇、亞信會議、中阿合作論壇（China-Arab States Cooperation Forum）、上海合作組織峰會、亞歐會議（Asia-Europe Meeting, ASEM）、亞太經濟合作組織、中國—中東歐國家「16＋1」領導人會晤、亞非領導人會議、金磚國家領導人峰會、中非合作論壇等一系列多邊機制進行政策闡釋和倡議動員。

其次，尋求「一帶一路」與沿線國家發展戰略之間的對接。事實上，只有通過將彼此的發展戰略相整合，尊重對方的利益訴求和舒適度，才有可能以較低的成本取得沿線國家和地區的理解、支持與參與。例如，中巴經濟走廊建設優先解決巴基斯坦國內最迫切的能源和交通問題；中俄合作著重回應俄羅斯對歐亞經濟聯盟、跨歐亞大通道建設、遠東和西伯利亞開發的關切；中歐合作則優先從基礎設施互聯互通和產業產能合作入手；針對哈薩克的「光明之路」、印尼的「全球海洋支點」、韓國的「歐亞倡議」、斯里蘭卡的「印度洋海上航運中心」、越南的「兩廊一圈」、埃及的「蘇伊士運河走廊開發計劃」、土耳其的「中間走廊」、印度的「季風計劃」（Project Mausam）等戰略或政策，除了以基礎設施、互聯互通、產業升級為重點合作方向外，還應照顧到對方追求地區大國或樞紐地位的心理。可以預見，未來中國的「一帶一路」政策溝通將以戰略對接為主軸，尋求更富針對性的共贏方略。（參見表5.1）

第三，遵循整體推進（面）和重點突破（點）相結合的推進節奏。一方面，中國持續利用各種雙多邊場合向「一帶一路」沿線國家和地區發起普遍性的倡議；另一方面，中國有意識地以戰略位置重要、政治關係良好的國家為突破口進行深度的政策溝通。目前，中國推進「一帶一

表 5.1　「一帶一路」沿線部分國家發展戰略或政策一覽

中方倡議	沿線國家	對方戰略或政策
一帶一路	巴基斯坦	願景二〇二五
	哈薩克	光明之路
	印尼	全球海洋支點
	俄羅斯	跨歐亞大鐵路、歐亞經濟聯盟
	蒙古	草原絲綢之路
	歐盟	歐洲投資計劃
	匈牙利	向東開放
	韓國	歐亞倡議
	斯里蘭卡	印度洋海上航運中心
	英國	英格蘭北部經濟中心計劃
	越南	兩廊一圈
	埃及	蘇伊士運河走廊開發計劃
	土耳其	中間走廊
	澳大利亞	北部大開發計劃
	印度	季風計劃、棉花之路

⑬ 杜尚澤等：〈習近平同伊朗總統魯哈尼會談〉，載《人民日報》二〇一六年一月二十四日，第一版。

路」建設的支點國家與核心團隊已經逐漸清晰。即陸上以巴基斯坦、哈薩克、俄羅斯為戰略支點，海上則以印尼為戰略支點，同時分別在東北亞、東南亞、南亞、中亞、西亞、中東歐等區域選擇若干國家，通過打造重點項目乃至旗艦工程的方式加以佈局。

二、設施聯通

基礎設施互聯互通是「一帶一路」建設的優先領域，範圍覆蓋公路、鐵路、港口、航空、管道、電網、光纖等各個方面。自倡議提出以來，既有的合作與進程得到進一步加速，呈現出多點開花、有聲有色的局面。

(一)公路

高速公路建設是「一帶一路」設施聯通的重要組成部分，儘管通行速度無法與鐵路相比，但較跨境鐵路更少受到政治因素的掣肘。近年來，中國在國內大力修建公路網的同時，也以各種區域合作機制和融資平台為依托，積極促進整個區域的交通運輸便利化。二〇一五年七月十日，習近平在俄羅斯烏法上合組織成員國元首理事會第十五次會議上提出：「交通設施互聯互通是區域合作的優先領域和重要基礎。在未來幾年，推動建成四千公里鐵路、超過一萬公里公路，基本形成區域內互聯互通格局。」[14]目前，南線（中國與中南半島）公路網基本建成，北線和中線正在有序推進。

1.「中國西部—歐洲西部」交通走廊（簡稱「雙西公路」）

「雙西公路」全長八千四百四十五公里，東起中國連雲港，途經中國鄭州、蘭州、烏魯木齊，出霍爾果斯口岸進入哈薩克，從北部邊境出境進入俄羅斯，經奧倫堡（Orenburg）、喀山（Kazan）、莫斯科（Moscow）抵達聖彼得堡（Saint Petersburg），與歐洲公路網相連。這一歐亞間北線運輸大通道建成後，將把中國西部到西歐的廣闊地域連為一體。目前，中國國內段（連霍高速）早已全線貫通。哈薩克境內路段總長兩千七百八十七公里，屆時經過哈薩克領土的公路貨運量將由此前的每年九十萬噸增至三百五十萬噸；中國輸歐貨物在途時間將由目前（海運）的四十五天縮短為（陸運）十到十一天。值得指出的是，該工程總造價預算約合六十多億美元（按二〇〇九年的匯率），分別由哈薩克國家財政撥款、國際融資（亞洲開發銀行、歐洲復興銀行、世界銀行、伊斯蘭銀行、日本協力機構〔Japan International Cooperation Agency〕）和「特許經營權」引資三部分承擔，是各方合作共建的典範。

2.中亞地區公路網

塔中公路西起杜尚別（Dushanbe），東至塔中邊境闊勒買口岸（Kulma Pass），與喀喇崑崙公路相連，全長近一千一百公里，其中百分之七十路段處於山嶺和高原區，海拔最高達四千六百公尺。塔中公路的修復有助於塔吉克公路網的形成，將對該國經濟發展發揮極其重要的作用，也將使中國與中亞國家

⓮ 習近平：〈團結互助　共迎挑戰　推動上海合作組織實現新跨越——在上海合作組織成員國元首理事會第十五次會議上的講話〉（二〇一五年七月十日，烏法），載《人民日報》二〇一五年七月十一日，第二版。

互聯互通程度進一步提升。據項目承建單位中國路橋工程有限責任公司駐塔吉克辦事處總經理欒桂濤介紹，塔中公路項目採用中國標準，分三個階段實施，預計在二〇二〇年全部完工，建成後將達到二級公路標準，高原地區則達到三級公路標準。規劃設計有幾百公里公路要經過海拔四千公尺以上的帕米爾高原，夏季有泥石流和塌方，冬季有雪崩，夏天最高氣溫更是達到攝氏六十度左右，施工難度相當大。[15]

塔中公路一期工程全長一百四十七．六四公里，分三個階段實施。二〇一三年十月一日，全長約四千四百五十公尺的喬爾馬克扎克隧道貫通，使該路段縮短近二十公里，通行時間由四個多小時縮短至一．五小時。二〇一五年四月，塔中公路一期三階段項目通車儀式在塔吉克丹加拉市（Danghara）隆重舉行，標誌著塔中公路一期工程全面完工。這是中國路橋在塔吉克承擔的第二個上海合作組織框架下中國政府提供的優惠貸款項目。值得一提的是，由於中國路橋團隊的辛勤付出和傑出貢獻，塔吉克總統拉赫蒙（Emomali Rahmon）向欒桂濤等四人授予了友誼勳章，這也是該國領導人首次向外資企業授予友誼勳章。目前，塔中公路二期建設也已啟動，未來兩國貿易和人員往來將更為便利。

吉爾吉斯南北公路新線建設項目是目前中國路橋在該國承建的合同額和工程量最大的項目。二〇一三年九月，中國進出口銀行與吉爾吉斯財政部簽署項目貸款協議，推動項目實施階段。項目全長一百五十四公里，工期五十六個月。建成以後，不僅可以大大縮短吉爾吉斯南北運輸的距離和時間，緩解首都比什凱克至南部城市奧什（Osh）的公路通行壓力，還將大大提升中國商品經吉爾吉斯向周邊國家乃至歐洲地區出口的速度。伊塞克湖環湖公路是中國路橋在吉爾吉斯承建的另一個大項目，合同額約三千九百萬美元，全長二十三．六十六公里，合同工期三十六個月。二〇一五年七月二十二日，伊塞克湖環湖公路（比什凱克—巴拉克奇段）修復改造項目竣工。阿塔姆巴耶夫（Almazbek Atambayev）總統強調，該段公路竣工不僅將有力推動伊塞克湖地區旅遊業發展，還將使吉爾吉斯成為更加便利的地區運

輸過境國。⓰

此外，在中國企業與所在國的共同努力下，中吉哈公路比什凱克—吐爾尕特（Torugart）道路修復項目（簡稱「六十公里項目」）已全線貫通，塔吉克艾尼—彭基肯特（Panjakent）高速公路項目已竣工，烏茲別克安格連（Angren）—帕普（Pap）隧道、塔吉克瓦赫達特（Vahdat）—亞灣隧道工程進展順利，質量和進度多次受到肯定。

3. 喀喇崑崙公路升級改造

喀喇崑崙公路又稱中巴友誼公路，是中巴經濟走廊的大動脈。它東起中國新疆喀什，穿越喀喇崑崙、興都庫什和喜馬拉雅三大山脈，經過中巴邊境口岸紅其拉甫山口（Khunjerab Pass），直達巴基斯坦北部城鎮塔科特，全長一千兩百二十四公里，全線海拔六百至四千七百公尺。喀喇崑崙公路的地質情況極為複雜，雪崩、山體滑坡、落石、塌方、積雪、地震等地質災害經常發生。從一九六六至一九七八年，數百名中國工程技術人員曾為此獻出了生命。在巴基斯坦北部城市吉爾吉特（Gilgit）有一座中國烈士陵園，八十八位為修築喀喇崑崙公路而犧牲的中國建設者長眠於此。自一九七八年起，一位名叫阿里・艾哈邁德的巴基斯坦老人自願在此守護陵墓，迄今已近四十個年頭。為了表彰他的深情厚誼，二〇一五年四月，習近平向其頒發了和平共處五項原則友誼獎。

⓯ 周良、沙達提：〈在高山之國築路架橋的中國路橋人〉（二〇一四年二月二十日，新華網），http://www.xj.xinhuanet.com/2014-02/20/c_119586753.htm；賈興鵬：〈中國路橋在塔吉克鋪設「新絲路」〉（二〇一四年九月二十六日，人民網），http://finance.people.com.cn/n/2014/0926/c387602-25739299.html。

⓰ 中國交通建設股份有限公司：〈吉爾吉斯斯坦總統出席中國路橋項目通車儀式〉（二〇一五年七月二十七日），http://en.ccccltd.cn/pub/ccccltd/xwzx/gsyw/201507/t20150727_40164.html。

升級改造一期工程。二〇〇六年底，由於道路年久失修，中巴兩國決定對喀喇崑崙公路進行道路改擴建施工。二〇〇八年八月一日，由中國路橋工程有限責任公司負責實施的改擴建項目一期工程（雷科特橋—紅其拉甫段）正式開工，全長三百三十五公里。二〇一〇年一月，受地震影響的阿塔巴德地區發生嚴重山體滑坡，形成了二十多公里長的堰塞湖，由此造成山下原有路段被淹沒，公路被截成兩段。此後，往來人員和車輛一直依靠擺渡的方式渡湖進出，事故頻發，巴基斯坦與中國的進出口貿易也因此受挫。[17]二〇一二年七月，在中國路橋對堰塞湖段進行改線設計後，改線段部分開工。二〇一五年九月十四日，在克服了項目所在地海拔高、地質災害多發、教派衝突不斷、有效施工期短、交通運輸不便等諸多不利因素後，喀喇崑崙公路改擴建一期工程全線貫通。其中，中間總長七公里的隧道路段被命名為「巴中友誼隧道」。擴建後的喀喇崑崙公路由原來的十公尺寬擴為四十公尺寬，車輛時速可達八十公里，運輸能力提高三倍。汽車從中國新疆紅其拉甫口岸到巴基斯坦雷科特橋的時間從以前的十四小時縮短到七小時，兩國貿易物流時間縮短八天左右，每噸貨物運輸費用至少降低一百美元。

升級改造二期工程。二〇一五年十二月二十二日，中國路橋與巴基斯坦國家公路局在伊斯蘭堡簽署喀喇崑崙公路二期（塔科特—哈維連段）項目商務合同。項目全長一百一十八公里，項目工期四十二個月，合同金額為十三億一千五百萬美元，將由中國進出口銀行提供融資支持，採用中國規範以工程總承包（Engineering Procurement Construction, EPC）的模式進行實施。

4. 喀拉蚩至拉合爾高速公路

喀拉蚩（Karachi）至拉合爾（Lahore）高速公路項目全長約一千一百五十二公里，採用雙向六車道設計，設計時速一百二十公里，是中巴經濟走廊框架下最大的交通基礎設施項目。由於它途經巴基斯坦經濟最發達、人口最稠密地區，中巴兩國政府將其視為中巴經濟走廊早期收穫項目，並予以重點推動。二〇一五年十二月十日，中國鐵建旗下中鐵二十局集團與巴基斯坦建築企業組成的聯合體得標喀拉蚩至拉合爾高速公路第三標段（拉合爾—阿卜杜哈基姆段）的設計、採購、施工（EPC）總承包項目。項目標段全長約兩百三十公里，合同總金額約折合人民幣九十三億七千六百萬元，建設工期三十個月。二〇一五年十二月二十二日，中國建築股份有限公司正式簽署喀拉蚩至拉合爾高速公路（蘇庫爾（Sukkur）—木爾坦（Multan）段）項目總承包合同。項目標段全長三百九十二公里，合同總金額約折合人民幣一百八十四億六千萬元，建設工期三十六個月。屆時，兩地之間的交通狀況將極大改善，有力促進巴基斯坦經濟社會發展。

（二）鐵路

在陸上交通中，鐵路（尤其是高速鐵路）具有高效、安全、便捷等優點。鑑於近年來中國國內鐵路建設的突飛猛進和中國高鐵的示範效應，跨境鐵路成為了設施聯通的重點。據悉，在「一帶一路」沿線地區，對鐵路等基礎設施建設關注度排在前三位的區域分別是東南亞、中亞和南亞。越靠近中國，互聯互通的願望越強烈。目前的總體態勢是，北線和南線有序推進，中線進展相對較為緩慢。在此過程中，中國鐵路的技術、標準、裝備、建造和營運管理經驗正在得到越來越廣泛的認可。

---

⑰ 陳鵬：〈通訊：為中巴友誼公路早日復通努力——走訪喀喇崑崙公路改擴建項目〉（二〇一五年四月十八日，新華網），http://news.xinhuanet.com/world/2015-04/18/c_1115011982.htm。

1.中歐國際鐵路貨運班列

中歐鐵路貨運班列並非全新的貿易路線，而是對原有歐亞鐵路運輸通道的升級。二〇一一年三月，由重慶始發，經哈薩克、俄羅斯、白俄羅斯、波蘭，前往德國杜伊斯堡（Duisburg）的「渝新歐」鐵路貨運班列開通。全程一萬一千一百七十九公里，歷時十六天，相較於海運，節約了二十天。在「渝新歐」的示範效應下，成都、武漢、鄭州、西安、長沙、昆明、貴陽、連雲港、蘇州、義烏、青島、廣州、廈門等地都陸續開通了經阿拉山口、二連浩特（Erenhot）和滿洲里出境，駛往中亞、歐洲的國際鐵路貨運班列。其中，「鄭歐班列」開行班次已佔中歐班列的四分之一以上，貨運量佔中國的百分之四十以上，班列的滿載率、貨重、開行班次、開行密度、境內集貨輻射地域、境外分撥範圍和綜合影響力均居中國首位。[18]目前，除了中國國內貨物外，來自韓國、日本、東南亞國家的貨物也越來越多地借助中歐國際鐵路貨運班列輸往歐洲，「一帶一路」跨境鐵路的公共產品功能日益得到體現。

2.莫斯科－喀山高鐵

二〇一四年十月，在中國國務院總理李克強和俄羅斯總理梅德韋傑夫（Dmitry Medvedev）的見證下，中國國家發改委、俄羅斯聯邦運輸部、中國鐵路總公司與俄羅斯國家鐵路公司四方簽署高鐵合作備忘錄，推進構建北京至莫斯科的歐亞高速運輸走廊，並優先實施莫斯科至喀山高鐵項目。全長七百七十公里的莫喀高鐵是俄羅斯目前規模最大的公私合營（Public-private partnerships, PPP）項目，除了軌距不一致，基本採用中國標準。項目預計在二〇一八年俄羅斯世界盃前竣工，屆時兩地之間將由目前運行所需的十四小時縮短至三．五小時。據俄羅斯鐵路公司第一副總裁亞歷山大．米沙林（Alexander

Misharin）表示，雖然建設鐵路的材料和勞動力是俄羅斯的，但是工程師和技術都是來自中國。

二〇一五年五月十二日，中鐵二院集團工程有限責任公司與俄羅斯企業組成的聯合體得標該項目的勘察設計部分，並於六月十八日簽署合同。該項目不僅僅是單純的設計建設，而且在技術諮詢、勘察設計、建設管理、施工、監理、聯調聯試及設備配套、營運維護及教育培訓等各方面為俄羅斯高鐵建設提供全生命週期的服務。由於莫喀高鐵（指俄羅斯首都莫斯科至俄羅斯韃靼斯坦共和國首都喀山高鐵）地處高寒地帶，地質和氣候條件非常複雜，且最高時速達四百公里，項目得標無疑是對中國鐵路技術實力的認可。值得指出的是，俄羅斯高鐵項目採取的是政府運作、中鐵總公司帶頭的模式。團隊包括中共中央層面、國家發改委、外交部、商務部、中國鐵路總公司、國家鐵路局、國家開發銀行等，對俄羅斯項目提供從投融資、勘察設計、施工建設到營運維護等一整套解決方案。可以預見，這將是未來中國高鐵走出去的重要模式。

3. 中寮鐵路

寮國（老撾）是中南半島上的內陸國，交通是制約其經濟發展和對外貿易的重要因素。長期以來，寮國國內只有一條三・五公里的鐵路，坐落於首都萬象（Vientiane）南部的塔納楞（Thanaleng）火車站，其規模僅相當於中國一個偏遠小鎮的火車站。中寮鐵路是泛亞鐵路網和中國—中南半島經濟走廊的重要一環。從二〇一〇年四月起，原中國鐵道部與寮國公共工程與運輸部就合作開展了中寮鐵路項目前期工作。

⓲ 夏先清、王金虎：〈國際貨運班列為「一帶一路」帶來活力〉，載《經濟日報》二〇一五年十二月七日，第八版。

二〇一五年十一月十三日，經過長時間的反覆溝通和論證，中國國家發改委主任徐紹史與寮國政府副總理宋沙瓦・凌沙瓦（Somsavat Lengsavad）分別代表兩國政府簽署政府間鐵路合作協定。這是第一個以中方為主投資建設並營運、與中國鐵路網直接連通的境外鐵路項目，全線採用中國技術標準、使用中國設備。中寮鐵路的北端將與中國境內的玉溪至磨憨鐵路對接，南端與泰國的廊開至曼谷鐵路相連，全長四百一十八公里，其中百分之六十以上為橋樑和隧道。項目總投資近人民幣四百億元，由中寮雙方按照七比三的股比合資建設，建設標準為中國國鐵I級、單線設計、電力牽引、客貨混運，時速一百六十公里。為實施好中寮鐵路項目，雙方對項目經濟技術方案進行了充分研究論證，寮方在土地、稅收、工作人員簽證等方面提供了一系列優惠支持政策。⑲

二〇一五年十二月二日，在寮國第四十個國慶日當天，中國人大常委會委員長張德江和寮國國家主席朱馬里共同為中寮鐵路磨丁至萬象工程開工奠基，標誌著該合作項目正式進入實施階段。中寮鐵路預計於二〇二〇年建成通車。屆時，從萬象至中寮邊境的時間將由現在的十二小時縮短至三小時以內，極大地便利兩國人員和貿易往來，寮國的經濟社會發展和中南半島的互聯互通也將迎來新的契機。

4. 中泰鐵路

作為中南半島的地理中心，泰國始終是泛亞鐵路網建設的焦點，中泰鐵路合作意義重大。二〇一四年十二月十九日，經過「大米換高鐵」的波折後，中泰兩國總理在曼谷共同見證了《中泰鐵路合作諒解備忘錄》和《中泰農產品貿易合作諒解備忘錄》的簽署，雙方正式決定建設連接泰國北部重要口岸廊開（Nong Khai）和南部港口瑪塔卜的鐵路。

在隨後的一年時間裡，中泰雙方馬不停蹄地進行磋商，工作強度非常大。二〇一五年十二月三日，在中泰鐵路合作聯合委員會第九次會議上，中國國家發改委副主任王曉濤和泰國交通部部長阿空・丁披他耶拜實（Arkhom Termpittayapaisith）分別代表兩國政府簽署鐵路合作框架文件。中泰鐵路是泰國首條標準軌復線鐵路，全長約八百四十五公里，設計時速一百八十公里，預留時速兩百五十公里提速條件，將全部使用中國技術、標準和裝備。自北向南，這條鐵路線分為廊開—呵叻、呵叻—坎桂、坎桂—曼谷和坎桂—瑪塔卜四段，共經過泰國十個府。在兩國政府搭台的同時，雙方將成立合資公司負責投資、建設和營運，中方向泰方提供技術許可、技術轉讓、人員培訓和融資等方面支持。

二〇一五年十二月十九日，中泰鐵路項目啟動儀式在泰國巴吞他尼府（Pathum Thani）三科縣清惹克儂火車站舉行，中國國務委員王勇和泰國副總理巴金（Prajin Jantong）代表兩國政府共同出席。據中鐵建東南亞公司總經理朱錫均介紹，中泰兩國計劃三年內完成鐵路建設。中泰鐵路建成營運之後，從昆明到曼谷的往返鐵路票價約每人三千六百泰銖（約合七百元人民幣），相當於飛機票價的一半或三分之一，貨運費用相當於航空費用的九分之一。每年將為泰國增加兩百萬名中國遊客，為泰國農產品出口進一步提供便利，使泰國成為東盟的交通樞紐。[20]未來，中泰鐵路項目將與中寮鐵路相連，此舉有助於促進泛亞鐵路中線的全面貫通，也為中國—中南半島經濟走廊（China-Indochina Peninsula Economic Corridor）建設奠定堅實基礎。泰國交通部長巴津・佔東這樣勾勒了鐵路項目的遠景：擁擠的公路交通得到舒緩；中、寮、泰三國的遊客往來更加便捷；從昆明來的貨物上了火車後，經過寮國直達瀕臨泰國灣的瑪塔卜港；中國的鐵路技術在這裡應用並取得成功後，將對周邊其他國家產生示範效應。[21]

---

[19] 中國國家發改委：〈中老鐵路項目正式落地〉（二〇一五年十一月十三日），http://www.sdpc.gov.cn/xwzx/xwfb/201511/t20151113_758553.html。

[20] 李穎：〈中泰鐵路合作擬九月初簽框架協議〉（二〇一五年八月二十六日，新華網），http://news.xinhuanet.com/fortune/2015-08/26/c_1116383729.htm。

5. 印尼雅加達—萬隆高鐵

作為兩國迄今最大的單筆合作項目，印尼雅加達—萬隆高鐵是中國「一帶一路」倡議與印尼「全球海洋支點」戰略對接的早期收穫工程，也是國際首個由政府主導搭台、兩國企業對企業（business-to-business, B2B）進行合作建設的高鐵項目。對印尼來說，這是該國乃至東南亞地區的首條高鐵，具有不可估量的經濟社會效益；對中國而言，則是中方在海外全程參與規劃、建設、營運、管理的第一條高鐵，項目完全採用中國技術、中國標準、中國裝備。二〇一六年一月二十一日，雅萬高鐵正式開工，為兩國基礎設施和產能領域合作樹立了新的標竿。

雅萬高鐵項目從萌芽到落地可謂一波三折。早在二〇一四年十一月佐科總統首次訪華期間就體驗了中國高鐵的快速、便捷與安全。二〇一五年四月二十二日，在習近平訪問印尼期間，中國國家發改委與印尼國有企業部簽署了《關於開展雅加達—萬隆高速鐵路項目的框架安排》。根據框架協議，印尼同意向中國提供雅加達和萬隆之間的地形圖、地震和地質資料等數據，中方則對高鐵項目的可行性進行研究。七月上旬，日本特使訪問印尼期間提交了優化後的新方案，在貸款利率、配套措施等方面提出更加優惠的條件。二〇一五年八月十日，習近平特使、國家發改委主任徐紹史赴印尼呈交可行性研究報告，提出採取合資經營的方式，在利益共享、風險共擔、建設營運、技術轉讓、人員培訓等方面進行全方位合作。八月二十六日，日本再次派特使訪問印尼，調整、優化方案。八月下旬，中國駐印尼大使謝鋒再次就雅萬高鐵項目做工作，中方還在雅加達舉辦了高鐵成就展覽。九月四日，印尼方面突然宣佈取消高鐵項目，同時退回中日高鐵方案。然而，中方並未放棄，最終以實力和誠意贏得了印尼的認可。[22]十月十六日，由中國鐵路總公司帶頭組成的中國企業聯合體與印尼國有建設公司（ＷＩＫＡ）帶頭的印尼國企聯合體正式簽署了組建中印尼合資公司協議，該合資公司將負責雅萬高鐵項目的建設和營運。項目總投資五十五億美元，由中國國家開發銀行提供總投資額百分之七十五的融資。

雅萬高鐵全長一百五十公里，最高設計時速三百五十公里，擬於二〇一九年開通營運。屆時，從雅加達到萬隆的旅行時間，將由現在的三個多小時縮短至四十分鐘以內，能極大地方便民眾出行，有效緩解雅加達至萬隆的交通壓力。據初步測算，項目建設開始後每年可新增四萬個就業崗位，通車五年後就可以盈利，而對八個站點土地的綜合開發將帶動沿線旅遊產業快速發展，加快形成「雅萬高鐵經濟帶」。未來，兩國企業將在高速鐵路勘察設計、工程施工、裝備製造、營運管理等方面開展全方位合作，中方企業將幫助印尼培養高鐵建設、營運、管理的人才隊伍。㉓

6. 匈塞鐵路

連接匈牙利布達佩斯（Budapest）和塞爾維亞貝爾格萊德（Belgrade）的匈塞鐵路升級合作項目，是中國—中東歐「16＋1」合作框架下的旗艦工程。匈塞鐵路最早建於一八八二年，基礎設施早已陳舊。二〇一三年十一月，在中國—中東歐國家領導人第二次會晤期間，中國國務院總理李克強、塞爾維亞總理武契奇（Aleksandar Vu i）和匈牙利總理歐爾班（Orbán Viktor）就三國合作改造升級匈塞鐵路達

㉑俞懿春、丁子：〈「修建一條互利共贏之路」——訪泰國交通部長巴津·佔東〉，載《人民日報》二〇一五年七月二十四日，第三版。

㉒谷棣：〈中國駐印尼大使謝鋒：用誠意和實力拿下印尼高鐵〉（二〇一五年十月十六日，環球網），http://world.huanqiu.com/exclusive/2015-10/7771498.html。

㉓席來旺、莊雪雅：〈印尼雅加達—萬隆高鐵正式開工〉，載《人民日報》二〇一六年一月二十二日，第二十二版。

成共識。二〇一五年十一月，三國總理又在蘇州見證了項目合作文件的簽署，項目由中國鐵路總公司帶頭組成的中國企業聯合體承建。十二月二十三日，塞爾維亞段啟動儀式舉行，標誌著三國鐵路合作進入實施階段。

匈塞鐵路全長三百五十公里，其中匈牙利境內一百六十六公里，塞爾維亞境內一百八十四公里。該項目為電氣化客貨混線鐵路，既有單線鐵路的增建二線工程及部分區段新建雙線，設計最高時速兩百公里，建設工期為兩年。通車以後，兩地之間的運行時間將從目前的八小時縮短至三小時以內。未來，匈塞鐵路將與希臘比雷埃夫斯港（Piraeus）相連接，形成「中歐陸海快線」。各國商品從希臘的比雷埃夫斯港上岸後，經過馬其頓並通過匈塞鐵路就能便捷地進入歐洲，有助於加速形成連接中國與中東歐的經濟走廊。

(三)油氣管道

跨境原油天然氣管道建設是設施聯通的重要組成部分。目前，隨著中哈原油管道、中國—中亞天然氣管道、中緬原油天然氣管道、中俄原油天然氣管道的相繼投產營運或規劃建設，中國的西北、西南、東北和海上（經過馬六甲海峽的海上通道）四大油氣進口通道的戰略格局已初步成型。這對中國實現能源進口多地區、進口方式多元化，保障國家能源安全具有重要意義。

1. 西北方向：中哈原油管道、中國—中亞天然氣管道

中哈原油管道是中國第一條陸路進口跨國原油的管道，全長二千七百九十八公里，橫穿哈薩克全境至新疆阿拉山口進入中國境內，設計年輸油量兩千萬噸。二〇一三年九月，習近平訪問哈薩克期間，中石油以五十億美元收購哈薩克國家石油天然氣公司所持卡沙甘油田（Kashagan Field）百分之八．三三的股權，雙方將合作開發裏海油氣田。卡沙甘油田發現於二〇〇〇年，被認為是近五十年來世界上發現的最大的油田，分別擁有四百八十億噸的石油儲量和一萬多億立方公尺的天然氣儲量。這一收購不僅使中石油獲得了相關油氣田的權益，更使中國得以由此涉足裏海油氣開發，裏海石油可以通過中哈原油管線直接輸送到中國，具有重要的戰略意義。

中國—中亞天然氣管道是目前世界上線路最長、工程量最大的天然氣管道，也是迄今為止中國與中亞國家最大的合作項目。一邊是豐富的資源，一邊是廣闊的市場，該項目是各方合作共贏的產物。目前，中國與中亞五國之間共設計有四條天然氣管道線路，其中A、B、C三線已建成投產，且均由土庫曼途經哈薩克進入中國新疆。二〇一四年九月十三日，中國—中亞天然氣管道D線在塔吉克首都杜尚別開工。這條管道在線路上首次途經塔吉克和吉爾吉斯兩個國家，與已建成的連接土庫曼、烏茲別克、哈薩克的A、B、C線一起形成中國—中亞天然氣管道網。D線線路及後續設施建成後，中亞天然氣管道輸氣總能力提高到每年八百五十億立方公尺，成為中亞地區規模最大的輸氣系統，可滿足中國國內超過百分之二十的天然氣消費需求。值得指出的是，中亞D線為烏、塔、吉三國帶來數十億美元投資，三十年營運期內，管道將為沿線提供數千個就業機會，為三國創造效益數十億美元。D線建設過程中將引進國際上公認的先進技術標準和規範，可為沿線各國積累寶貴的天然氣管道建設經驗，培養一大批專業技

術人才，全方位帶動沿線各國天然氣管道工業的發展。[24]

2.西南方向：中緬原油天然氣管道

中緬原油天然氣管道是中國西南方的能源進口戰略通道。原油管道起點位於若開邦（Rakhine State）馬德島，原油主要來自中東和非洲，設計輸油能力為兩千兩百萬噸／年，由中石油作為控股方的東南亞原油管道有限公司承擔管道及附屬設施的設計、建設、營運和管理。天然氣管道起點為若開邦皎漂市（Kyaukpyu），計輸氣能力為一百二十億立方公尺／年，是一個由中國、緬甸、印度和韓國共同投資建設的「四國六方」合作項目。[25]兩線採取並線鋪設，在緬甸境內段長分別為七百七十一公里和七百九十三公里，由雲南瑞麗入境，在貴州安順實現油氣管道分離，原油管道最終到達重慶，而天然氣管道則南下到達廣西。二〇一三年十月二十日，中緬天然氣管道幹線建成投產。通過中貴線，中緬天然氣管道和西氣東輸系統連接在一起，同時也溝通了新疆氣區、長慶氣區和四川氣區聯絡的通道，使中國油氣管網格局基本形成。

根據中緬兩國達成的協議，中緬天然氣管道將按照緬甸的需求和消化能力，隨時提供總輸氣量百分之二十以內的天然氣分輸。如果按照最大年輸氣能力一百二十億立方公尺計算，緬甸可以獲得二十四億立方公尺的天然氣分輸。中緬原油管道實現投產後，緬甸還可以通過管道每年下載兩百萬噸原油。二〇一三年十月，中緬天然氣管道幹線建成投產。據報導，隨著分輸工程的投用，在使用中緬油氣管道的天然氣發電後，皎漂的供電穩定了，附近電器店老闆的生意也好起來了。在曼德勒，天然氣分輸進入剛建成的發電廠，為六百萬緬甸中部民眾提供穩定可靠的電力，這一數字幾乎是緬甸人口的近十分之一。在工業重鎮仁安羌，來自中緬天然氣管道的天然氣分輸為緬甸最古老的工業基地注入了新的活力。[26]二〇一五年一月三十日，歷時近五年建成的中緬原油管道工程在緬甸皎漂馬德島舉行試運行儀式。值得稱道的是，該工程不僅為緬甸培養了一大批專業技術人才和骨幹，注重環境保護，很多管線覆土地區植被恢復良好，管道覆土後的標識樁已經完全隱沒於綠油油的稻田之中。根據中緬兩國達成的協議，兩國還將在緬甸建設大型煉油廠、液化天然氣加工廠等項目。一旦建成，將徹底改變緬甸油氣工業的歷史。

3. 東北方向：中俄原油天然氣管道

中俄原油管道始於雙方的「貸款換石油」合作。二〇〇九年二月十七日，兩國簽署每年一千五百萬噸、期限二十年（二〇一一至二〇三〇年）的原油管道輸油合同，中國國家開發銀行則向俄方提供了兩百五十億美元的貸款。二〇一一年一月一日，中俄原油管道（即東西伯利亞—太平洋石油管道中國支線）正式投產輸油，標誌著中國東北方向的原油進口戰略要道正式貫通。管道起自俄羅斯遠東原油管道斯科沃羅季諾（Skovorodinsky）分輸站，穿越中俄邊境後途經黑龍江省和內蒙古自治區，止於大慶。全長約一千公里，設計年輸油量一千五百萬噸。二〇一三年六月二十四日，中國石油天然氣集團公司公佈了總價值兩千七百億美元的中俄增供原油長期貿易合同的細節，這是目前為止中國簽署的對外原油貿易最大的單筆合同。根據增供合同，俄羅斯將在目前中俄原油管道（東線）一千五百萬噸／年輸油量的基礎上逐年向中國增供原油，到二〇一八年達到三千萬噸／年，合同期二十五年，可延長五年；通過中哈

㉔崔茉：〈中亞天然氣管道——「能源絲路」的強勁引擎〉，載《中國能源報》二〇一五年三月十六日，第十四版。
㉕六方是指中石油、韓國大宇國際、印度石油海外公司、緬甸油氣公司、韓國燃氣及印度燃氣等六個投資方。在股權分配上，中方佔股百分之五十·九，緬方佔股百分之七·四，韓國佔股百分之二十九·二，印度佔股百分之十二·五。
㉖于景浩：〈中緬油氣管道助力緬甸民生〉，載《人民日報》海外版二〇一四年七月一日，第二版。

原油管道於二〇一四年一月一日開始增供原油七百萬噸／年，合同期五年，可延長五年。同時，為了形成上下游產業鏈條，俄方還承諾在中俄合資天津煉廠建成投運後，每年向其供應九百一十萬噸原油。這就意味著，未來俄羅斯每年對華出口原油最高可達四千六百一十萬噸，相當於二〇一三年中俄原油貿易總量的兩倍。尤其具有重大戰略和歷史意義的是，從二〇一五年起，通過中俄原油管道（東線）出口到中國的俄羅斯石油均以人民幣結算。

在天然氣合作方面，二〇一四年五月二十一日，中國石油天然氣集團公司和俄羅斯天然氣公司簽署了《中俄東線天然氣購銷合同》，合同期三十年。雙方約定，二〇一八年俄羅斯開始通過中俄東線向中國供氣，供氣量逐年增長，最終達到每年三百八十億立方公尺。二〇一四年八月和二〇一五年五月，經中俄兩國政府批准，購銷合同正式生效。東線天然氣項目是中俄兩國最大的務實合作項目，也是全球天然氣合作重大戰略性項目，該合同以數額之大、合作年限之久及其對國際能源格局影響之深遠，被稱為全球天然氣市場的「世紀大單」。二〇一四年九月一日，俄羅斯境內段「西伯利亞力量」（Power of Siberia）管道開工建設，中國國務院副總理張高麗和俄羅斯總統普京出席了開工儀式。中國境內段起自黑龍江省黑河市中俄邊境，止於上海市，途經黑龍江、吉林、內蒙古、遼寧、河北、天津、山東、江蘇、上海等九省區市，擬新建管道三千一百七十公里，並行利用已建管道一千八百公里，且配套建設地下儲氣庫。二〇一五年六月二十九日，中國境內段正式開工。按照規劃，中俄東線天然氣管道將於二〇一八年年底建成，向中國東北、環渤海和長三角區域供氣。屆時，有望緩解東北地區天然氣短缺，改善京津冀地區大氣污染狀況，促進長三角地區的能源結構調整。

（四）港口

二十一世紀以來，中國的港口航運企業加速「走出去」，陸續在一些國家承建和營運港口，並進而發展臨港產業園、經濟特區和港口城。在建設「一帶一路」的背景下，這不僅有助於加強沿線國家的互聯互通和貿易暢通，更為促進發展中國家的工業化提供了契機。值得注意的是，除了施工建設之外，中國港口企業的營運、管理和招商經驗正在越來越多地得到重視和垂青。在一些地理位置重要的樞紐地區，港口已成為「一帶一路」建設的先行者。

1. 瓜達爾港與中巴經濟走廊

瓜達爾港位於巴基斯坦西南部俾路支省（Balochistan），毗鄰巴基斯坦和伊朗邊界，距離荷姆茲海峽（Strait of Hormuz）約四百公里，堪稱印度洋上的咽喉要地，亦是中東、南亞與中亞三大地帶的交匯點。（參見圖5.1）二〇一三年二月十八日，巴基斯坦總統扎爾達里（Asif Ali Zardari）宣佈，將瓜達爾港的經營管理權正式轉交給中國海外集團有限公司。對此，瓜達爾港港務局主席賈瑪爾迪尼（Dostain Khan

圖5.1 瓜達爾城市全景

Jamaldini）表示：二〇一三年瓜達爾港的營運權已經交給了中國企業，這是民主政府的決定，與軍方沒有關係。我認為巴基斯坦政府選擇中國，是因為中國在港口營運方面比任何國家都有經驗，中國專家在港口建設、營運和海運方面的經驗是最豐富的。[27]二〇一五年五月，中國遠洋兩萬七千噸級「紫荊松」號作為第一艘抵達瓜達爾港的商業貨櫃船，從瓜達爾港駛出，經杜拜中轉最終抵達中國青島和天津。然而，目前瓜達爾港每年吞吐能力為十二萬個標箱，約為每年七八十萬噸，與中巴兩國對該港的戰略性定位相去甚遠。因此，據中國海外港口控股（巴基斯坦）有限公司總經理曾青松介紹，現階段最重要的工作是著手建設瓜達爾港周邊的配套設施，使瓜達爾港能夠真正成為有基礎設施支撐的港口。在此基礎上，將瓜達爾港打造成一個商業港，通過發展臨港商業和利用瓜達爾自貿區的資源進行來料加工和成品出口，輻射到整個巴基斯坦北部和阿富汗地區。[28]

目前，海水淡化處理廠、三百兆瓦火力發電廠、疏港公路、新國際機場等一批項目正在或即將開工建設。二〇一五年十一月十一日，巴基斯坦正式向中國海外港口控股有限公司移交瓜達爾港自貿區三百公頃土地（約為規劃面積的三分之一），並給予後者四十三年的開發使用權限，為瓜達爾港和中巴經濟走廊建設所用。根據巴基斯坦官方的預期，瓜達爾港的開發將在未來八年到十年內提供兩百萬人規模的就業機會，而在未來三十年內將有一百七十萬名經濟移民遷移到瓜達爾港。[29]

2.比雷埃夫斯港與「中歐陸海快線」

希臘是中國通往歐洲的門戶，而比雷埃夫斯港則是希臘第一大碼頭和東地中海重要港口，其內陸可延伸至巴爾幹地區，海運輻射可至地中海、黑海、北非等周邊地區，地理位置極其優越。目前，歐盟已成為中國的最大貿易夥伴，其中約百分之八十以上的中國貨物經海運抵達歐洲。

二〇〇八年六月十二日，中遠集團得標比雷埃夫斯港貨櫃二、三號碼頭三十五年特許經營權，並於二〇〇九年十月一日起正式接手經營，成為中遠集團在歐洲全資控股的第一例。自中希港口合作以來，比港已成為世界上吞吐量增長最快的碼頭之一。二〇一四年六月二十日，中國國務院總理李克強訪問希臘期間，在兩國總理的見證下，一列滿載華為和中興貨物的列車發車，從比港開往中東歐的「海鐵聯運」正式開通。在此之前，傳統的物流路徑是貨物經蘇伊士運河到漢堡或鹿特丹上岸後再通過海鐵聯運到達中東歐；現在，比港碼頭「海鐵聯運」所提供的新物流路徑是在中遠比雷埃夫斯貨櫃碼頭有限公司碼頭鐵路站裝載貨物，再通過馬其頓、塞爾維亞、匈牙利到達奧地利或者斯洛伐尼亞、捷克，使貨物從中國到中東歐的全程運輸時間縮短七至十一天。

二〇一四年十二月十七日，中國國務院總理李克強在第三次中國—中東歐國家合作論壇期間進一步宣佈，中國、塞爾維亞、匈牙利同意將匈塞鐵路延伸至比雷埃夫斯港，共同打造「中歐陸海快線」，並爭取在兩年內建成。作為匈塞鐵路的延長線和升級版，「中歐陸海快線」直接輻射人口三千兩百多萬，建成後將為中國對歐洲出口和歐洲商品輸華開闢一條新的便捷航線，對於促進亞歐貿易發揮巨大作用。二〇一五年十二月，匈塞鐵路開工；二〇一六年一月，希臘國家私有化委員會批准中遠購買比雷埃夫斯港百分之六十七股權的計劃，「中歐陸海快線」進入加速建設時期。

簡言之，從中國的東海之濱至歐洲的波羅的海，從太平洋至印度洋和地中海，包括公路、鐵路、油

27 趙憶寧：〈中巴經濟走廊成功與否，取決於瓜達爾港的發展〉，載《21世紀經濟報導》二〇一五年四月二十一日，第九版。
28 趙憶寧：〈瓜達爾港將進入基礎設施建設快車道〉，載《21世紀經濟報導》二〇一五年四月二十一日，第十版。
29 梁桐：〈瓜達爾港建設帶來重大發展機遇——訪巴基斯坦俾路支斯坦省經濟社會問題專家米爾·舍爾巴茲·赫特蘭〉，載《經濟日報》二〇一五年四月二十日，第四版。

氣管道、港口、電網、光纖、航空在內的各種跨境基礎設施互聯互通正在蓬勃開展，成為新絲綢之路上最具象徵性（同時也是最具實質意義）的物質載體。

三、貿易暢通

自倡議提出以來，中國與沿線國家貿易投資合作規模進一步擴大。據統計，二〇一五年全年中國與沿線國家貨物貿易額將近一兆美元，佔中國進出口總額的四分之一。同期，中國企業對「一帶一路」沿線四十九個國家直接投資額合計一百四十八億兩千萬美元，同比增長百分之十八．二，主要流向新加坡、哈薩克、寮國、印尼、俄羅斯和泰國等；在沿線六十個國家承攬對外承包工程項目三千九百八十七個，新簽合同額九百二十六億四千萬美元，佔同期中國對外承包工程新簽合同額的百分之四十四，同比增長百分之七．四。[30]在統計數據穩步增長的背後，中國與沿線國家在投資貿易便利化、產能和裝備合作等方面也進展頗多、亮點頻現。

（一）通關

在中國，「三互」改革取得初步成效，目前沿海各省份國際貿易「單一窗口」建設工作已全面展開。中國海關實現了一體化通關，企業可自主選擇申報、納稅、驗放地點。據測算，手續費用節約近百分之五十，物流費用節約百分之二十五左右，通關時間大大節省，如合肥企業進口貨物運抵上海後二十分鐘內即能完成通關。[31]

在與沿線國家的通關合作中，也陸續取得許多成果。例如，針對「渝新歐」等中歐國際貨運班列，海關總署與俄羅斯、哈薩克、白俄羅斯、波蘭、德國等沿線國家海關建立了直接合作機制，減少了海關的查驗，加快了通關速度，降低了運行成本。

AEO是「經認證的貿易商」的英文縮寫，意即企業通過海關驗證，便可成為海關信任的企業，享受便捷通關。目前，中國海關已經與新加坡、韓國、歐盟及中國香港海關實施了AEO互認，國內AEO互認企業進出口貿易額度佔到進出口貿易總額的百分之三十。無論是境外海關評定的「安全貿易夥伴」，還是中國海關評定的企業，都在通關時分別享受對方提供的便利優惠。以中國出口韓國的貨物為例，普通海運貨物平均查驗率為百分之五．六，通關時間為二．三小時；而享受AEO互認優惠的海運貨物，平均查驗率為百分之〇．一，通關時間為一．五小時。[32]同時，中國企業過去在新加坡當地通關需要十小時，現在則只需要四小時。據中國海關總署介紹，目前中國正在與紐西蘭、哈薩克等一些國家商洽，目標是到二〇二〇年中國AEO互認企業貿易總額達到海關總額的百分之八十。[33]

自二〇一三年十二月以來，中國還加快了新疆與哈薩克、塔吉克、吉爾吉斯等周邊接壤國家的農

[30] 中國商務部：〈商務部合作司負責人談二〇一五年我國對外投資合作情況〉（二〇一六年一月十五日），http://www.mofcom.gov.cn/article/ae/ai/201601/20160101235603.shtml。

[31] 中國國務院新聞辦公室：〈國新辦舉行深化海關改革與促進貿易便利有關情況發佈會〉（二〇一五年十二月二十四日），http://www.scio.gov.cn/xwfbh/xwbfbh/wqfbh/2015/33938/index.htm。

[32] 王帥：〈中韓海關AEO互認貨物通關提速百分之五十〉，載《齊魯晚報》二〇一五年五月十二日，第W04版。

[33] 劉楚：〈中國新加坡「海關AEO互認」滿三年，通關時效大為縮短〉（二〇一五年十二月十九日，澎湃新聞），http://www.thepaper.cn/newsDetail_forward_1410731。

產品快速通關「綠色通道」建設。新疆農產品資源豐富，出口企業以中小型為主，大多處於分散經營狀態。在中方口岸，除了優先辦理、非侵入式查驗之外，還是進行集中報關。農產品進出口由專門窗口報檢審核，第一時間對企業遞交的報關單據進行審核，快速通過貼有「綠色通道」標識的車檢通道。據悉，現在從中國出口的果菜裝箱通關只需不到一天時間，僅中哈「哈巴克圖—巴科特口岸」兩年來農產品的通關時間縮短了百分之九十，既保證了果蔬的新鮮品質，也降低了企業的成本。這使新疆農產品有了更多機會經中亞國家轉口進入俄羅斯和歐洲國家，而來自中亞國家的新鮮農產品也將更多地出現在中國普通家庭的餐桌上。

此外，中國海關總署也正在積極推進和總結中俄邊境口岸監管結果互認、中蒙海關聯合監管、中歐安智貿合作、中歐陸海快線通關便利化合作等一批較為成熟、完善的海關重點合作項目，形成可複製、可推廣的制度經驗。

(二)物流

高效、便捷的物流是貿易暢通的重要保障，然而對於許多歐亞內陸國家而言，這卻是長期困擾其對外貿易的障礙。因此，為相關國家提供物流中轉通道，就成為了「一帶一路」建設的題中應有之義，更是體現其作為公共產品之所在。

二〇一三年九月七日，在中國與哈薩克兩國元首的見證下，江蘇省連雲港市與哈薩克國有鐵路股份公司正式簽署了過境物流通道及貨物中轉基地合作協議，中哈（連雲港）物流合作基地成為了「一帶一路」首個國際合作實體平台項目。該項目總投資超過人民幣三十億元，其中一期工程規劃建設貨櫃堆場二十二萬平方公尺，堆場鐵路專用線三．八公里，年最大裝卸能力四十一萬標箱，主要經營國際多式聯運、拆裝箱托運、倉儲等國際貨物運輸業務。二〇一四年五月十九日，中哈（連雲港）物流合作基地一期工程正式投入營運，並成功實現了當年建成、當年投產、當年盈利。一年之內，該基地就累計完成貨櫃進出量超十萬標箱，貨物進出近一百萬噸。

二〇一五年二月二十五日，中哈物流基地開出首趟中亞班列，並實現了平均每週三列的穩定運輸規模。十二月十三日，首班中歐班列正式開通，它在連雲港始發後途經哈薩克，最終到達歐洲目的地德國。事實上，中哈物流基地最大的成就並不僅僅在於中哈兩國的合作，在實際的營運中，已有二十多家來自世界各國的物流公司與基地簽署了貨櫃倉儲中轉協議。正如連雲港港口集團總裁朱向陽所說：中哈物流合作基地已經成為兩國雙贏合作的典範，哈方由此獲得了出海的通道，滿足了出口需要，而源源不斷的貨物則通過這個基地經由「新亞歐大陸橋」往來於世界各地。[34]

(三)自由貿易區

與沿線國家共同商建自由貿易區是「一帶一路」貿易暢通的重要內容。在國際貿易保護主義上升、發達國家加緊通過《跨太平洋夥伴關係協定》（*The Trans-Pacific Partnership*, TPP）和《跨大西洋貿易和投資夥伴協定》（*Transatlantic Trade and Investment Partnership*, TTIP）談判構築新貿易壁壘的情況下，中國積極推動自貿區談判，支持全球自由貿易體制。二〇一五年十二月，中國國務院發佈〈關於加

[34] 謝亞宏、黃文帝：〈基建投資激發亞歐合作新活力〉，載《人民日報》二〇一五年五月二十五日，第二十二版。

快實施自由貿易區戰略的若干意見〉，提出積極推進「一帶一路」自由貿易區，結合周邊自由貿易區建設和推進國際產能合作，積極同「一帶一路」沿線國家商建自由貿易區，形成「一帶一路」大市場。截至二〇一五年底，包括港澳台地區在內，中國已分別與東盟、新加坡、巴基斯坦、紐西蘭、智利、秘魯、哥斯大黎加、冰島、瑞士、韓國和澳大利亞等二十二個經濟體簽署自貿協定，涵蓋中國對外貿易的百分之三十八。

二〇一五年六月一日，中韓兩國正式簽署自由貿易協定。這是中國迄今為止對外簽署的覆蓋議題範圍最廣、涉及國別貿易額最大的自貿協定，也是「一帶一路」倡議和韓國「歐亞倡議」構想的重要連接點。十二月二十日，中韓自貿協定正式生效。在貨物貿易方面，中國最終將有百分之九十一的產品對韓國取消關稅，覆蓋自韓國進口額的百分之八十五；韓國則最終將有百分之九十二的產品對中國取消關稅，覆蓋自中國進口額的百分之九十一。協定產生的積極影響是顯而易見的。對於企業來說，未來從韓國進口關鍵零部件、電子元器件、精細化工、高端機械、鋰電池、液晶面板等產品都會降低價格；對於消費者而言，未來將以更加優惠的價格享用到韓國生產的電飯鍋、微波爐等家電產品，日用化工品、女裝等時尚產品以及韓國特色食品，而韓國消費者也能夠更加實惠地買到中國生產的果蔬、服裝鞋帽等產品。㉟

二〇一五年六月十七日，中國與澳大利亞簽署自由貿易協定，這是兩國迄今已商簽的自貿協定中貿易投資自由化整體水平最高的自貿協定之一。在貨物貿易領域，澳方所有產品最終的零關稅比例在稅目和貿易額上均將達到百分之百，中方最終稅目和貿易額零關稅比例也將分別接近和達到百分之九十七，大大超過一般自貿協定中百分之九十的降稅水平。在服務貿易領域，澳方承諾自協定生效時對中方以負面清單方式開放服務部門，成為世界上首個對中國以負面清單方式作出服務貿易承諾的國家，中方則以正面清單方式向澳方開放服務部門。在投資領域，雙方自協定生效時起將相互給予最惠國待遇；澳方同時將對中國企業赴澳投資降低審查門檻，並作出便利化安排。㊱

二〇一五年十一月二十二日，中國與東盟國家正式簽署自貿區升級談判成果文件——《中華人民共和國與東南亞國家聯盟關於修訂〈中國—東盟全面經濟合作框架協議〉及項下部分協議的議定書》。這是中國在現有自貿區基礎上完成的第一個升級協議，涵蓋貨物貿易、服務貿易、投資、經濟技術合作等領域。據中國商務部部長高虎城介紹，在貨物貿易方面，雙方對原產地規則進行了優化和完善，進一步簡化海關通關程序，並承諾運用自動化系統、風險管理等手段，為雙方企業提供高效快捷的通關服務；在服務貿易方面，雙方完成了第三批服務貿易具體減讓談判，累計在建築、旅遊、金融、通信等近七十個分部門作出更高水平的開放承諾；在投資方面，雙方同意加強投資促進和便利化合作，簡化投資審批程序，建立一站式投資中心，創造穩定透明便捷的投資環境；在經濟技術合作方面，雙方商定在農業、資訊、交通等十多個領域深化合作，並把跨境電子商務作為新議題納入合作範疇。《議定書》的簽訂，有助於推動實現二〇二〇年雙邊貿易額達到一兆美元的目標，並促進《區域全面經濟夥伴關係協定》（*Regional Comprehensive Economic Partnership*, RCEP）談判和亞太自由貿易區的建設進程。㊲

目前，中國正在推進多個自貿區談判，包括《區域全面經濟夥伴關係協定》、中國—海灣合作委員會自貿區、中國—挪威自貿區、中日韓自貿區、中國—斯里蘭卡自貿區和中國—馬爾地夫自貿區、

㉟ 高虎城：〈借力中韓自貿協定　共襄區域發展繁榮〉，載《人民日報》二〇一五年六月二日，第十二版。

㊱ 高虎城：〈把握自貿協定歷史機遇　共創中澳經貿關係美好未來〉，載《人民日報》二〇一五年六月十八日，第十版。

㊲ 黃尹甲子、尚軍：〈高虎城就中國—東盟自貿區升級《議定書》成功簽署接受新華社採訪〉（二〇一五年十一月二十三日，新華網），http://news.xinhuanet.com/2015-11/23/c_128455460.htm。

中國—格魯吉亞自貿區等，以及中國—新加坡自貿區升級談判、中國—巴基斯坦自貿區第二階段談判和《海峽兩岸經濟合作框架協議》（*Economic Cooperation Framework Agreement*, ECFA）後續談判。此外，中國與金磚國家、歐盟、歐亞經濟聯盟之間也正在進行經貿合作協定談判，都旨在建立促進投資和貿易便利化的制度安排，最終建立自貿區。

（四）國際產能和裝備製造合作

近年來，除了高鐵、核電之外，越來越多的優質產能和高端裝備頻繁出現在中國領導人的外訪推銷菜單上，國際產能和裝備製造合作日益成為中國經濟外交的亮點和重點，也為推進「一帶一路」貿易暢通和產業融合提供了很好的切入點。

據中國國家發改委秘書長李樸民介紹，截至二〇一五年十月，中國國家發改委已帶頭與哈薩克、印尼、衣索匹亞、埃及、坦尚尼亞（坦桑尼亞）、肯亞（肯尼亞）、巴西、哥倫比亞、秘魯、智利、厄瓜多爾等十七個國家開展國際產能合作，並初步確定了基礎設施和產能合作的早期收穫和遠景項目，已經設立和正在推動設立的產能合作基金總規模預計將超過七百五十億美元。[38]隨著「一帶一路」建設的深入推進，國際產能與裝備製造合作的夥伴國正在不斷增加。以周邊國家為「主軸」，以非洲、中東和中東歐重點國家為「西翼」，以拉丁美洲重點國家為「東翼」的國際產能「一軸兩翼」合作佈局基本形成。

作為絲綢之路經濟帶對接哈薩克「光明之路」計劃的具體形式，中哈產能合作不僅有助於促進哈方的工業化，還樹立了可複製、可推廣的雙邊產能合作模式，對中國優勢產能開拓國際市場形成了良好示範效應。中國國務院總理李克強曾這樣回憶兩國達成產能合作共識的情景：哈薩克公共產品匱乏，希望加大投資力度、大興基礎設施建設。但他們國內水泥、平板玻璃等產能生產線一條都沒有。所以我提議，與其他們向我們購買成品，不如我們去當地直接建廠。哈方一聽非常樂意。因為中國輸出生產線，不僅幫助他們發展了實體經濟，也推進了他們的工業化進程。[39]在兩國最高層的直接推動下，雙方迅速建立起協同推進機制和產能合作協調委員會，還設立了中哈產能合作專門基金進行支持。二〇一四年十二月，中哈產能合作第一次對話會在北京舉行。二〇一五年三月二十七日，在兩國總理的見證下，中哈簽署加強產能與投資合作備忘錄，以及兩國開展鋼鐵、有色金屬、平板玻璃、煉油、水電、汽車等領域產能合作的二十八個項目文件，總金額達兩百三十六億美元，打響了產能合作「頭一炮」。同時，中哈還形成了涵蓋四十八個項目、總投資超過三百零三億美元的早期收穫項目清單。中國國務院總理李克強指出，中哈產能合作沒有先例可循，希望雙方以市場為導向，優選項目，協同推進，加強兩國政策對接，在稅收、標準、勞務、簽證、投資者權益保障等方面拿出有效配套措施。[40]

作為二十一世紀海上絲綢之路的重點國家，印尼同樣對中國的優質裝備和產能抱有很大的興趣。二〇一五年三月，中國和印尼發表聯合聲明，同意深化基礎設施與產能合作，鼓勵兩國企業在鐵路、公路、港口、碼頭、機場等基礎設施領域，在電力、太陽能、鋼鐵、有色金屬、造船、建材等產能領域開

[38] 林火燦：〈一季度我國國際產能合作開局良好〉，載《經濟日報》二〇一五年五月十九日，第三版；中國網：〈發改委就宏觀經濟運行數據舉行發佈會〉（二〇一五年十月十五日），http://www.china.com.cn/zhibo/2015-10/15/content_36809100.htm。

[39] 中國政府網：〈李克強：開放與改革一樣，是我們的必由之路〉（二〇一五年一月二十八日），http://www.gov.cn/xinwen/2015-01/28/content_2811397.htm。

[40] 李偉紅：〈李克強同哈薩克斯坦總理馬西莫夫會談〉，載《人民日報》二〇一五年三月二十八日，第一版。

展交流與合作，中方將通過雙多邊金融管道為印尼基礎設施和大項目建設提供融資支持。同時，中國國家發改委和印尼國有企業部簽署了《中印尼基礎設施與產能合作諒解備忘錄》和《中印尼雅加達—萬隆高鐵合作諒解備忘錄》。四月，中印尼同意進一步發揮各自優勢，在電力、高鐵、有色金屬、造船、建材等產能領域進行深度合作，歡迎兩國有關部門就產能優先項目清單進行對接，爭取盡快實現「早期收穫」。

非洲是國際產能與裝備製造合作的重點地區。二〇一四年五月，中國國務院總理李克強在訪問非洲國家聯盟總部時，雙方同意開展「三網一化」合作，中方願為此提供金融、人員、技術支持。二〇一五年一月二十七日，中國與非洲聯盟共同簽署了推動非洲「三網一化」建設諒解備忘錄。十二月，習近平在出席中非合作論壇約翰尼斯堡峰會時又提出了包括「中非工業化合作計劃」在內的「十大合作計劃」，旨在從工業發展上下游核心環節入手，推動中非工業化合作鏈條化發展。為確保「十大合作計劃」順利實施，中方決定提供總額六百億美元的資金支持，並設立首批資金一百億美元的「中非產能合作基金」（China-Africa Fund for Industrial Cooperation, CAFIC）。

坦尚尼亞是第一批加入中國國際產能合作倡議的非洲國家。據坦尚尼亞工業和貿易部部長阿卜杜拉·基戈達介紹，坦方正致力於從以農業為主導向以工業為主導轉變，儘管資源豐富，但目前該國工業生產佔國內生產總值的比重僅為百分之九左右。他希望兩國的產能合作將幫助坦尚尼亞提高工業水平，為年輕人創造大量就業機會。[41] 二〇一五年四月二十八日，中國國家發改委、外交部派出的代表團前往坦尚尼亞，草簽了關於產能合作框架協議。駐坦尚尼亞大使呂友清表示，中國正將坦尚尼亞列為中非產能合作三個示範國家之一，願充分發揮坦尚尼亞的發展潛力和中國的資金、技術和產業優勢，進一步擴大兩國產能合作，將坦尚尼亞打造成通過中非合作實現工業化的示範國家。[42]

中東地區是國際產能合作新的增長點。二〇一六年一月，習近平出訪中東並在阿拉伯國家聯盟總部演講時，首次提出了促進中東工業化、開展產能對接行動的倡議，「產能合作契合中東國家經濟多元化大趨勢，可以引領中東國家走出一條經濟、民本、綠色的工業化新路」。[43]為此，中國將設立一百五十億美元的中東工業化專項貸款，向中東國家提供各一百億美元的商業性貸款和優惠性質貸款，同阿拉伯聯合大公國、卡達設立共計兩百億美元共同投資基金，用於同地區國家開展的產能合作、基礎設施建設、高端製造業等。沙地阿拉伯、埃及、伊朗三國是中東地區的重要大國，皆為亞洲基礎設施投資銀行的創始成員國。出於各自實際情況，都對借助產能合作促進工業化興趣濃厚。

長期依賴石油出口的沙地阿拉伯，在全球油價大幅下跌的背景下，也試圖尋求經濟多元化。在習近平出訪期間，兩國政府簽署了開展產能合作的諒解備忘錄，願加強產能政策協調與對接，推動技術轉讓、產業升級和經濟多元化。

在經歷革命、政變的反覆之後，伴隨著新蘇伊士運河的開通運行，經濟發展成為了埃及的首要任務。二〇一五年六月中旬，由中方派出的中埃產能合作工作組與埃及工業貿易與中小企業部舉行會晤，梳理出第一批產能合作優先項目清單，涉及交通、電力等重點領域的十五個項目，投資金額超過一百億

---

[41] 張平：〈坦桑尼亞工貿部長：坦中產能合作有益雙方〉（二〇一五年四月二十一日，新華網），http://news.xinhuanet.com/2015-04/21/c_1115037476.htm。

[42] 中國外交部：〈駐坦桑尼亞大使呂友清陪同發改委、外交部代表團會見坦總理平達〉（二〇一五年四月三十日），http://www.fmprc.gov.cn/mfa_chn/zwbd_602255/nbhd_602268/t1259815.shtml。

[43] 習近平：〈共同開創中阿關係的美好未來——在阿拉伯國家聯盟總部的演講〉（二〇一六年一月二十一日，開羅），載《人民日報》二〇一六年一月二十二日，第三版。

美元。[44]九月二日，在習近平和塞西（Abdel Fattah al-Sisi）總統的見證下，兩國正式簽署《中埃產能合作框架協議》。二〇一六年一月，雙方進一步確認，應務實啟動產能合作機制，中方願幫助埃方建設能夠真正提振經濟的產能項目，而埃方則承諾將向中方企業提供一切可能的便利，以根據本國法律落實已商定或即將商定的項目。

剛剛結束外國制裁的伊朗不僅資源豐富、市場潛力巨大，而且工業基礎較好，是產能合作的理想對象。習近平訪伊期間建議，把產能合作作為「指南針」，加強經濟產業政策溝通和對接，引導兩國優勢互補企業加強合作，構建全方位、寬領域、多元化的產能合作格局。在此基礎上，兩國主管部門簽署了關於加強產能、礦產和投資合作的諒解備忘錄，未來將擴大在交通運輸、鐵路、港口、能源、貿易和服務業等領域的相互投資和合作。[45]

除了與這些重點國家開展雙邊產能合作之外，中國還向發達國家發出了國際產能三方合作的倡議，這也是中國經濟外交理念與實踐的重大創新。二〇一五年六月，中國國務院總理李克強在訪歐期間系統闡述了這一合作模式。目前，發展中國家有幾十億人口的大市場，且多數處於工業化初期，需求和潛力巨大；中國工業規模大，產業門類全；多數發達國家的高端技術裝備又需要拓展出口途徑，三方產能合作前景十分廣闊。一方面，由於中國產品性價比好，可以滿足發展中國家建設需求；另一方面，目前中國不少關鍵設備和零部件（如中國核電百分之十五的設備、高鐵百分之三十的設備）仍然都採購自發達國家，可以帶動發達國家高端裝備和技術出口。開展國際產能合作，發展中國家可以以較低的成本、較快的速度提升發展水平，處於工業化中端的中國可以促進產業升級，處於工業化高端和後工業化階段的發達國家也可以拓展國際市場。這一三方共贏倡議不僅有助於加強南北合作和南南合作，促進世界經濟整體復甦，也將使全球產業鏈的上中下游都得到發展進步的機遇，從而有利於世界包容發展。就中國和歐盟而言，可以基礎設施為切入點，以裝備製造為重點，在中東歐和發展中國家等第三方合作上尋求突破。[46]目前，中國已先後與法國、比利時、韓國、新加坡等多個國家達成了開展第三方市場合作的共識。

可見，以雙邊、三方產能合作為形式，中國的國際產能和裝備合作正在開啟新的南南和南北合作模式。在實際推進的過程中，中國將根據不同國家的國力、意願、市場前景等，有針對性地選擇重點國家，與之建立合作機制、簽署合作文件、形成產能合作示範區，從而助力「一帶一路」建設的順利實施。

(五)境外／跨境產業園區

產業園區是企業、裝備、產能、人員等得以群聚的重要載體和空間。近年來，中國海外經貿合作區建設步伐日益加快，逐漸成為了國家領導人出訪時的重要議題。

根據商務部的統計，截至二〇一五年底，中國在「一帶一路」沿線國家共有七十五個在建合作區項目，其中一半以上是與產能合作密切相關的加工製造類園區。建區企業累計投資七十億五千萬美元，

---

44 黃元鵬：〈中國駐埃及使館舉辦中埃產能合作專題研討會〉（二〇一五年七月九日），http://world.people.com.cn/n/2015/0709/c157278-27278018.html。

45 〈中華人民共和國和伊朗伊斯蘭共和國關於建立全面戰略夥伴關係的聯合聲明〉（二〇一六年一月二十三日，德黑蘭），載《人民日報》二〇一六年一月二十四日，第二版。

46 李克強：〈攜手開創中歐關係新局面——在中歐工商峰會上的主旨演講〉（二〇一五年六月二十九日，布魯塞爾），載《人民日報》二〇一五年六月三十日，第二版。

入區企業一千兩百零九家，合作區累計總產值四百二十億九千萬美元，上繳東道國稅費十四億兩千萬美元，帶動了紡織、服裝、輕工、家電等優勢傳統行業部分產能向境外轉移。[47]例如，民營企業華立產業集團建立的泰中羅勇工業園被稱為泰國的「工業唐人街」，經過十年的發展，中資企業入駐園區總投資額超過十五億美元，為泰國社會創造了一萬多個就業崗位；柬埔寨西哈努克港經濟特區借助該國服裝行業享有較優惠貿易政策的有利條件，吸引了中國超過五十家紡織和輕工企業入駐，已成為柬埔寨重要的紡織輕工產品出口生產基地，解決了當地近萬人的就業問題。[48]據報導，埃及蘇伊士運河經濟特區的白玫瑰製衣工廠裡全是本地招募來的女工，牆壁上用中文和阿拉伯文寫著「今天不努力工作，明天努力找工作」；海爾集團投資建立的巴基斯坦海爾家電工業園已升級成為「巴基斯坦海爾—魯巴經濟區」，它的一期以家電業為主，由海爾負責招商引資，形成家電配套的上下游產業鏈，二期的主導產業則跳出了海爾的家電產業本身，拓展至汽車、建材和紡織等產業領域。[49]

目前，產業園區這一在中國改革開放以後得到成功實踐的經驗道路正在被越來越多的國家所接受，中方也將此作為力推的合作模式。二〇一五年七月上合組織烏法峰會期間，中方提出將根據市場原則，推動在每個成員國建立合作園區，不斷深化在石油化工、冶金、裝備製造、運輸物流、農業開發等領域的產能合作。目前，鑑於其巨大的群聚、輻射、示範效應，以中白工業園、中馬「兩國雙園」、中埃蘇伊士經貿合作區為代表的旗艦項目正在「一帶一路」沿線全面推進。

1. 中國—白俄羅斯工業園

作為當前兩國之間最大的投資合作項目，中國—白俄羅斯工業園是目前中國在海外層次最高、佔地面積最大、政策條件最為優越的工業園區，是繼中巴經濟走廊後「一帶一路」沿線的又一個旗艦項目。

二〇一五年五月，習近平訪問白俄羅斯期間專程來此考察，強調將其打造成絲綢之路經濟帶上的明珠，戰略性和示範性可見一斑。

兩國高層始終從戰略高度推動工業園區的建設。早在二〇一〇年三月，時任國家副主席的習近平訪問白俄羅斯期間，盧卡申科（Alexander Lukashenko）總統提出希望借鑑中星蘇州工業園的成功經驗，在白俄羅斯境內建設工業園區。二〇一一年九月，中國人大常委會委員長吳邦國訪問白俄羅斯時，雙方簽署了中白工業園的合作協定。二〇一二年八月二十七日，中白工業園開發股份有限公司正式成立，中方股東為中工國際工程股份有限公司和哈爾濱投資集團有限責任公司，佔百分之六十股份；白方股東為明斯克州政府、明斯克市政府和白俄羅斯地平線控股集團公司，佔百分之四十股份。

中白工業園距離明斯克（Minsk）市中心二十五公里，毗鄰明斯克國際機場，總規劃面積約九十一·五平方公里（約為首都明斯克市的三分之一），距波羅的海克萊佩達港（Klaip da）約五百公里，渝新歐鐵路、莫斯科至柏林的M1洲際公路都經過園區，交通便利且擁有良好的區位優勢。根據規劃，園區總投資約五十六億美元，分三期滾動建設，一直持續到二〇三〇年。其中，一期（二〇一四年到二〇二〇年）用地面積八·五平方公里，分為起步階段（四年）和發展階段（三年）。二〇一四年六月十九日，中白工業園在明斯克奠基，一期工程正式啟動建設。九月下旬，張高麗副總理訪問白俄羅斯期間，

㊼ 中國商務部：〈商務部合作司負責人談二〇一五年我國對外投資合作情況〉（二〇一六年一月十五日），http://www.mofcom.gov.cn/article/ae/ai/201601/20160101235603.shtml。

㊽ 中國商務部：〈商務部召開例行新聞發佈會（二〇一五年四月二十八日）〉，http://www.mofcom.gov.cn/article/ae/slfw/201504/20150400954830.shtml。

㊾ 張延龍等：〈中國式產能輸出〉（二〇一五年六月二十九日，經濟觀察網），http://www.eeo.com.cn/2015/0629/277402.shtml。

雙方商定由中國商務部與白俄羅斯經濟部共同帶頭成立中白工業園協調工作組，會同雙方有關部門、企業和金融機構共同推進工業園建設。

根據雙方達成的共識，白方將為園區入駐企業提供優惠政策，並創造良好的營運環境。二〇一二年六月，盧卡申科簽署總統令，以最高立法的形式規定了入園企業在稅收、土地等多方面所享有的優惠政策，為入園企業減輕成本壓力提供了有力的保證。其中最受關注的是「十免十減半」政策，即對入園企業採取十年免徵所得稅、不動產稅及土地稅，之後十年減半徵稅。入園企業進口設備及配件時，可以享受免除進口關稅和進口環節增值稅的待遇，股東利潤也可自由匯出。中白工業園區不僅使白俄羅斯成為中歐、中國與獨聯體國家的物流樞紐，還為中國企業提供了產品免徵關稅銷往一億七千萬人口的俄白哈關稅同盟的機會。

同時，中方支持有實力的中國製造業和高技術企業投資創新項目，在園區建立高新技術企業。據白俄羅斯駐華大使布里亞·維克托（Burya Viktor）介紹，新材料、電子資訊、生物製藥、精細機械、精密化工等都是白方所感興趣的高端產業，而這也是中白工業園將重點發展的領域。

二〇一五年五月，中國招商局集團通過增資入股的方式持有中白工業園開發股份有限公司百分之二十的股份，使這家合資公司的股份變為中方佔百分之六十八、白方佔百分之三十二。憑藉全球港口網絡佈局和工業園區開發經驗，招商局制定了以打通白俄羅斯出海口為戰略目的，以港口為龍頭綜合物流體系的戰略，並投資建設一平方公里的「中白商貿物流園」。二〇一五年十二月，中國招商局中白商貿物流園首發區工程正式動工。這個集公路、鐵路、航空、海運物流為一體的綜合商貿物流園是中白工業園的重要物流配套設施，總投資一億五千萬美元。[50]按照中國招商局集團的設想，屆時將為入園企業和白俄羅斯各類企業提供一站式供應鏈物流服務，最終將其打造成商品展示交易中心、物流集散中心、出口加工中心、通關綜合服務中心、跨境人民幣結算中心等五個中心。

截至二〇一五年底，中國招商局物流、中興、華為、中聯重科、招商局、中國一拖、新築股份、甘肅聚馨、白俄納米果膠等九家企業已入駐園區，計劃投資總額超過一億美元，已租地面積一百一十七公頃，中白工業園區粗具規模。未來，依托明斯克眾多高等院校、科研機構，吸引和積聚智力資源，中白工業園區將建成集生態、宜居、興業、活力、創新五位一體的國際新城，打造「一帶一路」節點城市產城融合的新模式。

2.中國—馬來西亞「兩國雙園」

中馬「兩國雙園」（即中馬欽州產業園區和馬中關丹產業園區）是由兩國領導人直接倡議和推動的政府間重大合作項目，開啟了「一帶一路」產業合作的新模式。其中，欽州產業園區是繼中星蘇州工業園區、中星天津生態城之後，中外政府在中國境內合作建設的第三個園區。二〇一四年十一月，習近平會見馬來西亞總理納吉布（Najib bin Abdul Razak）時提出，要將欽州、關丹產業園區打造成中馬合作旗艦項目和中國—東盟合作示範區。

中馬欽州產業園區於二〇一二年四月一日正式開園。二〇一五年以來，慧寶源生物製藥、中馬糧油（棕櫚油）加工、馬來西亞清真食品產業園等三個首批入園項目正抓緊建設，北斗產業園、東盟雲谷、中馬矽谷、燕窩食品加工、發光二極管（ＬＥＤ）芯片製造與新型襯底材料研發等一批中國與東盟各國的產業合作項目正在積極洽談，涉及投資額超過千億元人民幣。至二〇一六年初，園區七．九平方公里

㊿ 中國招商局集團：〈招商局中白商貿物流園首發區工程建設正式動工〉（二〇一五年十二月十一日），http://www.cmhk.com/main/a/2015/l15/a30213_30275.shtml。

啟動區已完成投資三十多億元人民幣，建成「七通一平一綠」，基礎設施框架基本形成，已基本具備成片開發和產業項目「即到即入園」的條件。預計到二〇一七年底，園區將集聚三萬人，累計完成固定資產投資三百億元，實現工業產值三百億元、財政收入十億元。51

馬中關丹產業園區於二〇一三年二月正式開園，是馬來西亞第一個國家級工業園，被稱為馬來西亞東海岸「特區中的特區」。負責營運管理的園區合資公司總股比按照馬方百分之五十一、中方百分之四十九構成，中方參股企業為廣西北部灣國際港務集團和欽州市開發投資有限公司。二〇一四年十二月二十三日，首個入園的現代鋼鐵項目正式開工建設。項目總投資人民幣八十億元，年產量為三百五十萬噸，佔地面積四千三百畝，佔園區一期面積的近百分之五十。項目主要生產H型鋼等高技術鋼鐵產品，投產後將成為馬來西亞最大的鋼鐵廠，同時也是東盟首家生產H型鋼的鋼鐵廠，將為當地創造四千個就業崗位。為加快關丹園區和港口的發展，馬方政府承諾投資總計約二十億馬幣用於道路等配套基礎設施建設。同時，為支撐關丹產業園區的建設與發展，廣西北部灣國際港務集團於二〇一五年四月完成對關丹港的股權收購，成為關丹港的股東。目前，該集團正在與馬方股東一起對關丹港進行升級改造，建設新的深水碼頭港區，提高港口吞吐能力及效率。52

二〇一四年二月二十五日，中馬欽州產業園區和馬中關丹產業園區聯合合作理事會第一次會議在北京召開，這標誌著中馬「兩國雙園」聯合協調機制正式建立。為更好實現「兩國雙園」之間的互通與互動，二〇一五年二月，中馬兩國開通了欽州港—關丹港貨櫃直航航線。隨著中國—東盟港口城市合作網絡建設的全面展開，中國將開通廣西欽州港至馬來西亞關丹港的貨櫃班輪航線已成為海上互聯互通的重點工程。未來，馬來西亞豐富的鐵礦石可從關丹港出口至欽州港，而關丹港也將成為二十一世紀海上絲綢之路的貨櫃樞紐和集散中心。截至二〇一六年初，馬中關丹產業園總體規劃初稿完成，招商工作有序展開，現代化綜合鋼鐵廠項目開工。

目前，受到中馬「兩國雙園」模式的啟發，以「一園兩地」為主要形式的「中俄絲路創新園」正在西安西咸新區灃東新城和俄羅斯斯科爾科沃創新中心（Skolkovo Innovation Center）有序推進。後者作為俄羅斯最為成功的高新技術開發區，被譽為俄羅斯的「矽谷」。可以預見，未來將有越來越多的中外雙園乃至多園在「一帶一路」沿線展開。

3. 中埃蘇伊士經貿合作區

中埃蘇伊士經貿合作區是兩國產能合作的重要載體，也被認為是目前中國在中東和非洲工業園區的典範。二〇一六年一月，習近平訪問中東並在阿拉伯國家聯盟總部演講時提出：「中方將參與中東工業園區建設，重點推進蘇伊士經貿合作區建設，通過人員培訓、共同規劃、合作建廠等方式，實現加工製造、運輸出口一體化。」[53]

作為中國政府批准的國家級境外經貿合作區，中埃蘇伊士經貿合作區項目建設啟動於二〇〇八年，由中非泰達投資股份有限公司、天津開發區蘇伊士國際合作有限公司和埃及埃中合營公司合資組建的埃及泰達投資公司，負責該項目的開發、建設和管理，近期規劃面積七平方公里，遠期規劃面積二十平方公里。

---

[51] 齊慧等：〈廣西欽州：打造「兩國雙園」合作旗艦〉，載《經濟日報》二〇一五年七月八日，第三版。

[52] 潘強：〈中馬「兩國雙園」打造4.0版自貿區產業園〉（二〇一五年七月二十八日，新華網），http://news.xinhuanet.com/politics/2015-07/28/c_1116065029.htm。

[53] 習近平：〈共同開創中阿關係的美好未來——在阿拉伯國家聯盟總部的演講〉（二〇一六年一月二十一日，開羅），載《人民日報》二〇一六年一月二十二日，第三版。

蘇伊士經貿區緊鄰蘇伊士運河和埃及第三大海港因蘇哈納港（El-Sukhn），距離首都開羅僅一百多公里，具有得天獨厚的區位優勢。二〇一二年底，經過中方建設團隊的艱苦努力，佔地一‧三四平方公里的合作區起步區順利完工，實現了道路、水電、燃氣、寬頻、電信「五通」。憑藉良好的基礎設施、便利的服務措施、優惠的稅收政策、低廉的投資成本，合作區陸續吸引了包括宏華鑽機、西電-Egemac高壓設備、巨石（埃及）玻璃纖維在內的一大批中國製造業企業和服務型企業入駐。據介紹，截至二〇一五年底，合作區起步區全部建成，累計投資一億零五百萬美元，為當地創造了兩千餘個就業崗位，初步形成了石油裝備、高低壓電器、紡織服裝、新型建材、機械設備製造等多個產業園區，具備了完整的產業鏈條。[54]

二〇一六年一月，在習近平訪埃期間，兩國領導人共同出席了蘇伊士經貿合作區擴展區項目揭牌儀式。根據兩國主管部門簽署的協議，雙方將成立蘇伊士合作區相關工作機制，共同為蘇伊士合作區的建設、招商和營運提供支持和便利。中方將推動有實力、具有科技含量的企業到蘇伊士合作區投資發展，鼓勵金融機構為蘇伊士合作區及入區企業提供融資便利，提供對蘇伊士合作區的發展規劃諮詢和對埃方人員的培訓。埃方將對蘇伊士合作區提供經濟特區的相關政策支持，在公共服務、稅收優惠、外國員工比例等方面作出安排。[55]據介紹，擴展區佔地六平方公里，將分三期開發，總投資約兩億三千萬美元，預計十五年內建成，規劃有城市商業區、保稅物流區、加工製造區、高端居住區，以及文化娛樂度假區等六大板塊。屆時，可容納兩百家企業入駐，吸引投資三十億美元，銷售額一百億美元，提供就業機會約四萬個。

此外，二〇一五年八月三十一日，在兩國領導人的共同見證下，中國和寮國正式簽署《中國老撾磨憨—磨丁經濟合作區建設共同總體方案》，決定在邊境接壤的中國雲南省和寮國南塔省建設和發展「中國老撾磨憨—磨丁經濟合作區」。這是繼與哈薩克建立中哈霍爾果斯（Khorgos City）國際邊境合作中心之後，中國與周邊國家建立的第二個跨國境的經濟合作區。隨著「一帶一路」建設的推進，未來將有越來越多的境外或跨境產業合作園區出現，為產能合作搭建平台。

四、資金融通

目前為止，「一帶一路」資金融通主要圍繞兩條主線展開：一是人民幣國際化進程的加速推進；二是中國發起的多個重要融資平台的陸續建立和營運。

(一)人民幣國際化

近年來，人民幣國際化進程加快，在全球金融體系中的份額不斷提升，地位日趨重要。截至二〇一五年底，人民幣成為全球第二大貿易融資貨幣、第四大支付貨幣、第六大外匯交易貨幣、第六大國際銀行間貸款貨幣和第七大國際儲備貨幣。在此過程中，「一帶一路」所覆蓋的國家和地區，正是人民幣國際化的重要對象。

54 黎越等：〈中埃經貿合作勢頭良好前景廣闊〉，載《經濟日報》二〇一六年一月二十一日，第四版。

55 中國商務部：〈商務部部長高虎城與埃及特區總局主席達爾維什簽署兩部門關於蘇伊士經貿合作區的協議〉（二〇一六年一月二十二日），http://www.mofcom.gov.cn/article/ae/ai/201601/20160101240531.shtml。

在跨境貿易方面，人民幣結算規模穩步上升。據中國人民銀行統計，二〇一五年，經常項目人民幣結算金額七兆兩千三百億元，同比增長百分之十．四。其中，貨物貿易人民幣結算金額六兆三千九百億元，約佔同期貨物貿易本外幣跨境結算金額的百分之二十六。在跨境直接投資方面，人民幣結算呈現出非常明顯的增長趨勢。二〇一五年，對外直接投資（Overseas Direct Investment, ODI）人民幣結算金額七千三百六十二億元，同比增長了近三倍。截至二〇一五年末，對外直接投資人民幣結算金額累計一兆零六百八十二億五千萬元。二〇一五年，外商直接投資（Foreign Direct Investment, FDI）人民幣結算金額一兆五千八百七十一億元，同比增長百分之八十四。截至二〇一五年末，外商直接投資人民幣結算金額累計三兆兩千七百五十七億五千萬元。[56]

英國安理國際律師事務所（Allen & Overy）對分佈在美國、歐洲、亞太地區的一百五十家不同領域跨國企業資深高管的調查表明，跨國公司對人民幣的需求正在不斷上升，越來越多的企業（尤其是與中國有貿易和投資往來的企業）選擇使用人民幣進行交易結算、風險敞口（risk exposure）管理以及融資管理。百分之九十的受訪企業表示，使用人民幣對它們的企業是重要甚至是非常重要的；百分之六十二的受訪企業表示，預期未來五年人民幣跨境交易量將增長一倍以上；超過一半的非中資跨國企業在中國以外的離岸市場進行人民幣支付。對大眾（福斯，Volkswagen, VW）、戴姆勒（Daimler）、福特（Ford）及通用汽車（General Motors）等歐美汽車製造商而言，人民幣已經成為它們繼本土市場貨幣之後的第二大常用貨幣。未來，從大宗商品到機械製造業，再到服務業部門，將有越來越多的跨國公司增加對人民幣的使用。[57]

為了便利人民幣在境外的使用，減少個人和企業的交易成本，近年來中國加快了人民幣跨境清算網絡建設進程。截至二〇一五年底，中國已在全球二十個國家（地區）建立了人民幣清算安排，覆蓋東南亞、西歐、中東、北美、非洲、南美和大洋洲等地。同樣是為了促進投資貿易結算便利化，中國人民銀行與境外央行或貨幣當局簽署了一系列雙邊本幣互換協議。這些協議約定在一定條件下，任何一方可以一定數量的本幣交換等值的對方貨幣，用於雙邊貿易投資結算或為金融市場提供短期流動性支持，到期後雙方換回本幣，資金使用方同時支付相應利息。截至二〇一五年底，中國人民銀行已與三十三個國家和地區的中央銀行或貨幣當局簽署雙邊貨幣互換協議，協議總規模達三兆三千億元人民幣。二〇一五年，中國人民銀行與歐洲中央銀行順利進行了動用歐元和人民幣資金的測試，未來中歐雙方可根據需要即時啟動互換操作；央行兩次動用本幣互換資金累計一百億盧布，主要用於中俄雙邊貿易結算；中國銀行通過本幣互換協議框架向哈薩克公司發放了首筆堅戈（Tenge，哈薩克的貨幣）貸款，推動了人民幣國際化、中哈貿易投資便利化。[58]

更為重要的是，為滿足全球各主要時區人民幣業務發展的需要，進一步整合現有人民幣跨境支付結算管道和資源，中國人民銀行推動建立的人民幣跨境支付系統（Cross-Border Interbank Payment System, CIPS）一期於二〇一五年十月成功上線運行，此舉被視作人民幣國際化的重要里程碑。據央行介紹，人民幣跨境支付系統的主要功能特點包括：(1)採用即時全額結算方式處理客戶匯款和金融機構匯款業務；(2)各直接參與者一點接入，集中清算業務，縮短清算路徑，提高清算效率；(3)採用國際通用ISO20022報文標準，便於參與者跨境業務直通處理；(4)運行時間覆蓋歐洲、亞洲、非洲、大洋洲等人民幣業務主要

---

[56] 中國人民銀行：《人民幣國際化報告（二〇一五年）》，二〇一五年六月；中國人民銀行：《二〇一五年金融統計數據報告》（二〇一六年一月十五日），http://www.pbc.gov.cn/goutongjiaoliu/113456/113469/3004953/index.html。

[57] 李應齊、管克江：〈跨國企業愛上人民幣結算〉，載《人民日報》二〇一五年五月五日，第二十二版。

[58] 中國商務部：〈二〇一五年商務工作年終綜述之十：絲綢之路經濟帶建設在歐亞地區積極推進〉（二〇一六年一月十五日），http://www.mofcom.gov.cn/article/ae/ai/201601/20160101235094.shtml。

時區；(5)為境內直接參與者提供專線接入方式。[59]由於「一帶一路」涉及時區跨度大，人民幣跨境支付系統的運行將給跨境人民幣清算業務帶來巨大便利。

人民幣也正在成為重要的融資貨幣。例如，二〇一五年六月五日，俄羅斯製藥業巨頭「合成」股份公司從俄羅斯最大國有商業銀行俄羅斯聯邦儲蓄銀行獲得以人民幣計價的信用證（信用狀），用於支付價值兩千九百萬元人民幣的藥物進口款項。這是該行首次以人民幣計價信用證的形式從中國進出口銀行獲得融資，節省了中俄兩國貿易結算成本，直接關係到廣大貿易進出口企業。二〇一五年以來，中國國家開發銀行、中國進出口銀行與俄羅斯聯邦儲蓄銀行、俄羅斯對外經濟銀行、俄羅斯外貿銀行等多家金融機構簽訂貸款協議，共同支持開展大型項目建設，這是俄羅斯建設項目首次引入人民幣貸款。

除了結算和融資功能之外，人民幣的儲備貨幣功能也不斷強化。例如，二〇一四年十月，英國政府成功發行了三年期規模為三十億元人民幣的主權債券。這是首只由西方國家發行的人民幣主權債券，也是全球非中國發行的最大一筆人民幣債券。英國財政部明確表示，債券發行收入將納入英國外匯儲備。二〇一五年十月，有三十八個國家報告其國際儲備中包括人民幣。二〇一五年十一月三十日，國際貨幣基金組織執行董事會決定將人民幣納入特別提款權（ＳＤＲ）貨幣籃子，成為繼美元、歐元、英鎊、日圓之後的第五種特別提款權貨幣，是人民幣在國際化道路上的又一個重要里程碑。在特別提款權的貨幣籃子裡，中國佔比百分之十．九二，是排在美元和歐元之後的第三大貨幣。

(二)新型融資平台建設與營運

1.亞洲基礎設施投資銀行

亞洲基礎設施投資銀行（簡稱「亞投行」）是由中國發起成立、擁有廣泛代表性的多邊性開發銀行，重點是為亞洲地區的基礎設施建設提供融資支持。從某種意義上看，這也是中國為促進全球發展提供的重要合作平台與公共產品。正如習近平在亞投行開業儀式上所說：亞洲基礎設施融資需求巨大，是一片廣闊的藍海……倡議成立亞投行，就是中國承擔更多國際責任、推動完善現有國際經濟體系、提供國際公共產品的建設性舉動，有利於促進各方實現互利共贏。[60]二〇一三年十月初，習近平和國務院總理李克強在出訪東南亞時先後提出了籌建亞投行的倡議。二〇一四年年初，中方開始帶頭與亞洲域內、域外國家進行了廣泛溝通。十月二十四日，中國、孟加拉國、汶萊、柬埔寨、印度、哈薩克、科威特、寮國、馬來西亞、蒙古國、緬甸、尼泊爾、阿曼、巴基斯坦、菲律賓、卡達、新加坡、斯里蘭卡、泰國、烏茲別克和越南等二十一個首批意向創始成員國在北京簽署籌建備忘錄，共同決定成立亞洲基礎設施投資銀行。亞投行「朋友圈」的驚人擴展始於二〇一五年三月。三月十二日，英國向中國提交了加入亞投行的確認函，成為首個申請成為創始成員國的歐洲和世界大國。三月十八日，法國、德國、意大利

[59] 中國人民銀行：〈人民幣國際化重要里程碑人民幣跨境支付系統（一期）成功上線運行〉（二〇一五年十月八日），http://www.pbc.gov.cn/goutongjiaoliu/113456/113469/2960452/index.html。

[60] 習近平：〈在亞洲基礎設施投資銀行開業儀式上的致辭〉（二〇一六年一月十六日，釣魚台國賓館），載《人民日報》二〇一六年一月十七日，第二版。

三國聯袂宣佈加入；此後，韓國、澳大利亞、巴西、俄羅斯、南非等國紛紛提交申請。至三月三十一日，亞投行意向創始成員國數量已激增至五十七個，覆蓋亞洲、歐洲、大洋洲、拉丁美洲、非洲。短短一個月之內，亞投行勢不可當，成為了國際政治舞台中最受矚目的超級明星。

二〇一五年五月二十二日，中國財政部宣佈各方就《亞洲基礎設施投資銀行協定》文本達成一致。德國內閣在批准加入時表示，「亞投行力量均衡，亞投行章程標準幾乎與歐洲復興開發銀行和亞洲開發銀行相同，中國和亞投行滿足了西方國家的要求」。[61] 六月二十九日，簽署儀式在北京人民大會堂舉行，57個意向創始成員國財長或授權代表出席了簽署儀式，其中五十個國家正式簽署協定。

從成員名單看，域內國家有三十七個，包括亞塞拜然、孟加拉國、汶萊、柬埔寨、中國、印度、印尼、伊朗、以色列、約旦、哈薩克、韓國、科威特、吉爾吉斯、寮國、馬來西亞、馬爾地夫、蒙古國、緬甸、尼泊爾、阿曼、巴基斯坦、菲律賓、卡達、沙地阿拉伯、新加坡、斯里蘭卡、塔吉克、格魯吉亞、泰國、土耳其、阿拉伯聯合大公國、烏茲別克、越南、澳大利亞、紐西蘭和俄羅斯。域外國家有二十個，分別來自歐洲、拉丁美洲和非洲，包括奧地利、丹麥、法國、芬蘭、德國、冰島、意大利、盧森堡、荷蘭、挪威、波蘭、葡萄牙、西班牙、瑞典、瑞士、英國、馬爾他、巴西、埃及和南非。就權威性而言，亞投行成員國包括了所有金磚國家、聯合國安理會五大常任理事國之四、西方七國集團（G7）之四和二十國集團（G20）之十三。可以說，除了美國、日本之外，全球最有影響力的大國基本都已加入亞投行。

不同國家的加入訴求也有所不同。東南亞、南亞、中亞國家將在世界銀行、亞洲開發銀行之外獲得新的基礎設施融資管道；金磚國家提升了國際金融話語權；中東產油國獲得了新的石油美元投資去向；英、法、德等西歐大國通過參與組建新興金融機構維持了其傳統影響力，並得以分享亞洲基礎設施建設帶來的機遇。

二〇一五年十二月二十五日，歷經八百餘天籌備，隨著《亞洲基礎設施投資銀行協定》達到生效條件（即至少有十個簽署方批准且簽署方初始認繳股本總額不少於總認繳股本的百分之五十），全球迎來首個由中國倡議設立的多邊金融機構，亞投行在法律意義上正式成立。

根據《亞洲基礎設施投資銀行協定》，亞投行的法定股本為一千億美元，分為實繳股本和待繳股本，其中實繳股本為兩百億美元；待繳股本為八百億美元。域內外成員認繳股本在七十五比二十五範圍內參照國內生產總值（按照百分之六十市場匯率法和百分之四十購買力平價法加權平均計算）比重進行分配。亞投行的總投票權由股份投票權、基本投票權以及創始成員享有的創始成員投票權組成。每個成員的股份投票權等於其持有的亞投行股份數，基本投票權佔總投票權的百分之十二，由全體成員（包括創始成員和今後加入的普通成員）平均分配，每個創始成員同時擁有六百票創始成員投票權。照此規則計算，中方認繳股本為兩百九十七億八千零四十萬美元，佔總認繳股本的百分之三十·三四，現階段為亞投行第一大股東；中國投票權佔總投票權的百分之二十六·〇六，也是現階段投票權佔比最高的國家，其他二至五位分別為印度（百分之七·五一）、俄羅斯（百分之五·九三，以亞洲國家身份加入）、德國（百分之四·一五）和韓國（百分之三·五）。

從治理結構上，亞投行設立理事會、董事會、管理層三層管理架構。理事會是亞投行的最高決策機構，擁有亞投行的最高權力。董事會負責亞投行的總體營運，共有十二名非常駐董事（域內九名、域外三名），相較於世界銀行和亞洲開發銀行更顯精簡和高效。亞投行設立行長一名，從域內成員產生，任

---

[61] 周艾琳：〈德國將成亞投行第四大股東　力挺章程符合國際標準〉（二〇一五年六月十一日，一財網），http://www.yicai.com/news/2015/06/4630993.html。

期五年，可連選連任一次。作為籌建過程中的主要推動者，曾任中國財政部副部長、亞洲開發銀行副行長的金立群眾望所歸地被選為亞投行首任行長。

據金立群介紹，亞投行將尋求3A評級並努力在運作中保住最高評級地位，所以投資策略將「非常保守」，未來十至二十年的槓桿比率都會保持一比一；最多放寬到一比二．五。在項目選擇上，亞投行第一步將聚焦於電力、交通、供水領域。[62]針對外界關心的亞投行與「一帶一路」的關係，金立群亦指出，亞投行雖然不是為「一帶一路」專門創立的，但「一帶一路」中的很多項目必將能得到亞投行支持。[63]

2.金磚國家新開發銀行

二〇一三年三月，在金磚五國領導人第五次會晤上，各方達成了設立金磚國家開發銀行的共識，旨在支持金磚國家和其他新興經濟體及發展中國家的基礎設施建設和可持續發展項目。二〇一四年七月，在經過五國財政主管部門的七輪談判後，各國在金磚國家領導人第六次會晤期間簽署了新開發銀行的章程協議。

根據章程，金磚銀行的法定資本為一千億美元，初始認繳資本為五百億美元，在五個創始成員間平均分配。總部設在上海，非洲區域中心設在南非。在組織架構上，金磚銀行設立理事會、董事會和行長會。首任理事會主席由俄羅斯提名，首任董事會主席由巴西提名，首任行長由印度提名，各成員國在金磚銀行中的平等權利得到體現。理事會層級最高，由各國財長出任理事會成員，每個月開一次會。金磚銀行的成員資格向聯合國成員開放，新成員加入金磚銀行需由理事會批准。

二〇一五年七月，金磚銀行在俄羅斯召開第一次理事會議，俄羅斯財政部部長安東．西盧阿諾夫

（Anton Siluanov）擔任理事會首任主席。會議任命董事會成員和首任管理層，董事會和行長會都常駐上海總部，行長會負責日常管理事務，由下屬各部門最終具體執行。行長在創始成員國中按印度、巴西、俄羅斯、南非、中國的順序輪流產生，除產生行長以外的每個創始成員國至少應產生一名副行長，行長和副行長任期五年（首屆副行長任期六年）。金磚銀行管理層採用一正四副的模式，包括行長卡馬特（Kundapur Vaman Kamath，印度籍），副行長祝憲（中國籍，兼任首席營運官）、小巴蒂斯塔（Paulo Nogueira Batista，巴西籍，兼任首席風險官）、馬斯多普（Leslie Maasdorp，南非籍，兼任首席財務官）、卡茲別科夫（Vladimir Kazbekov，俄羅斯籍，兼任首席行政官）。

二〇一五年七月二十一日，金磚國家新開發銀行在上海正式開業。中國財政部部長樓繼偉和首任行長卡馬特都強調，新開發銀行的成立不是對現有國際金融體系的挑戰，而是補充和改進。卡馬特還提出，金磚銀行應該充分利用各國與本國資本市場融資，包括在中國率先發行人民幣債券。

3. 絲路基金

二〇一四年十一月四日，中共中央財經領導小組第八次會議強調加快「一帶一路」建設，首次提出設立絲路基金。十一月八日，習近平在「加強互聯互通夥伴關係」東道主夥伴對話會上正式宣佈，中國將出資四百億美元成立絲路基金，為「一帶一路」沿線國家基礎設施、資源開發、產業合作和金融合作

---

[62] 師琰：〈亞投行要追求更高層次目標　開張瞄準電力交通供水三領域〉，載《21世紀經濟報導》二〇一五年十一月十一日，第十六版。

[63] 觀察者網：〈金立群：互聯網建設也是亞投行的題中之意〉（二〇一五年十二月十六日），http://www.guancha.cn/JinLiQun/2015_12_16_344896.shtml。

等與互聯互通有關的項目提供投融資支持，並歡迎亞洲域內外的投資者根據地區、行業或者項目類型積極參與設立子基金。

二〇一四年十二月二十九日，絲路基金有限責任公司（Silk Road Fund）在北京成立並正式運行，註冊資本為六百一十五億兩千五百萬元。據悉，絲路基金首期資本金為一百億美元，中國國家外匯管理局、中國投資有限責任公司、中國進出口銀行和中國國家開發銀行分別通過旗下投資平台出資六十五億美元、十五億美元、十五億美元和五億美元。從管理團隊來看，原中國人民銀行行長助理金琦擔任法定代表人兼董事長，原中國國家外管局委託貸款辦公室主任王燕之任總經理兼董事。同時，來自四家出資方的劉薇（中國國家外匯管理局綜合司司長）、袁興永（中國進出口銀行副行長）、張勍（中投公司專項投資部總監）、樊海斌（中國國開金融總裁）和四個部委的劉勁松（中國外交部國際經濟司副司長）、郭婷婷（中國商務部財務司副司長）、田錦塵（中國國家發改委西部開發司司長）、胡學好（中國財政部金融司副司長）擔任董事。

從定位來看，中國央行行長周小川在接受專訪時稱，絲路基金既不是多邊開發機構，也不是中國的主權財富基金，而是注重合作項目和所在國產業項目需求的股權投資基金，是回收期限更長的私募股權投資（private equity, PE）。[64]

在運行時，金琦提出絲路基金遵循四項原則：一是對接原則，即投資要與各國發展戰略和規劃相對接；二是效益原則，即按照市場化、國際化、專業化標準投資有效益的項目，實現中長期合理的投資回報；三是合作原則，即與國內外企業和金融機構相互合作配合，開展多元化投融資合作；四是開放原則，即歡迎與其有共同意向的成員加入，或者在子基金層面上開展合作。[65]

二〇一五年四月二十日，絲路基金首個投資項目是「一帶一路」的旗艦項目——中巴經濟走廊

（China Pakistan Economic Corridor）。在習近平訪問巴基斯坦期間，絲路基金、三峽集團與巴基斯坦私營電力和基礎設施委員會在伊斯蘭馬巴德簽署共同水電項目合作備忘錄。根據備忘錄，絲路基金將投資入股由三峽集團控股的三峽南亞公司，為卡洛特水電項目提供資金支持，巴基斯坦私營電力和基礎設施委員會則將為絲路基金和三峽集團提供便利。卡洛特水電站位於巴基斯坦吉拉姆河，規劃裝機容量七十二萬千瓦，年發電三十二億一千三百萬千瓦時，總投資金額約十六億五千萬美元。作為中巴經濟走廊優先實施的能源項目之一，該項目採用「建設—經營—轉讓」（build–operate–transfer, BOT）模式運作，於二〇一五年底開工建設，二〇二〇年投入營運，營運期三十年，到期後無償轉讓給巴基斯坦政府。

在該項目中，絲路基金採取了「股權＋債權」的投資方式。一方面，絲路基金和世界銀行下屬的國際金融公司共同為三峽南亞公司注資，提供項目資本金支持。另一方面，絲路基金與中國進出口銀行、中國國家開發銀行、國際金融公司組成銀團，為該項目提供貸款資金支持。

那麼，絲路基金投資「首單」為何選中巴基斯坦水電開發項目呢？主要原因大致包括：(1)中巴經濟走廊作為「一帶一路」的旗艦項目，是絲路基金尋求投融資機會的重點區域；(2)巴基斯坦電力行業市場空間巨大，是該國未來十年發展規劃中優先支持的投資領域，而巴基斯坦政府也承諾該項目的投資人在回收合理建設成本和營運成本的前提下獲得較好的投資收益；(3)項目合作方具有豐富的國際化業務經驗，三峽集團是世界大型的水電開發集團和中國清潔能源行業的龍頭企業，國際金融公司則是發展中國

64 楊燕青等：〈專訪周小川：絲路基金起步運作〉，載《第一財經日報》二〇一五年二月十六日，第一版。

65 金琦：〈「一帶一路」戰略中的金融支持與合作〉，載《清華金融評論》二〇一五年第九期。

66 中國人民銀行：〈絲路基金負責人就啟動項目投資有關情況答記者問〉（二〇一五年四月二十日），http://www.pbc.gov.cn/goutongjiaoliu/113456/113469/2811749/index.html。

家規模最大、專門針對私營部門的全球性發展機構，有助於該項目的風險共擔與管控。[66]

二〇一五年六月，同樣通過「股權＋債權」的方式，絲路基金支持中國化工集團收購意大利輪胎生產商。這是絲路基金對發達國家高端製造業的首單投資項目，也是絲路基金的首個併購項目，側重於支持企業「走出去」，引進先進技術和管理。[67]

二〇一五年九月三日，在習近平和普京總統的共同見證下，絲路基金與俄羅斯亞馬爾液化天然氣（Yamal LNG）一體化項目的最大股東諾瓦泰克公司（Novatek）簽署關於購買該項目百分之九．九股權的框架協議。這是絲路基金首單對俄投資，也是絲路基金在油氣領域的第一筆投資，同樣遵循了「股權＋債權」的投資模式。[68]

二〇一五年十二月十四日，絲路基金與哈薩克出口投資署在北京簽署框架協議。根據協議，絲路基金出資二十億美元成立中哈產能合作專項基金，重點支持中哈產能合作及相關領域的項目投資。這是絲路基金成立以來設立的首個專項基金。[69]當天，絲路基金還與哈薩克巴伊捷列克國家控股公司（Baiterek National Management Holding）簽署《合作備忘錄》，共同尋求產能、創新、資訊技術等優先領域合作機會。

據悉，通過主動走訪和聯繫有關部門和企業，絲路基金已確定一批重點跟蹤項目和若干潛在可「落地」的投資項目，下一階段將繼續按照市場化、國際化、專業化的原則，探索互利共贏、可複製可推廣的合作模式。

除了亞投行、金磚銀行和絲路基金以外，中國還積極拓寬各種融資管道。例如，組建多種產能合作基金、投資合作基金，並提供大量專項貸款。在二〇一五年十一月的中國－中東歐領導人會晤期間，中國國務院總理李克強還提出設立「16＋1」金融公司。中方已確定由中國最大的商業銀行中國工商銀行帶頭，中國國家開發銀行和中國進出口銀行參與，探討以多邊金融公司的商業化模式參與中國—中東歐產能合作。二〇一六年一月，中國又正式成為歐洲復興開發銀行成員，為推動「一帶一路」倡議與「歐洲投資計劃」對接，以及中國與該行在中東歐、地中海東部和南部及中亞、北非等地區開展項目投資、深化產業與技術領域合作交流提供了廣闊空間。

五、民心相通

人文交流是深化國家關係的「基礎設施」，是推進民間友好的「民心工程」，為「一帶一路」建設帶來了寶貴的活力、人氣和熱度。但與此同時，相較於基礎設施、產業園區或融資平台建設，它又是最難實施、最慢見效的領域。自倡議提出以來，在延續過往中外人文交流的基礎之上，中方又進一步加大了推進力度。

[67] 張桂林、張翅：〈絲路基金副總經理：絲路基金將重點投向四大領域〉（新華網，二〇一五年八月三十日），http://news.xinhuanet.com/fortune/2015-08/30/c_1116416993.htm。

[68] 絲路基金：〈絲路基金與諾瓦泰克公司簽署購股框架協議〉（二〇一五年九月三日），http://www.silkroadfund.com.cn/cnweb/19930/19938/20112/index.html。

[69] 絲路基金：〈絲路基金與哈薩克斯坦出口署簽署關於設立中哈產能合作專項基金的框架協議〉（二〇一五年十二月十四日），http://www.silkroadfund.com.cn/cnweb/19930/19938/31691/index.html。

(一)東南亞、南亞地區

中國和東南亞國家文化相近，人文交流源遠流長。二〇一五年，雙向旅遊突破兩千萬人次，每週有一千多個航班往返兩地。

二〇一三年九月，中國領導人宣佈，未來三至五年將向東盟國家提供一萬五千個政府獎學金名額，並在華建立更多面向東盟國家的教育中心；向亞洲區域合作專項資金增資兩億元人民幣，重點用於深化雙方人文交流與能力建設；繼續支持中國—東盟中心（ASEAN-China Centre）、中國—東盟思想庫網絡（NATC）、中國—東盟公共衛生合作基金等平台建設。二〇一四年，雙方成功舉辦首個中國—東盟文化交流年，列入全年活動框架內的交流項目達一百五十多項，涉及新聞、影視、出版、體育等多個領域。四月，《中國—東盟文化合作行動計劃（二〇一四至二〇一八）》獲得審議通過，確定了未來五年雙方交流計劃和目標。十一月，中方又提出增設第二批中國—東盟教育培訓中心，加大投入辦好「中國—東盟教育交流週」；在東盟國家新建農業技術示範中心，開展農村減貧合作和公共衛生人才培養百人計劃；繼續實施「中國—東盟科技夥伴計劃」，建立中國—東盟科技創新中心，在未來三年支持一百名東盟青年科學家來華開展短期科研。

截至二〇一四年，中國在東盟國家留學生已近十二萬人，東盟國家在華留學生達到七萬人。中國高等院校目前已開齊東盟國家所有語種課程，東盟十國共建有三十所孔子學院、三十個中小學孔子課堂，越來越多的青少年正在學習對方的語言和文化。二〇一五年十一月的中國—東盟「10＋1」領導人會議上，雙方同意將二〇一六年作為「中國—東盟教育交流年」。中方則在現有基礎上，在未來三年向東盟國家新增一千個新生政府獎學金名額。[70]針對大湄公河次區域國家（即中南半島五國），中方則提出將在二〇一五至二〇一七年提供三千個培訓名額，幫助各國培訓農業、衛生等民生領域專業人才。

目前，在新加坡城市中心佔地一千三百五十二．六平方公尺的中國文化中心已經拔地而起，它將成為中國在海外最大、基礎設施最先進的文化中心。印尼政府已給予中國公民免旅遊簽證待遇，並邀請中國遊客赴印尼體驗「重走鄭和路」旅遊新項目，雙方正積極推進中國大熊貓赴印尼合作研究項目，繼續辦好「感知中國」、「中印尼關係研討會」等交流活動，繼續邀請印尼宗教人士訪華。

在南亞方向，二〇一四年習近平訪問印度時，兩國決定二〇一五年在中國舉辦「印度旅遊年」，二〇一六年在印度舉辦「中國旅遊年」。二〇一五年五月，中國國務院總理李克強和莫迪總理在北京共同出席了「太極瑜伽相會」活動；上海復旦大學設立甘地印度研究中心；四川省和卡納塔卡邦（Karnataka）締結為友好省邦關係，重慶市和金奈市、青島市和海德拉巴市（Hyderabad）、敦煌市和奧蘭加巴德市（Aurangabad）締結為友城關係；雙方決定每年輪流主辦「中印智庫論壇」。下半年，兩國各派了兩百名青年互訪。二〇一五年四月習近平訪問巴基斯坦期間，中方宣佈未來五年內為巴提供兩千個培訓名額；兩國在二〇一五年共同舉辦「中巴友好交流年」；中國在伊斯蘭堡設立中國文化中心，共同在巴成立小型水電技術國家聯合研究中心、聯合海洋科學研究中心；成都市和拉合爾市（Lahore）、珠海市和瓜達爾市、克拉瑪依市（Karamay）和瓜達爾市分別結為友好城市；中國中央電視台英語新聞、紀錄頻道在巴國落地，中國國際廣播電台在巴設立「FM98中巴友誼台」工作室。在斯里蘭卡，由於已採取電子簽證方式，中國遊客的數量快速上升。該國的中國文化中心已經正式開館，科倫坡大學孔子學院正在籌辦，雙向留學生數量穩步增長，雙方還將探討開展鄭和沉船遺跡水下聯合考

70 丁子等：〈開啟中國—東盟關係新篇章〉，載《人民日報》二〇一五年十一月五日，第二十二版。

古。在馬爾地夫，中國是最主要的外國遊客來源地，首都馬利（Malé）的中國餐館也越來越多。[71]

（二）俄、蒙和中亞地區

近年來，在兩國總理定期會晤機制和人文合作委員會的推動下，中俄人文交流領域拓展到了教育、文化、衛生、體育、旅遊、媒體、電影、檔案和青年等九個方面，先後成功互辦「國家年」、「語言年」、「旅遊年」、中俄青年友好交流年。上千項活動吸引了數億民眾參與，增進了兩國人民的理解和友誼。值得一提的是，根據中俄領導人達成的共識，兩國在二〇一四年和二〇一五年共同舉辦青年友好交流年活動。在此期間，雙方推出了青年藝術家聯合展演，青年作家作品相互翻譯，青年科學家合作研發，青年政治家、運動員、醫生、新聞工作者、企業家互訪交流，百萬人次在線互動等交流項目。中方拍攝的多集微電影《你好，中國》之《中國創客》在俄羅斯廣受好評，超過一億人次收看。到二〇二〇年，兩國互派留學生總人數將達到十萬人次，其中中國派五萬名學生到俄羅斯學習當地科學、技術、文化、語言和藝術，來華留學的俄羅斯人也將達到五萬人次。此外，俄羅斯已成為中國第三大旅遊客源國，中國則是俄羅斯首都莫斯科最大的旅遊客源國。在莫斯科，每十五名外國遊客中就有一名中國遊客。

中國和蒙古國的人文交流密切。二〇一三年，中蒙人員往來一百三十多萬人次，其中蒙古國公民赴華超過一百萬人次。二〇一四年八月，習近平訪問蒙古國期間提出，中方歡迎更多蒙方公民赴華留學、旅遊、經商、就醫。今後五年內，中方將向蒙方提供一千個培訓名額，增加提供一千個中國政府全額獎學金名額，為蒙方培訓五百名留學生，邀請五百名蒙方青年訪華，邀請兩百五十名蒙方記者訪華，並向蒙方免費提供二十五部中國優秀影視劇譯作。[72]

《中蒙俄發展三方合作中期路線圖》提出，將加強中俄蒙三方人文領域合作。包括聯合舉辦文化節，鼓勵三國文化藝術領域專家學者之間的交流合作；研究在蒙古學和佛教領域開展三方學術合作；擴大旅遊領域合作，包括就共同打造「萬里茶道」國際旅遊線路組建專門工作組，推動發展「貝加爾湖（俄羅斯）—庫蘇古爾湖（Lake Khuvsgul，蒙古國）」跨境旅遊線路等。在三方人文交流中，中國內蒙古自治區發揮著至關重要的作用。僅二〇一四年，內蒙古三十所學校累計接收俄蒙留學生近四千人，加強了與蒙古國國立大學孔子學院和俄羅斯孔子學院的交流合作；接診蒙方患者三萬多人次，內蒙古國際蒙醫醫院赴蒙開展義診活動深受蒙方歡迎；開通了阿爾山、珠恩嘎達布其、阿日哈沙特口岸的中蒙邊境旅遊業務，「草原之星」、「滿洲里—西伯利亞號」、「重走茶葉之路」等跨國旅遊專列先後開通。[73]

在中亞方向，二〇一四年六月二十二日，中國、哈薩克、吉爾吉斯三國聯合申報的「絲綢之路：長安—天山廊道的路網」項目被聯合國教科文組織正式列入世界遺產名錄，這是三國人文合作中濃墨重彩的一筆。二〇一五年十二月，中國和哈薩克兩國總理會晤達成共識，共建歐亞中國研究中心；支持北京舞蹈學院同哈薩克國家舞蹈學院開展合作；擴大兩國媒體合作，加強文學作品翻譯合作，開展電影聯合製作；鼓勵兩國高等院校和文化機構建立直接聯繫；建立兩國旅遊主管部門磋商機制，辦好二〇一七年在哈薩克舉辦的「中國旅遊年」。[74]陝西省西安市還分別與土庫曼馬雷市（Mary）和烏茲別克撒馬爾罕

---

[71] 杜海濤等：〈南亞：合作共贏新契機（絲路觀察）〉，載《人民日報》二〇一四年十月二十三日，第十三版。

[72] 習近平：〈守望相助，共創中蒙關係發展新時代——在蒙古國國家大呼拉爾的演講〉（二〇一四年八月二十二日，烏蘭巴托），載《人民日報》二〇一四年八月二十三日，第二版。

[73] 紅艷：〈在「一帶一路」戰略中加速延伸〉，載《內蒙古日報》二〇一五年十月十七日，第一版。

市（Samarkand）締結了友城關係，歌劇《張騫》在沿線城市巡演時廣獲讚譽。

此外，中國領導人在上海合作組織框架內先後提出，願意在二〇一五年至二〇一七年間為本組織成員國提供兩千名官員和管理、技術人才培訓名額，未來五年內每年邀請五十名上海合作組織國家青年領導人來華研修；從二〇一六至二〇一七學年起，未來五年共向成員國提供兩萬人的中國政府獎學金名額。這些都將為深化中國與俄蒙、中亞國家的人文交流帶來新的契機。

(三)中東地區

二〇一四年六月，習近平在中阿合作論壇提出共建「一帶一路」，構建「1＋2＋3」合作格局。到二〇一六年初，中阿已分別舉辦了友好年活動，簽署了第一個共建聯合大學協議，啟動了百家文化機構對口合作，在華阿拉伯留學生突破一萬四千人，在阿拉伯國家孔子學院增至十一所，中阿每週往來航班增至一百八十三架次。

在二〇一六年初訪問阿拉伯國家聯盟總部時，習近平又提出將實施增進「百千萬」工程。具體包括開展一百部中阿典籍互譯，邀請一百名專家學者互訪；提供一千個阿拉伯青年領袖培訓名額，邀請一千五百名阿拉伯政黨領導人來華考察；提供一萬個獎學金名額和一萬個培訓名額，落實一萬名中阿藝術家互訪。

在埃及訪問期間，習近平與塞西總統共同出席中埃建交六十週年紀念活動，宣佈啟動在埃及舉辦「中國文化年」、在中國舉辦「埃及文化年」。二〇一五年，海外第一座通過衛星電視形式教授漢語的孔子課堂正式落戶埃及，它面向二十二個阿拉伯國家的億萬觀眾。

在伊朗，漢語日漸成為廣受歡迎的外語之一，包括德黑蘭大學、貝赫什提大學（Shahid Beheshti University）和塔巴塔巴伊大學（Allameh Tabatabai University）等在內的多所伊朗大學都設有中文系或漢語專業。根據兩國政府間簽署的互派留學生協議，伊朗每年都有一定數量的學生獲得中國政府獎學金赴華留學。二〇一四年，中國國家圖書館訪問伊朗，與伊朗國家圖書和檔案館就雙方圖書出版交流合作達成多項共識；德黑蘭舉辦了「中國電影日」活動；浙江、福建和江西木偶劇團組成的中國木偶代表團參加了第十五屆國際木偶藝術節；中國婦聯代表團與伊朗婦女聯合會舉辦了第二屆中伊婦女研討會。二〇一五年，兩國首部合拍電影《少林夢》簽約儀式在德黑蘭舉行；中國愛樂樂團「絲綢之路巡演」到訪伊朗，並與德黑蘭交響樂團聯袂演出；中國國際廣播電台與伊朗文化廣播電台聯合製作的波斯語節目「東方之珠」落地播出一週年，該節目每週在固定時間向伊朗聽眾介紹中華文化和今日中國。[75]

(四)非洲地區

近年來，中非人文交流快速增長，中非人員往來每年近三百萬人次。二〇一五年十二月，習近平在中非合作論壇約翰尼斯堡峰會上提出，未來三年將同非方重點實施「十大合作計劃」。包括設立一批區域職業教育中心和若干能力建設學院，為非洲培訓二十萬名職業技術人才，提供四萬個來華培訓名額；在非洲一百個鄉村實施「農業富民工程」，派遣三十批農業專家組赴非洲；支持非洲國家建設五所交通

[74]《中華人民共和國政府和哈薩克斯坦共和國政府聯合公報》，載《人民日報》二〇一五年十二月十五日，第三版。

[75] 劉水明等：〈「一帶一路」共鑄發展新夢想〉，載《人民日報》二〇一六年一月十九日，第二十二版。

大學；在非洲實施兩百個「幸福生活工程」和以婦女兒童為主要受益者的減貧項目；支持中非各二十所醫院開展示範合作，加強專業科室建設，繼續派遣醫療隊員，開展「光明行」、婦幼保健在內的醫療援助，為非洲提供一批複方青蒿素抗瘧藥品；為非洲援建五所文化中心，為非洲一萬個村落實施收看衛星電視項目；為非洲提供兩千個學歷學位教育名額和三萬個政府獎學金名額；每年組織兩百名非洲學者訪華和五百名非洲青年研修；每年培訓一千名非洲新聞領域從業人員；支持開通更多中非直航航班，促進中非旅遊合作。

同期中國發佈的《中國對非洲政策文件》還提出，繼續在非洲國家增設孔子學院，鼓勵和支持中非互設文化中心；豐富「中非文化聚焦」、「中非文化人士互訪計劃」和「中非文化合作夥伴計劃」等活動內容；支持辦好中非新聞交流中心，加強中非廣播影視技術交流與產業合作；積極實施「中非聯合研究交流計劃」和「中非智庫10＋10合作夥伴計劃」；落實《中非民間交流合作倡議書》，鼓勵實施「中非民間友好行動」、「中非民間友好夥伴計劃」等。

(五)歐洲地區

人文交流是繼政治互信、經貿合作之外中歐合作的「第三支柱」，雙方人員往來已超過每年五百萬人次。二〇一四年四月，習近平在訪問歐盟期間提出，雙方應充分發揮中歐高級別人文交流對話機制的統領作用，繼續辦好「中歐文化對話年」等活動，加強教育、科技、文化、媒體、智庫、旅遊、婦女、青年等多領域交流合作。二〇一五年七月，中國國務院總理李克強出席中國歐盟領導人會晤期間，雙方就人員往來便利化達成新共識，中方同意歐方在中國十五個非使領館所在城市開設簽證申請中心。

此外，二〇一四年中國發佈的《中國對歐盟政策文件》更為具體地提出，擴大中歐學生學者交流規模，爭取到二〇二〇年實現中歐學生年度雙向交流達到三十萬人次；加強中歐語言教學和教師培訓方面的合作，支持中歐高等院校建立歐洲區域與國別研究中心，鼓勵中歐高等院校開展高質量的合作辦學；拍攝和出版反映彼此經濟發展、歷史文化、風土人情的紀錄片和圖書報刊；推動建立中歐旅遊合作機制，盡早簽署《關於開展旅遊雙邊合作的諒解備忘錄》等。

中國與中東歐國家同樣在「16＋1」框架下不斷加強人文交流力度。二〇一五年，根據《中國—中東歐國家合作貝爾格萊德綱要》，在斯洛伐克舉行了第二屆中國—中東歐國家創新技術合作及國際技術轉移研討會；在保加利亞舉行了第二屆中國—中東歐國家文化合作論壇；在立陶宛、愛沙尼亞、拉脫維亞舉辦了「中國藝術節」；中國文化部組織了演出機構赴匈牙利、塞爾維亞、羅馬尼亞選購節目；在捷克舉行中捷合拍動畫片《熊貓與小鼴鼠》首發儀式；在陝西舉行首屆中國—中東歐國家舞蹈夏令營；中東歐爵士音樂節藝術總監團訪華；在上海、湖南舉行了中東歐國家廣播電視節目製作研修班；在匈牙利舉行了中國—中東歐國家旅遊合作促進年啟動儀式；在河北舉行了中國—中東歐國家省州長聯合會第一次會議；北京—布達佩斯定期客運航線通航，北京—布拉格直達航線通航；在中國舉行第二屆中國與中東歐青年政治家論壇；在北京舉行第三次中國—中東歐國家高級別智庫研討會；中東歐國家記者團訪問中國浙江、河南和北京；捷克首家中醫中心成立。

(六)南太平洋地區

南太平洋地區是二十一世紀海上絲綢之路的自然延伸。二〇一四年十一月，習近平訪問期間提出，未來五年中國將為島國提供兩千個獎學金和五千個各類研修培訓名額；願同島國加強各界交流，繼續派遣醫療隊到有關島國工作，鼓勵更多中國遊客赴島國旅遊。[76]

綜上所述，在中國和沿線國家的共同推動下，「一帶一路」的國際認可和影響不斷擴大。從發展戰略對接到合作項目落地，從既有合作機制深化升級到新型融資平台建立營運，從自由貿易區到境外產業園區，從原油貿易人民幣結算到人民幣跨境支付系統上線，從中巴經濟走廊到中歐陸海快線，從基礎設施、規章制度到人員往來，「一帶一路」務實合作不斷取得新的成果。值得關注的是，中國的資金、技術、裝備、工程、標準、貨幣正在沿線國家獲得越來越多的認可，而改革開放以來中國參與全球經濟合作中所積累的許多發展經驗，也在此過程中被借鑑。這些進展皆是各方共商、共建的產物，充分體現了「一帶一路」合作共贏的本質屬性。

[76] 杜尚澤、顏歡：〈習近平同太平洋島國領導人舉行集體會晤並發表主旨講話〉，載《人民日報》二〇一四年十一月二十三日，第一版。

第六章

「一帶一路」的企業參與

企業是「一帶一路」建設的主體，也是重要的推動者、承擔者和實施者。自「一帶一路」倡議提出以來，大量相關領域的企業都展現出了巨大的參與熱情，或是挖掘開拓新的市場空間，或是升級優化既有的業務形態。在各方參與者中，既有中國企業也有國外企業，既有國有企業也有民營企業，既有中央企業也有地方企業，既有中外雙邊合作也有三方乃至多方合作，業務範圍從金融、裝備製造、基建工程、優勢產能、資源能源，到產業園區、智慧城市、數位化解決方案、海洋經濟、跨境電商，不一而足，可謂「八仙過海，各顯神通」。

以中央企業為例，中國國務院國資委新聞中心於二〇一五年七月中旬發佈的《「一帶一路」中國企業路線圖》顯示，截至二〇一四年年底，在中國資委監管的一百一十餘家中央企業中，已有八十多家在「一帶一路」沿線國家設立分支機構，尤其是在促進設施聯通方面承擔了大量示範性、旗艦型項目的建設和推進工作。❶與此同時，地方企業、民營企業和國外企業也紛紛加大了國際化經營的力度，成為了「一帶一路」上不容忽視的生力軍。本章將以大量生動的案例，講述金融、裝備、產能、電力、通信、鐵路、港口和跨境電子商務等領域的相關企業參與「一帶一路」的精彩故事。

一、金融

金融是人類社會生產生活的基礎，也是「一帶一路」建設得以開展的前提。無論是「一帶一路」貿易、產業、交通、能源、科技，或衛生、旅遊、文化等方面的合作交流，都離不開金融的支持。在此過程中，金融類企業無疑發揮著舉足輕重的關鍵作用，是當之無愧的主力軍和助推器。

首先是以中國國家開發銀行、中國進出口銀行、中國出口信用保險公司為代表的政策性金融機構。長期以來，中國國家開發銀行不僅在中國「兩基一支」（基礎設施、基礎產業、支柱產業）建設中發揮關鍵作用，還通過「貸款換資源」、「工程＋金融」、「資源－信貸－基建」等開發性金融業務模式為中國與沿線國家的重大資源能源、基礎設施合作項目提供融資信貸支持。作為上海合作組織銀聯體、中國－東盟銀聯體、金磚國家銀行合作機制的成員行，中國國家開發銀行已為許多雙多邊和中長期投融資項目提供便利服務。在建設「一帶一路」的背景下，中國國家開發銀行先後設立一百億美元的中國－東盟基礎設施專項貸款，參與成立絲路基金，還進行了大規模的重點項目儲備。據中國國家開發銀行行長鄭之杰透露，截至二〇一五年上半年，中國國家開發銀行在「一帶一路」沿線國家和地區已經有四百多個項目的承諾貸款，貸款額一千五百六十七億美元，佔整體業務的百分之二十八；還儲備了「一帶一路」大型項目四百一十六個，儲備貸款額度兩千八百七十億美元，涉及交通、通信、製造業及基礎設施建設領域。❷

在「一帶一路」沿線，中國進出口銀行不僅強化「兩優」貸款、境外投資貸款、對外承包工程貸款等傳統優勢貸款品種，還綜合運用進出口信貸、互惠貸款、對外擔保等多樣化的金融工具，支持了大批惠及雙邊經貿合作的項目。截至二〇一五年年末，中國進出口銀行在「一帶一路」沿線國家貸款餘額超過五千兩百億元人民幣。有貸款餘額的「一帶一路」項目達一千多個，分佈於四十九個沿線國家，涵蓋公路、鐵路、港口、電力、通信等多個領域。同時，中國進出口銀行不斷推進人民幣跨境結算和融資業

❶ 華曄迪：〈央企「一帶一路」路線圖發佈〉，載《經濟日報》二〇一五年七月十五日，第七版。

❷ 劉亮：〈國開行儲備四百一十六個「一帶一路」項目〉，載《經濟日報》二〇一五年六月二十九日，第三版。

務，該行在「一帶一路」沿線貸款中，人民幣貸款餘額佔比為百分之三十七。[3]在中國進出口銀行的貸款支持下，柬埔寨公路網初步建成，極大地改變了柬埔寨的交通基礎設施條件；馬來西亞檳城二橋跨越檳城海峽的南部航道，連接檳城島與馬來半島，是東南亞地區最長的跨海大橋；寮國琅勃拉邦機場極大地促進琅勃拉邦及寮國北部地區的旅遊業和社會經濟的發展；杜尚別熱電廠項目被雙方領導人譽為中國和塔吉克合作的標誌性項目；一批港口、公路、電信、電網等基礎設施建設和民生項目在科特迪瓦、塞內加爾、衣索匹亞等國實施，有力推進了非洲「三網一化」進程……此外，中國進出口銀行參與設立的絲路基金已順利完成第一個項目，該行發起成立的中國—東盟投資合作基金、中國—中東歐投資基金、中國—歐亞合作基金等相繼運作良好。

值得指出的是，截至二〇一五年七月，中國人民銀行先後通過梧桐樹投資平台有限責任公司（國家外匯管理局的投資平台）對中國國家開發銀行、中國進出口銀行注資四百八十億美元和四百五十億美元，這也使兩家政策性銀行有更多的資源投入至「一帶一路」建設。

中國出口信用保險公司作為支持企業「走出去」的政策性金融機構，通過為企業制定風險保障方案和搭建融資合作平台等方式，幫助中國企業提高抵禦國際市場風險的能力。在建設「一帶一路」的背景下，中國信保有意識地將更多出口信用保險資源投向了「一帶一路」的重點合作領域，包括加大對交通運輸、電力、電信、建築等重大工程的承保力度，支持中國優勢產業和富餘產能「走出去」，以及推進境外農業合作等。截至二〇一五年年底，中國信保對中國面向「一帶一路」沿線國家出口、投資、承包工程的承保規模已達到五千七百零五億六千萬美元，支付賠款近十八億五千五百萬美元，不僅降低了中國企業的經營風險，也帶動了所在國的經濟社會發展。[4]中國—中亞天然氣管道、孟加拉帕德瑪多功能綜合大橋項目、衣索匹亞首都至吉布提鐵路、肯亞首都至蒙巴薩鐵路等一批重大合作項目，都是由中國信保提供融資保險。

據董事長王毅介紹，下一階段，中國信保將從機構建設、業務管理、市場營銷、風險管理、產品服務等多方面服務「一帶一路」建設。具體包括：專門成立落實「一帶一路」的工作領導小組及其辦公室，下屬二十六家營業機構也分別建立專門的工作機制；制定落實「一帶一路」建設的配套措施，包括重大項目的推動管理辦法、承保細則等；積極與相關政府部門、金融機構溝通對接，建立有效的工作聯繫；梳理「一帶一路」建設重點項目清單，建立項目儲備庫，參與設計重大項目融資保險方案；與「一帶一路」沿線國家的有關政府部門和金融機構商談整體合作，向中國國內的企業和銀行推薦海外項目；加強風險研究和預警，設立「一帶一路」六十四國風險專報及行業報告，及時為投保企業提供風險預警以及風險管理諮詢和培訓。❺

二〇一五年七月十三日，中國信保與中國工商銀行簽署「一帶一路」專項合作協議，以「銀保合作」的方式推出公私合作項目（PPP）投融資、大宗商品結構化融資、次主權擔保項目融資、當地貨幣出口信貸、中國信保項下債券發行、租賃與保險組合產品、中國信保項下短期貿易融資、跨境投融資擔保、跨境供應鏈融資、風險管理十項金融服務，重點支持高鐵、核電、電信等高端裝備「走出去」和

❸ 中國進出口銀行：〈發揮政策性金融作用　支持「一帶一路」建設〉（二〇一六年一月十四日），http://www.eximbank.gov.cn/tm/Newlist/index_343_27977.html。

❹ 絲路基金：〈絲路基金與中國信保簽署合作框架協議〉（二〇一五年十二月十一日），http://www.silkroadfund.com.cn/cnweb/19930/19938/31678/index.html。

❺ 新華財經：〈王毅：全力服務「一帶一路」建設　高水平履行政策性職責〉（二〇一五年四月三十日，新華網），http://news.xinhuanet.com/fortune/2015-04/30/c_127752788.htm。

國際產能合作，加大「一帶一路」沿線國家地區的市場開發力度。❻八月，中國信保發佈二〇一五年版《國家風險分析報告》，首次專門編製了「一帶一路」沿線國家風險分析報告。十二月，中國信保又與絲路基金簽署了《關於服務「一帶一路」戰略和支持企業「走出去」的合作框架協議》，未來雙方將在海外市場開發、境外項目投融資和風險管理等方面建立長期穩定的戰略合作關係。

再看各家商業性銀行。在既有國際業務的基礎上，它們也紛紛出台了金額龐大的「一帶一路」項目儲備計劃。公開資訊顯示，截至二〇一五年上半年，興業銀行參與設立了規模達一千億元的絲綢之路黃金基金；中信銀行繼設立首期規模達兩百億元的「一帶一路」基金後，還聯合「中信系」其他機構斥資七千億元支持「一帶一路」；中國平安銀行等發起了總規模為三百億元的「綠絲路基金」，擬在未來六至八年內參與投資中國和「一帶一路」沿線國家生態太陽能項目；中國建設銀行確定的「一帶一路」項目需求資金達兩千億元人民幣，未來還研究設立總規模為一千億元人民幣的二十一世紀海上絲綢之路產業基金，支持福建地區電子信息、裝備製造、基礎設施、城鎮化、電子商務、清潔能源等領域建設發展；中國工商銀行已構建了與「一帶一路」倡議所涉國家和區域高度重合的境內外經營網絡佈局，在沿線十七個國家擁有七十多家分支機構，同時在總行專門成立了由十餘個部門組成的領導小組，專門負責「一帶一路」相關項目的推動實施，已儲備項目的金額超過兩千億美元，行業涉及電力、交通、油氣、礦產、電信、機械、園區建設、農業等；上海浦發銀行的儲備項目近兩百八十個，項目總規模超過兩兆元，融資需求近四千億元，投資領域涉及交通運輸、能源生產儲運、城市建設、文化旅遊、產業園區等五大類；中國銀行已在「一帶一路」沿線十六個國家設立分支機構，跟進境外重大項目約三百個，力爭二〇一五年支持「一帶一路」建設相關授信不低於兩百億美元，未來三年累計達到一千億美元……

除了總部層面的規劃部署之外，各家金融企業的地方分支也以實際行動積極參與「一帶一路」建設。例如，中國國家開發銀行福建分行將與福州市政府、中非發展基金合作設立總規模一百億元人民幣的基金，通過市場化運作參與二十一世紀海上絲綢之路建設；作為新疆最大的地方國家高新技術工業製造企業，特變電工股份有限公司在中亞、南亞、非洲等多個地區均有對外承包工程項目。通過全面充分調研，中國進出口銀行新疆分行與特變電工簽署了銀企戰略合作協議，並制定集團整體金融服務方案，進一步深化與特變電工在輸變電、新能源、新材料三大領域及境內外項目融資等方面的全面合作；中國進出口銀行江西省分行與江西省發改委簽署《參與絲綢之路經濟帶和二十一世紀海上絲綢之路建設戰略合作協議》，未來將加大對江西省企業參與「一帶一路」項目建設的支持力度，提供多領域、綜合性金融服務；中國信保上海分公司與上海市國資委簽署《境外投資保險戰略合作協議》，完成了上海市市屬國資企業海外投資保險統保平台的搭建工作，全力支持上海企業開展海外投資、境外收購及兼併重組，解除企業跨國經營活動中對風險的顧慮，全力滿足其對資金的需求；招商銀行上海分行大力發展投資銀行業務，面向交通運輸、航天海運、能源電力、基礎建設、文化商貿等「一帶一路」重點領域，與行業重點客戶展開深入合作，提供了多樣化的債務融資工具發行服務方案；平安銀行上海分行在審批資源分配上，給予「一帶一路」相關項目和企業綠色授信通道，確保審批時效並在貸款利率定價方面給予一定支持；中國農業銀行新疆兵團分行成功為塔吉克農業投資銀行發放跨境人民幣賬戶融資，並為其提供金融產品及風險管理培訓，助力中塔經貿合作全面升級；中國農業銀行內蒙古分行不斷增加邊貿結算業務開辦網點，拓寬邊貿業務清算管道，為俄羅斯、蒙古的金融同業設計創新了多款跨境人民幣金融產品；交通銀行遼寧省分行發揮信貸、融資和結算網絡等方面的優勢，為港口、鐵路和海運等項目建設提供配

---

❻ 中國出口信用保險公司：〈中國信保與工商銀行簽署「一帶一路」戰略專項合作協議〉（二〇一五年七月十三日），http://www.sinosure.com.cn/sinosure/xwzx/xbdt/168750.html。

套支持與服務；浦發銀行上海分行對於推動條件成熟的重大項目實施建立「一項目一團隊」的營銷模式，鼓勵經辦支行根據項目的重要度進行分類，在分行層面建立專門的項目客戶協調溝通小組，負責相關項目業務和協調溝通問題；中國銀行廣西分行在東興推出「中銀邊民互市貿易卡」，該卡是廣西首張面向邊貿結算領域的聯名信用卡，具有小額授信的功能，既解決了邊民在開展小額互市業務過程中的資金短缺問題，又實現了在互市貿易過程中支付電子化，改變了以往單純的現金交易模式。

可見，在建設「一帶一路」的背景中，各家政策性和商業性金融企業的國際化業務在加速，而商業銀行也正發揮著政策性金融機構無法完全承載的重要支撐功能。以下將以中國銀行為例，通過以點帶面的方式呈現金融企業參與「一帶一路」的生動實踐。

(一)助力「渝新歐」國際貨運班列

為服務「渝新歐」國際鐵路貨運班列的運行，中國銀行積極發揮其國際化優勢，建立了由總行、重慶市分行以及法蘭克福、巴黎、盧森堡、米蘭、哈薩克、匈牙利、俄羅斯、波蘭、鹿特丹、布魯塞爾分行十家歐亞地區海外機構共同組成的「1＋1＋10」海內外聯動協調工作小組。同時，中國銀行與重慶經信委、重慶物流辦、渝新歐（重慶）物流公司、中鐵聯集、民生物流公司等相關政府部門和企業密切合作，借助龐大的海外網絡，對所在國家的汽車整車和零部件、電子機電、裝備製造、礦產、木材等行業開展了廣泛推介。這不僅促成了「渝新歐」往返程班列的成功開行，還有針對性地梳理和挖掘了一批潛在貨源客戶，涉及奔馳（賓士）、寶馬、大眾（福斯）、沃爾沃（富豪）、標緻雪鐵龍、菲亞特、盧森堡貨航、鹿特丹TIP Trailer、波蘭銅業公司、比利時富興地毯等知名公司。

二〇一四年七月，中國銀行與渝新歐（重慶）物流有限公司簽署戰略合作協議。除了繼續完善「1+10」機制和海外推介外，未來中國銀行還將加大「授信」額度，積極做好相關合作企業的配套服務，並配合口岸、海關、國稅，共同探索跨境商務出口退稅新模式，不斷為「渝新歐」的開行提供貨源保障。

(二)擴大人民幣境外融資功能

二〇一四年三月十四日，由中國銀行擔任獨家主承銷商，戴姆勒股份公司成功發行人民幣定向債務融資工具「熊貓債」，這是境外非金融企業在銀行間債券市場發行的第一支人民幣債券，標誌著中國債券市場正式建立起境外非金融企業境內融資管道。

二〇一五年一月二十八日，中國銀行作為聯席主承銷商之一，與法國巴黎銀行、法國農業信貸銀行、滙豐銀行和法國興業銀行共同協助法國社會保障債務管理基金（CADES）發行三十億元離岸人民幣債券，使CADES成為繼英國政府、加拿大不列顛哥倫比亞省政府、澳大利亞新南威爾士州政府之後第四個成功發行離岸人民幣債券的發達國家政府機構。

二〇一五年六月二十四日，中國銀行阿布扎比、匈牙利、新加坡、中國香港、台北等五家境外分行在國際金融市場發出以「一帶一路」為主題的債券，分別有五十億元人民幣、二十三億美元、五億歐元和五億新加坡元，折算合計四十億美元，主要用於支持相關境外分行「一帶一路」沿線項目融資，包括碼頭、電力、交通、機場建設等。這是中國銀行業迄今規模最大的境外債券發行，也是國際金融市場首筆以「一帶一路」為主題的債券。❼

❼ 孟翰禹：〈中行「一帶一路」人民幣債券上市〉，載《經濟日報》二〇一五年七月六日，第四版。

(三)支持中國企業參與國際併購

集成電路行業是國家新興戰略產業，封測產業營收規模佔中國集成電路產業總規模將近一半，但與國際一流的巨頭相比，在營收規模、研發能力、客戶服務能力、管理水平等方面還存在較大的差距。近年來，工信部和行業協會出台了一系列的產業扶持政策，支持行業通過兼併收購使中國企業躋身國際一流企業行列。長電科技股份有限公司是中國第一家半導體封裝測試行業上市企業，也是中國規模第一的封測企業。二〇一三年，長電科技進入世界集成電路封測行業第六名，是企業規模唯一進入全球芯片封裝測試市場排名前十的中國大陸公司。二〇一四年，長電將投資目標瞄向了總部位於新加坡的星科金朋，後者是世界排名第四的半導體封裝測試企業，在韓國、新加坡、中國、馬來西亞均設有工廠。然而，長電和星科金朋雙方在資產規模、營業收入等方面存在顯著差異，而且星科金朋業務覆蓋範圍非常廣，使得長電科技單憑一己之力難以完成此次收購。

在長電籌集的併購資金距離併購對價還有一億兩千萬美元缺口的背景下，中國銀行江蘇省分行組織精幹的併購業務小組進行材料分析和風險審批，幫助長電及時向出售方證明了其融資能力。同時，江蘇省分行作為國際併購貸款銀團帶頭安排行，搭建了境內保函銀團和境外貸款銀團兩層架構及保函銀團與境內直貸銀團兩大部分組合放款的雙重架構。由於涉及不同銀行差異化的收益結構、層層疊疊的抵質押擔保關係等銀團關鍵問題，這類業務往往極為複雜。憑藉強大的組織能力和操作技術，江蘇省分行成功吸引和協調中國內地、新加坡、香港、澳門四地的十四家銀行機構（包括中國國家開發銀行、中國進出口銀行、工商銀行、民生銀行，以及中國銀行新加坡分行、中國銀行澳門分行、香港中國銀行、工商銀行澳門、中國國家開發銀行香港分行等），出色地完成了該跨境併購銀團的組建工作，並在二〇一五年五月二十五日合攏。七月，長電科技正式放款完成交割，併購完成後將躋身全球半導體封測行業前三位，未來還能借助星科金朋的管道開拓國際業務。值得指出的是，長電經歷本次併購後還面臨著債務負擔沉重的困難。為此，中銀國際提前為長電做好定向增發佈局，不僅有利於保障長電日後獲得充足的現金流，也有利於穩定債務融資提供方的信心。

除了銀行、信保之外，支付和證券相關企業也在以實際行動參與「一帶一路」。截至二〇一五年上半年，中國銀聯已在「一帶一路」沿線五十個國家和地區實現銀聯卡受理，覆蓋率達到百分之八十，大大優化了當地的交易支付環境。在巴基斯坦，七成自動取款機和近九成銷售點（即POS機）可用銀聯卡；在蒙古，基本實現了自動取款機和銷售點受理全覆蓋；在哈薩克，近七成自動取款機和逾五成商戶受理銀聯卡，網點廣泛分佈於阿斯塔納、阿拉木圖等主要城市的機場、火車站、酒店、超市等；東盟十國也全部開通銀聯卡業務並實現了本地發卡，新加坡幾乎所有自動取款機和超七成商戶都受理銀聯卡，馬來西亞、泰國、菲律賓、越南的自動取款機覆蓋率也達到九成……值得指出的是，目前中國銀聯還在寮國、泰國等沿線國家加強金融基礎設施合作，分享中國銀行卡產業發展的技術和經驗，使「一帶一路」金融合作達到了新的深度。二〇一五年五月二十七日，上海證券交易所、中國金融期貨交易所與德意志交易所集團（Deutsche Börse Group）就共同建設離岸人民幣金融工具交易平台達成戰略合作協議，計劃在法蘭克福合資成立「中歐國際交易所股份有限公司」（China Europe International Exchange AG, CEINEX）作為營運機構，主要職能是研發和上市交易以離岸人民幣計價的證券和衍生產品。這被視作上交所和中金所繼滬港通後支持資本市場雙向開放、人民幣國際化和「一帶一路」建設的又一重要舉措。[8]

[8] 謝衛群：〈中德擬在德成立合資交易所〉，載《人民日報》二〇一五年五月二十八日，第二版。

二、裝備製造

近年來，以高鐵、核電為代表的中國裝備正越來越多地獲得國際市場的青睞，性能、口碑、競爭力俱佳的高端裝備製造已成為「中國製造」的新形象。在「一帶一路」建設過程中，推動高端裝備製造「走出去」乃至在當地扎根，不僅有助於擴大中國企業的國際份額，也能切實提升沿線國家的新型工業化水平。尤其值得指出的是，一些領域實現了從單純產品輸出到產品、工程、技術、標準和管理經驗全方位輸出的轉變。以下將分別以鐵路、核電與工程機械裝備為例，來展現優質中國製造類企業在沿線地區的精彩實踐。

(一)中國中車與動車組

當前，中國先進的鐵路裝備出口已實現六大洲全覆蓋，國際競爭力不斷增強。二〇一五年七月七日，中國出口至馬其頓的動車組在中國中車旗下株洲電力機車有限公司（簡稱「中車株機」）竣工下線。這是中國出口到歐洲的首個動車組項目，完全符合歐洲鐵路互聯互通技術規範（Technical Specification for Interoperability, TSI）標準，標誌著中國動車組開始真正進入歐洲市場。在此之前，中國出口到歐洲的軌道交通產品一般為電力機車、地鐵、輕軌列車，而動車組技術更加複雜、研製難度更大。事實上，對於合同要求的時速一百四十公里的動車組，中車株機採用了更高級別的時速一百六十公里的技術要求設計，為車輛的營運安全提供了冗餘，也是在為未來擴大編組增加運能。按照國際慣例，一列動車的生產週期為二十四個月或三十六個月，然而該列動車組從簽訂合同到下線僅用時一年，中國裝備製造的生產能力可見一斑。值得指出的是，歐洲市場對技術要求很高，但對價格並不是很敏感。因此，中車沒有採取外界想像的低價策略，而是憑藉高性能、高可靠性的產品打開了市場。[9]二〇一五年十一月十五日，中國出口歐洲的首列動車組從馬其頓首都斯科普里（Skopje）開動，成功抵達東部城市韋拉斯（Veles）。未來，中國動車組將在馬其頓全長約兩百一十五公里的線路上運行，承擔其國內百分之六十的鐵路客運運力。

在出口成套設備的同時，中國中車也開啟了在沿線國家建立生產基地的進程。馬來西亞地理位置優越，投資環境穩定，市場潛力巨大，是中國鐵路裝備和工程進入東盟市場與前往中東、澳大利亞和紐西蘭的重要橋樑，輻射和示範效應明顯。二〇一五年七月九日，中車株機帶頭組建的中國中車（馬來西亞）軌道交通裝備有限公司（又稱「東盟製造中心」）正式投產，具備年產一百輛、架修一百五十輛軌道列車的能力，年銷售額可達四億林吉特（Ringgit，約合六億三千兩百萬元人民幣）。這是目前中國鐵路裝備的首個海外製造基地，也是東盟十國中軌道交通裝備技術水平最高、生產能力最強的「鐵路工廠」，馬來西亞由此成為東盟首個擁有軌道交通裝備製造能力的國家。

據悉，軌道交通裝備領域的合作已成為中馬兩國高層密切關注的國家性工程。二〇一三年四月，東盟製造中心建設項目開工時，馬來西亞首相納吉布出席儀式並親自挖土奠基；二〇一五年五月二十六日，中國國務委員王勇帶隊考察東盟製造中心時提出，要將東盟製造中心建設成中馬經濟和產業發展的典範，使東盟製造中心成為「一帶一路」的第一批示範基地。

[9] 觀察者網：〈中國首列歐洲標準動車組下線　出口馬其頓運行時速一百四十公里〉（二〇一五年七月八日），http://www.guancha.cn/Industry/2015_07_08_326018.shtml。

目前，中車株機已成為馬來西亞軌道交通裝備市場百分之八十以上產品的提供者，而東盟製造中心的成功投產也標誌著中國中車在馬來西亞實現了由「產品輸出」向「產品、服務、技術、資本、管理全面輸出」的重要轉型。該中心的本地化不僅有助於強化中國中車與當地民眾的經濟和情感紐帶，也有助於進一步提升馬來西亞乃至東盟國家的鐵路工業水平。⑩

(二)中核、中廣核與「華龍一號」

「華龍一號」是中國具有完全自主知識產權的三代核電品牌，由中國核工業集團和中國廣核集團在中國幾十年核電建設營運成熟經驗的基礎上，汲取世界先進設計理念合作研發的自主創新成果，安全指標和性能指標完全滿足國際上對於三代核電技術的要求，經濟性卻大幅優於國際其他堆型。二〇一四年八月，「華龍一號」正式通過國家評審，為中國核電裝備「走出去」奠定了技術基礎。二〇一五年二月四日，中國與阿根廷兩國簽署關於在阿根廷合作建設壓水堆核電站的協議，授權中核集團與阿根廷核電公司負責具體實施，「華龍一號」海外第一單順利達成。高端核電裝備「走出去」所帶來的經濟效應是驚人的。據悉，一台「華龍一號」可帶動六百家左右裝備製造商、設備供應商價值三百億元人民幣的出口，加上燃料供應和技術支持等總計可達千億元。

二〇一五年八月二十日，作為中國向巴基斯坦出口的五座「華龍一號」中最早開工的項目，喀拉蚩核電站二號機組第一罐混凝土舉行澆築慶典活動，標誌著「華龍一號」走出國門，正式在海外落地。作為巴基斯坦目前最大的核電工程項目，喀拉蚩核電二號、三號機組建設項目是中國繼恰希瑪（Chashma）核電工程的第二個對外援建核電項目，也是中巴經濟走廊的標誌性工程，被巴基斯坦政府和民眾寄予厚望。項目總金額九十六億美元（其中中方貸款額為六十五億美元），由中核集團下屬的中國中原對外工程有限公司承建，採用國產三代核電技術「華龍一號」，發電能力為兩百二十萬千瓦，計劃於二〇二〇年發電。在此過程中，中國能建江蘇電建三公司負責機組常規島建築、安裝工程及部分土木工程、安裝工程和相關物項的採購等事宜。

除喀拉蚩核電廠之外，中核、中廣核等企業也正在加緊推動「華龍一號」走向拉丁美洲、東南亞、非洲和歐洲。二〇一五年九月七日，中廣核與肯亞能源與石油部核電局在中國大亞灣核電基地正式簽署關於肯亞核電開發合作的諒解備忘錄。根據諒解備忘錄，中廣核與肯亞核電局將基於「華龍一號」技術及其改進技術，在肯亞核電開發以及能力建設方面開展全面合作，包括研發、建設、營運、燃料供應、核安全、核安保、核廢物管理等領域。

二〇一五年十月二十一日，在中英兩國領導人見證下，中廣核與法國電力集團在倫敦正式簽訂了英國新建核電項目的投資協議，中廣核帶頭的中方聯合體將與法國電力集團共同投資興建英國核電項目，其中英國核電布拉德韋爾B項目擬採用「華龍一號」。這是中國企業首次主導開發建設西方發達國家的核電項目，不僅將有效帶動中國核電裝備向歐洲高端核電市場的出口，同時還有望引領中國核電產業全面參與英國核電的建設與管理。據悉，英國核電項目的落地對中廣核和「華龍一號」開拓國際核電市場產生了良好的示範效應，目前泰國、印尼、肯亞、南非、土耳其、哈薩克等多個國家均對「華龍一號」產生了強烈興趣。

⑩ 俞懿春、丁子：〈中國裝備打造東盟最強「鐵路工廠」（第一現場）〉，載《人民日報》二〇一五年八月十八日，第三版。

（三）三一重工集團與工程機械

三一重工股份有限公司是目前全球第五、中國最大的工程機械製造企業，在混凝土機械、挖掘機械、大噸位起重機械、樁工機械、移動港口機械等方面都為中國第一品牌。二〇一二年四月收購德國普茨邁斯特後，三一重工也成為了全球最大的混凝土機械製造商。根據二〇一四年年報，公司的混凝土機械銷售收入達人民幣一百六十億元，穩居全球第一。

在俄羅斯聯邦大廈（歐洲第一高樓）、蘇丹麥洛維大壩（非洲最大水電站）、孟買The One（世界最高純住宅型大樓）、上海環球金融中心（中國第一高樓）、阿倍野中心大廈（あべのハルカス，日本第一高樓）、杜拜塔（世界第一高樓）、阿爾及利亞嘉瑪清真寺（非洲最大清真寺）等諸多超級工程的建造過程中，都曾使用三一重工的裝備。在薩彥．舒申斯克（Sayano–Shushenskaya hydroelectric power station）水電站（俄羅斯最大、世界第六大水電站）的重建過程中，三一裝備本身所具備的發動機低溫啟動、低溫液壓油等專業技術，適應了俄羅斯冬季超低溫施工的苛刻要求，即使是在零下二十攝氏度的環境下，仍在正常作業。據介紹，在極度嚴寒的俄羅斯北極地區，一些工程中仍活躍著三一裝備的身影。

經過多年的國際化經營，三一重工已擁有五個海外研發製造基地（三一印度、三一美國、三一巴西、三一德國和普茨邁斯特〔Putzmeister〕）、十五家海外製造工廠和六個國際業務大區（亞太、南非、北非、中東、拉丁美洲和俄羅斯），大多分佈在「一帶一路」沿線。（參見圖6.1）其中，三一印度是當時中國企業在該國的最大投資，至今已擁有印度本地員工近一千名，佔百分之九十以上，成為名副其實的印度本土企業。

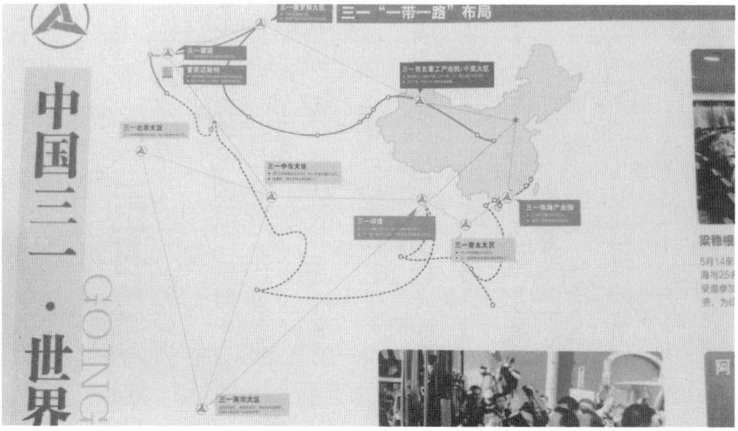

圖6.1　三一集團長沙總部大廳的大幅宣傳板

由於與自身的海外佈局和業務優勢高度契合，加上中國經濟下行引發的市場萎縮，三一重工對於國家「一帶一路」建設表現出了極大的積極性，總裁向文波稱之為「工程機械企業的春天」。除了在集團董事會成立「一帶一路」工作領導小組進行統籌，中國國內各部門和各海外大區還分工聯動，與政府部門、政策性金融機構、中國駐外使館、外國政府部門、外國駐華使館、中國大型工程承包企業等建立溝通機制與合作關係，全面挖掘、跟進項目和銷售機會。憑藉富有前瞻性的國內外佈局，三一重工得以迅速在「一帶一路」建設中尋找到自身的優勢與著力點。可以預見，隨著產業、基建、能源等「一帶一路」重點領域的全面推進，三一重工將得到更大的發展空間。

三、優勢產能

開展國際產能合作是企業參與「一帶一路」建設的重要途徑，它不僅有助於拓寬中國優質富餘產能的國際市場，也將有力地促進沿線國家的新型工業化進程。近年來的實踐表明，中國企業不僅為當地帶去了先進環保的生產線、可觀的稅收收入和大量的就業機會，也為其培養了一大批產業工人，大大提升了所在國的工業化水平。以下將分別以中國企業在埃及、南非、哈薩克、印尼開展產能合作的案例，來反映這一具有深刻歷史意義的新南南合作進程。

（一）巨石集團與埃及玻璃纖維生產線

巨石埃及玻璃纖維股份有限公司位於開羅往東一百三十公里的中埃蘇伊士經貿合作區，是中國玻纖股份有限公司子公司巨石集團在海外的第一個生產基地。二〇一一年埃及革命爆發時，巨石董事會決定在埃及投資兩億兩千三百萬美元建設一條年產八萬噸玻璃纖維的生產線。巨石埃及總經理陳紀明認為，在埃及建廠主要包括三重考慮：一是埃及地理位置優越，不僅可覆蓋歐盟和土耳其市場，還能輻射整個中東和非洲地區，運輸時間和物流成本可大幅減少；二是製造玻璃纖維的原材料高嶺土、石英砂、石灰石等可以就地採購，價格低廉且供應有充分保證；三是埃及和歐盟之間玻璃纖維的貿易是零關稅，在埃及建生產基地不僅能有效避開歐盟的貿易壁壘，還能省去至少百分之三十左右的稅費。

因此，從二〇一二年年初開始，歷經埃及革命的政局動盪和外國企業的紛紛撤離，巨石埃及工廠於二〇一四年五月份全面投產，採用了世界上最先進的超大型玻璃纖維池窯拉絲生產技術。這也成為了迄今為止中國在埃及投資金額最大、技術裝備最先進、建設速度最快的工業項目，是中國在海外自主建設的首條大型玻纖生產線。投產後的實際產能已經超過設計的八萬噸能力，且產銷率接近百分之百。據悉，自二〇一四年夏天以來，埃及駐華經濟公使艾伊曼在媒體採訪和公開演講中每談到中埃經濟合作時必然提及的中國企業就是「巨石」。

這一產能合作項目對中埃兩國而言，無疑是雙贏的結果。在陳紀明看來，不僅擴大了當地就業，為埃及培養了一批產業工人，還帶動了埃及上、下游產業發展，效果非常明顯。隨著業務的穩步上升，巨石集團將繼續追加投資，包括建設更多的配套工程，擴大玻纖製品生產和建設礦石粉料自加工等，目標在二〇一七年達到年產二十萬噸的目標。⓫

(二)冀東發展集團與南非曼巴水泥廠

近年來，隨著再工業化進程和基礎設施建設的加速，南非對水泥的需求也急劇上升。然而，南非絕大多數水泥廠都已建廠超過四十年，設備老化、技術落後，年產能僅為一千五百萬噸，遠不能滿足市場所需。同時，南非水泥生產成本與中國基本持平，但售價卻是中國國內的二．五倍到三．五倍。⓬因此，具備節能、環保、廉價等優勢的中國水泥生產企業，就很自然地成為了南非水泥市場的重要選擇。

二〇一三年三月，在中南兩國元首的見證下，曼巴水泥項目正式簽署。項目由河北省冀東發展集團、中非發展基金與南非婦女投資基金、南非梅麗莎家族信託公司共同出資，冀東發展集團承建。據悉，該項目總投資十六億五千萬蘭特（一蘭特約合〇．〇九三美元），其中九億蘭特為南非當地銀行項目融資貸款。不同於中國企業在進行海外投資與收購時傳統使用的內保外貸融資模式，這一項目的融

⓫ 高澤華：〈人民網探訪巨石埃及玻璃纖維股份有限公司〉（二〇一四年九月二十日），http://finance.people.com.cn/n/2014/0920/c387602-25698807.html；王琳：〈中國國際產能合作的埃及樣本〉，載《第一財經日報》二〇一五年六月二十四日，A3版。

⓬ 謝亞宏等：〈做好需求對接大文章——國際產能合作系列報道之二〉，載《人民日報》二〇一五年八月十九日，第二十三版。

資是通過項目未來的收益和現金流抵押給銀行進行貸款，無需母公司提供資產擔保，而由貸款銀行承擔項目風險。冀東發展集團相關負責人表示：這是中國企業第一項在非洲大陸成功的項目融資，不僅積累了冀東發展集團在海外投資融資成功經驗，而且為建材行業及其他中國企業開闢了一條新的海外融資道路。[13]同時，由於項目需從中國採購大量裝備，但南非蘭特不是自由兌換貨幣，常規投資一般是人民幣換成美元再換成蘭特，而蘭特對美元持續貶值，人民幣對美元持續升值，因此匯率問題對成本影響較大。為了減少南非蘭特與人民幣因美元匯率變動造成的成本影響，經與南非儲備銀行（South African Reserve Bank, SARB）反覆溝通，後者最終同意用人民幣驗資並與蘭特形成固定匯率。[14]因此，這一項目是中國企業在海外使用人民幣投資的首例，為人民幣國際化與國際產能合作的相互促進積累了經驗。

二〇一四年六月底，水泥廠正式開工建設。除了直接帶來產能和生產線外，帶來直接就業近三百人、間接就業近一千人，還帶動了原料供應、道路修建和物流暢通。二〇一五年七月，曼巴水泥廠提前八個月建成，是南非第一條帶餘熱發電的水泥生產線，綜合電耗較傳統水泥廠降低百分之三十以上。投產後將日產水泥熟料兩千八百噸，設計能力年產一百萬噸水泥熟料。一般來說，水泥生產是高污染行業。但曼巴水泥廠將純低溫餘熱發電、低耗能裝備引進南非，不僅將污染降到了最低，完全達到甚至超過了南非標準，還在污水處理和餘熱發電上做得有聲有色，帶動南非水泥行業進入2.0時代。鑑於該項目採用了大量先進的節能環保技術，南非貿工部給予項目一億七千萬蘭特現金及稅收減免獎勵，這是中國企業第一次在境外拿到如此大額的補貼。可以說，曼巴水泥廠項目是兼顧社會效益、產業升級和節能環保效益的典範。

對於這一雙贏的產能合作項目，曼巴項目總經理馬吉全表示：這是冀東發展集團第一次走出國門。對於這個百分之九十五以上的設備都是從中國採購的水泥廠，我可以自豪地說，冀東把最成熟的技術、

最好的設備帶給了非洲。⓯

（三）中信集團與哈薩克阿克套瀝青廠

位於裏海之濱的阿克套瀝青廠由中信集團和哈薩克石油天然氣公司（KazMunayGas, KMG）共同投資，總投資額近三億美元，建設歷時近三年，是迄今為止中哈兩國在非資源領域最大的合資項目。

近年來，哈薩克正謀求歐亞大陸物流中心地位，一大批道路等基礎設施改建項目啟動，對瀝青的需求旺盛。然而，由於產業鏈缺失，哈薩克瀝青生產能力一直嚴重不足，近九成需從俄羅斯進口，給基礎設施建設造成很大制約。二〇一三年十二月二十日，中哈兩國企業合建的阿克套瀝青廠正式投產營運，成為哈薩克獨立後興建的第一座現代化石油加工企業，每年可生產四十五萬噸高等級瀝青，足以滿足哈薩克全國道路建設需求，從而結束該國長期以來高度依賴進口道路瀝青的歷史。同時，由於哈薩克絕大部分地區的冬夏季溫差在八十攝氏度左右，對道路瀝青的質量要求極高。通過從中國引進成套工藝設備並對接哈方技術標準，阿克套瀝青廠產出的瀝青完全能滿足高等級道路建設需要，填補了哈薩克生產改性瀝青的空白，具有重要的經濟乃至戰略意義。

在投產儀式上，納扎爾巴耶夫（Nursultan Äbishuliy Nazarbayev）總統通過視頻連線表示：「阿克

⓭ 吳新光：〈冀東發展集團投資南非曼巴水泥項目〉，載《河北經濟日報》二〇一四年三月十五日，第一版。

⓮ 倪濤：〈人民幣國際化在非洲不斷提速〉，載《人民日報》二〇一五年八月十日，第三版。

⓯ 蔣安全、倪濤：〈產能合作，把最好的技術設備帶給非洲——曼巴水泥項目產生樣板效應〉，載《人民日報》二〇一五年七月二十一日，第三版。

套瀝青廠項目的建成來之不易，非常感謝中信集團最終幫我實現了這個願望。哈薩克擁有豐富的原料，但沒有自己的瀝青。現在我們終於可以依靠自己的力量保障國家道路建設，這是一件幸事！」據悉，在三年建設期間，阿克套瀝青廠項目為所在的曼吉斯套州創造了兩千多個就業崗位；投產營運後，還能保障超過五百人就業。值得指出的是，阿克套瀝青廠位於連接中國西部和歐洲西部的「雙西公路」沿線，它的順利投產建成也為絲綢之路經濟帶跨境公路的互聯互通提供了堅實的基礎。⑯

(四)中民投與印尼產業園鋼鐵項目

中國民生投資股份有限公司（簡稱「中民投」）是中國最大的民營投資集團，由中國五十九家知名的民營企業發起成立，參股股東均為大型民營企業，註冊資本五百億元人民幣。二〇一五年三月二十七日，中民投宣佈將帶領數十家中國優勢產業龍頭民營企業，共同在印尼投資五十億美元建設中民印尼產業園，且投資規模短期內將超過百億美元。這也被視作中民投參與國家「一帶一路」建設的最新舉措。

據中民投總裁李懷珍介紹，印尼和中國兩國的發展階段有很強的互補性，中國的優勢產能和印尼目前開始工業化階段的市場需求正好相吻合。例如，印尼是鋼鐵進口大國，鋼鐵年需求量是三千萬噸，其國內產量只有七百萬噸，近年來的需求量隨基礎設施建設的加速而持續攀升。有鑑於此，中民印尼產業園目前主要聚焦基礎建設、能源建設等領域，將優先引入包括煤化工、電解鋁、鋼鐵、電廠、水泥、碼頭、遠洋捕撈、互聯網、通信等產業。在已經確立的數個項目（包括鋼鐵、水泥、鎳礦和港口等）中，最快的是總投資額達到十六億美元的鋼鐵項目。項目將分兩期建設，初步計劃每年鋼材產能達到六百萬噸，在為當地創造相當數量的工作崗位的同時，也將提升印尼的基礎設施建設能力。⑰

四、電力

電力短缺是「一帶一路」沿線許多國家共同面臨的挑戰，有的甚至將其列為阻礙國家發展的頭號難題。近年來，中國企業越來越多地在沿線國家承建各種大型電力工程，不僅為當地培養了一批電力專業人才，將高效、清潔、綠色的電力工程留在了當地，還把中國先進、成熟、安全的營運經驗授予所在國。以下將分別通過中國電力企業在斯里蘭卡、幾內亞、奈及利亞（尼日利亞）等國建設營運電力設施的案例，來展現「一帶一路」因中國企業而被照亮的生動故事。

（一）斯里蘭卡普特拉姆燃煤電站

對於剛走出三十年內戰陰霾不久的斯里蘭卡而言，充足的電力供應是其實現工業化和經濟騰飛的重要保障。長期以來，斯里蘭卡主要依靠燃油發電，發電成本大約在每度電二十五至四十盧比之間，電價居高不下嚴重制約了其國內的經濟發展與民眾生活。普特拉姆（Puttalam）燃煤電站的建設投產徹底改變了這一局面，有人曾用中國的三峽工程來類比，然而它對於斯里蘭卡的意義卻遠遠大於三峽之於中國。這座被印在斯里蘭卡一百盧比面值鈔票上的電站不僅是該國第一座燃煤電站，也是斯里蘭卡建國以

⑯ 黃文帝：〈中哈合資瀝青廠建成投產（第一現場）〉，載《人民日報》二〇一三年十二月二十二日，第三版。

⑰ 沈寅：〈中民投整　合民營資本走出去（共建「一帶一路」）〉，載《人民日報》二〇一六年一月九日，第一版；楊柳晗：〈中民投「一帶一路」戰略起航　首個項目瞄準印尼鋼鐵〉（二〇一五年四月二十一日，一財網），http://www.yicai.com/news/2015/04/4608902.html。

來最大的工程建設項目。（參見圖6.2）

從二〇〇七年開始，在中國進出口銀行逾十三億美元貸款的支持下，由中國機械設備工程股份公司承建、中國能源建設有限公司設計監理的普特拉姆電站開展了為期七年的施工建設。二〇一四年九月十六日，習近平訪問斯里蘭卡期間，兩國領導人共同出席了普特拉姆電站全面啟用的視頻連線儀式。拉賈帕克薩（Mahinda Rajapaksa）總統在儀式上宣佈，從即日起下調全國電價和油價，引發斯里蘭卡國內強烈反響。作為目前斯里蘭卡發電量最大的電站，普特拉姆電站總裝機容量九十萬千瓦，佔其國內現有發電機裝機容量的三分之一以上。同時，發電成本僅為八盧比（合人民幣〇．四元），可使電價降低四分之一左右。

二〇一五年五月，斯里蘭卡電力與能源部長拉納瓦卡表示，普特拉姆燃煤電站全面啟用以來，運行始終安全可靠，未發生過一起停電事故，其發電量佔到全國用電總量的百分之四十至百分之六十，不但極大緩解了斯里蘭卡用電需求壓力，而且大幅降低了電價，惠及斯里蘭卡每個家庭、政府機構和私營企業。值得稱道的是，除了建設以外，中方還將培訓斯方技術人員，確保業主方能夠真正熟練掌握電站的管理

圖6.2　斯里蘭卡普特拉姆燃煤電站

營運技術，從而為斯里蘭卡培養起一批電力工業所需的專業人才。同時，電站在環保上嚴格按照世界標準設計和營運，以至於曾有包括當地媒體在內的許多人因從煙囪裡看不到一絲煙霧而誤以為電廠停止運行，而這也正詮釋了「一帶一路」的綠色屬性。⑱

(二)幾內亞凱樂塔水電站

位於幾內亞西部孔庫雷河（Konkouré River）流域的凱樂塔水電站（Kaleta hydropower station）是迄今為止中幾兩國合作開發的最大水電項目，被視為事關幾內亞國家發展的「總統工程」。項目總投資額為四億四千六百萬美元，由中國進出口銀行提供百分之七十五貸款（剩下百分之二十五由幾內亞政府出資），中國三峽集團旗下中國水利電力對外公司以EPC總承包模式（Engineering, Procurement, Construction）承建，裝機容量達二十四萬千瓦，相當於此前幾內亞全國水電、火電的裝機總量。二〇一二年四月十八日，項目正式開工，工程設計全部採用中國規範，永久機電設備也全部從中國進口，上千名中方員工先後投入其中。

據悉，在施工期間，全體施工人員先後面臨瘧疾、霍亂、伊波拉（Ebola）病毒肆虐、幾內亞國家政局動盪等考驗，克服了原材料依賴進口影響工程進度、自然人文條件惡劣、增加工程維護內容、當地技術工人欠缺、資源投入受制約等實際困難，有條不紊、保質保量地完成大壩澆築、機電安裝、大壩蓄

⑱ 楊梅菊等：〈普特拉姆燃煤電站——創造斯里蘭卡多項歷史紀錄的中斯合作項目〉（二〇一四年九月二十一日，新華網），http://news.xinhuanet.com/tgg/2014-09/21/c_1112563735.htm；黃海敏：〈斯官員說普特拉姆燃煤電站是斯中合作典範〉（二〇一五年五月十三日，新華網），http://news.xinhuanet.com/world/2015-05/13/c_1115276107.htm。

水等一系列節點目標。

二〇一五年五月，首台機組正式併網發電，成功進入商業運行階段，首都科納克里（Conakry）以及周邊等十一個省區用上了凱樂塔送來的電能，至少四百萬幾內亞民眾從中直接受益。為紀念這個在幾內亞國家歷史上具有標誌性意義的超級工程，幾內亞中央銀行將凱樂塔水電站的工程效果圖作為二〇一五年新版貨幣中面值最大的兩萬幾內亞法郎的背面圖案（參見圖6.3）。凱樂塔水電站的順利投產發電，將從根本上改善幾內亞的能源狀況，為當地工業、礦業發展奠定基礎，也使普通民眾的日常電力需求得到切實保障。值得指出的是，根據西非水電合作意向，凱樂塔水電站還將向周邊國家出口百分之三十的生產電力。⑲

（三）吉爾吉斯南北電力工程

吉爾吉斯水利資源豐富，但其南部水電站長期需繞道鄰國才能向北方輸電。一到冬天，吉爾吉斯

圖6.3　幾內亞二〇一五年版兩萬法郎紙幣

全國的電力供應就會嚴重不足。由中國新疆特變電工股份有限公司承建的達特卡—克明500千伏輸變電工程於二〇一二年八月開工，不僅是目前中吉兩國最大的電力合作項目，也是上海合作組織框架內中國優惠貸款重點項目和中國進出口銀行重點支持項目。值得指出的是，該項目是世界上施工環境和條件最艱苦的電力工程之一，施工線路長達四百多公里，工程區域中的百分之八十處於長年積雪的崇山峻嶺和偏僻荒寂的無人區、無路區，最高海拔達四千多公尺。據悉，在項目招投標期間，有英美等國的企業曾競相諮詢，但在實地考察後紛紛知難而退。特變電工憑藉豐富的高海拔作業經驗，迎難而上，並做好了充足的準備。三年來，特變電工投入兩千多名人員和上百台大型機械設備，逢山開路，遇水搭橋，用世界一流的設計、技術和裝備，提前半年完成項目建設。為了確保項目的順利完成，項目工人克服了常人難以想像的艱辛。

二〇一五年八月二十八日，達特卡—克明500千伏輸變電工程竣工儀式在吉爾吉斯東北部小鎮克明舉行。該項目構建了吉爾吉斯電網南北主幹線，使得南部豐富的水電直接輸送到缺電的北部和首都比什凱克地區，結束了吉爾吉斯國內電力輸送需要借道鄰國的歷史，實現了國家電網獨立輸電和國內外互聯。[20]

(四)奈及利亞宗蓋魯水電站

宗蓋魯水電站是當前奈及利亞在建的最大水電站，總裝機容量將達到七百兆瓦，由中國電力工程

[19] 李志偉：〈「西非水塔」變西非電塔〉，載《人民日報》二〇一五年十月十日，第十一版。

[20] 謝亞宏、陳效衛：〈中企為吉爾吉斯斯坦打通「電力生命線」〉，載《人民日報》二〇一五年八月三十日，第三版。

有限公司和中國水利水電建設股份有限公司承建，工期六十個月。長期以來，電力短缺嚴重制約了奈及利亞經濟社會發展。因此，中國企業的承建工程得到了奈及利亞官方和普通民眾的熱烈歡迎。二〇一三年五月二十八日，項目在奈及利亞總統喬納森的見證下正式啟動。據報導，尼日爾州（Niger State）的理髮師傑弗里每月的收入為三萬奈拉（Nairas，約合兩百美元），但要花兩萬奈拉購買柴油用於發電。因此，在得知宗蓋魯水電站即將開工的消息後，他激動得一大早就跋涉五十多公里來到現場。[21]建成以後，電站將為奈及利亞國家電網提供年平均二十六億四千萬千瓦時發電量，建設期內將為當地民眾創造一萬五千個就業機會。

尤其值得指出的是，該水電站的建設也正是中國國務院總理李克強倡導的國際產能三方合作的典型案例。二〇一五年七月二十二日，法國能源行業巨頭阿爾斯通公司（Alstom）宣佈，該公司已獲得來自中國電力工程有限公司的合同，將為宗蓋魯水電站提供機電設備和技術服務。[22]可以預見，隨著「一帶一路」建設的深入推進，未來將有越來越多的中國電力企業與歐美優質公司開展合作，共同為沿線發展中國家提供從裝備、工程、技術到人才、營運、管理的一整套專業服務。

五、通信

資訊和通信是「一帶一路」沿線許多國家的薄弱領域。近年來，伴隨著中國資訊和通信企業「走出去」步伐的加大，它們為沿線國家（尤其是發展中國家）正提供著豐富、優質和前沿的服務。其中，既有中國移動、中國聯通、中國電信等大型電信營運商，也有華為、中興通訊等全球一流的設備提供商和解決方案供應商。中國企業在當地的扎根實踐，或是有助於填補一些國家通信基礎設施的空白，或是促成其在短時間內迅速向智慧化、數位化邁進。可以說，中國企業對外輸出的已不僅僅是通信設備，而是集設備、自主技術、國產標準、解決方案和營運管理經驗於一體的綜合性服務。以下將以華為和中興通訊為例，重點展現中國一流通信企業在「一帶一路」沿線所提供的高端產品與服務，而這種投資和貿易形態的進階也有可能成為新的常態。

（一）華為公司

作為全球領先的資訊和通信解決方案供應商，華為公司（Huawei）已在一百六十個國家和地區開展業務，銷售收入連續多年位居全球第一。在「一帶一路」沿線的許多國家，都活躍著華為的身影。

二〇一三年九月，在習近平訪問哈薩克並提出絲綢之路經濟帶倡議期間，華為與哈薩克電信集團簽署合作協議，在兩年內為哈薩克建成覆蓋全境的4G網絡。這是目前中亞地區最大的通信網絡項目，將大幅提高當地的行動通信質量，為當地民眾帶來更多便利；同時，華為現在供應著吉爾吉斯電信包括傳輸網基站和計費系統全部的主要設備，提供除首都以外所有區域的無線、微波傳輸設備，並建立了覆蓋整個首都的該國第一張4G網絡；二〇一四年五月，華為得標衣索匹亞輕軌項目通信分包全部合同，這是華為在非洲地區首個城市軌道交通綜合性資訊通信技術（information and communication technology,

㉑ 李淙：〈中國公司承建非洲九成水電站〉，載《人民日報》二〇一三年六月一日，第十一版。

㉒ 韓冰：〈阿爾斯通獲中企合同參與尼日利亞最大水電項目〉（二〇一五年七月二十二日，新華網），http://news.xinhuanet.com/world/2015-07/22/c_1116010508.htm。

ICT）解決方案。通過創新的技術和高性能產品，華為將助力衣索匹亞首都阿迪斯阿貝巴構建「智慧城市」；二〇一五年六月十八日，華為與坦尚尼亞政府在達累斯薩拉姆（Dar es Salaam）簽署諒解備忘錄，以幫助坦尚尼亞在軌道交通綜合性資訊通信技術領域的發展。坦尚尼亞通訊與科技部長姆巴拉瓦（Makame Mbarawa）在致辭中表示：作為全球首屈一指的企業，華為在坦尚尼亞的軌道交通綜合性資訊通信技術發展中扮演了重要角色。華為為幫助坦尚尼亞消除數位鴻溝作出了很大貢獻。今天簽署的合作備忘錄見證了華為在坦尚尼亞的突出成就，也將深化華為在坦尚尼亞的技術轉移。[23]由華為設計、建設和維護的中國—中亞天然氣管道數位化項目是體現中國通信企業強大實力的又一個經典案例。眾所周知，油氣田和管道等能源項目每天產生大量數據需要分析，但因其規模龐大，人工管理費時費力。若將這些數據完全由資訊與通信系統自動處理，不僅將極大地解放人力，降低成本，還能提高統計的準確性。在此背景下，能源系統數位化應運而生。中國—中亞天然氣管道中亞段長四千多公里，其數位化建設從二〇一〇年開始，目前已經全部由華為方案覆蓋。營運兩年多來，該天然氣管道系統數位化一直運轉正常，不僅提升了華為在能源數位化領域的地位，也使中亞各國在能源現代化改造的過程中認識到數位化的重要作用。據報導，該系統最大的特點在於其高度集成性，通過將數位化管道內的所有通信系統融合至一個平台進行統一管理，在保證使用可靠性的同時，大大降低了數據保存和管理等程序的難度。在這片廣袤的區域裡，有近十萬個數據點，每天經四十多個站點向管理中心全天候即時上傳海量生產數據。同時，通過可視化監控，系統可以在第一時間對事故發出警報。數據顯示，該管道在進行數位化營運後，總體成本降低了百分之五十，事故率下降了百分之四十，效率提高了百分之三十。相較於國外同類技術，華為方案的優勢更為明顯。[24]目前，華為正在全球推進能源數位化業務，而「一帶一路」沿線地區正是其中的重點。

(二)中興通訊股份有限公司

與華為類似，中興通訊股份有限公司也致力於為全球的電信營運商和企業網客戶提供創新技術與產品解決方案，而「一帶一路」沿線正是其業務覆蓋的重點區域。在參與「一帶一路」的過程中，一方面，中興致力於打造或升級沿線國家的通信基礎設施，如在建設3G基礎上大規模啟動4G行動通信網絡建設，加快沿線國家的有線寬頻建設，加大智慧型手機投入，打造優質終端產品服務等。另一方面，中興則在智慧城市、鐵路通信系統解決方案、數位電視地面廣播傳輸系統（Digital Terrestrial Multimedia Broadcast, DTMB）標準高清數位電視等極富潛力的新興領域，為沿線國家提供完整的軌道交通綜合性資訊通信技術解決方案。

智慧城市。目前，中興的「智慧城市」項目已經遍佈全球四十多個國家的一百四十多個城市，提供了涵蓋產品方案、集成交付、融資營運在內的一整套解決方案，並成功使其建成落地。二〇一五年五月，中興與俄羅斯電子股份公司（Roselektronika）簽署價值十二億元人民幣的合作框架協議，雙方將共同研究啟動俄羅斯國內「智慧城市」、「智慧交通系統」等領域建設。隨著「一帶一路」建設的全面展開，中興有望在沿線重點國家和節點城市獲得更多的智慧城市項目機會。

鐵路通信系統解決方案。目前，中興已先後與越南、烏茲別克、俄羅斯等外國鐵路系統展開合作。憑藉自身先進的硬體和軟體優勢，尤其是在綜合專用數位行動通信系統（GSM-R）領域積累的雄厚技術

㉓ 張平：〈華為助力坦桑尼亞信息通信技術發展〉（二〇一五年六月十九日，新華網），http://news.xinhuanet.com/world/2015-06/19/c_1115669702.htm。

㉔ 謝亞宏：〈中國技術引領能源數字化〉，載《人民日報》二〇一五年八月二十一日，第三版。

基礎，為鐵路系統提供完善的解決方案。GSM-R系統基於GSM技術標準，並在其基礎上增加了鐵路運輸專用調度通信功能，成為當前主流的鐵路集群標準。作為全球最主要的GSM-R設備提供商之一，中興的GSM-R系統具有領先的分佈式基站組網方式和高安全性冗餘設計，已通過歐洲綜合鐵路無線增強網絡規範的測試和認證。二〇一二年年底，中興獨家得標俄羅斯鐵路公司（JSC Russian Railways）GSM-R通信系統項目，合同金額超過一億美金，涉及調度系統、智能網、監聽、傳輸、電源、終端等在內的全套解決方案，為俄羅斯鐵路列車調度系統和控制系統提供安全可靠的通信保障和營運保證，極大地提升鐵路運輸安全、效率和服務質量。[25]由於鐵路已成為「一帶一路」建設的重點內容，且中國鐵路企業越來越多地承擔海外營運管理，中興的ICT解決方案將獲得更大的用武之地。

DTMB標準高清數位電視。二〇一五年四月二十日，在兩國領導人的見證下，中國地面數位電視DTMB標準在巴基斯坦落地項目正式揭牌，這是中巴經濟走廊的第一個落地項目。在此過程中，中興與巴基斯坦國家電視台共同組建了DTMB實驗局，並提供了全套設備和設計規劃方案，最終促成高清數位電視信號成功開播。巴基斯坦有近兩億人口，電視在普通民眾的日常生活中扮演著相當重要的角色，現有電視傳輸技術升級改造的需求很大。但是，由於巴基斯坦地理和氣候環境複雜，通過鋪設光纖來實現大規模信號覆蓋難以實現，DTMB標準無線發射信號技術則有效解決了這一難題。早在多年前，巴基斯坦國家電視台就已針對數位電視標準展開研究，並分別對歐洲、美國、日本和中國的數位電視標準進行技術、產業鏈成熟度等方面的比較，最終選擇了中國的DTMB標準。二〇一五年三月，中興與巴基斯坦公司承建的第一座DTMB標準數位電視信號傳輸基站在伊斯蘭堡附近建成，能通過無線方式向周圍五十公里區域輸送信號，用戶只需安裝機上盒就能免費收看節目。[26]為此，巴基斯坦國家電視台台長馬力克高興地表示：模擬信號轉換到數位信號，標誌著巴基斯坦廣播電視進入了新的紀元。廣大巴基斯坦人民將很快感受到廣播電視內容的巨大變化。感謝中興通訊為了展示中國DTMB標準所做出的一切努力。[27]作為中國擁有自主知識產權的新一代資訊技術標準，DTMB標準在巴基斯坦的落地有利於推動該國電視和媒體等相關行業的技術升級，提高巴基斯坦民眾的觀看體驗。據悉，巴基斯坦國家電視台正在推行全國數位電視廣播系統項目，旨在替換現有的類比電視（Analog television）廣播系統，實現全國電視廣播系統的全面數位化與高清化。中興在前期合作中展現出的強大實力，使其有望成為該項目的重要合作夥伴，提供全套解決方案和營運管理經驗。以此為契機，中國電子資訊行業的許多上下游配套產業也將迎來巨大的海外市場機遇。

六、鐵路

作為人員往來和貨物運輸的重要載體，鐵路建設不僅是一國或跨國互聯互通的關鍵途徑，也是沿線地區經濟發展的推動力和輻射源。因此，許多國家都將大型鐵路作為國家經濟社會發展的大動脈，而這也正與中國企業積累的一整套設備、技術、工程、營運、管理經驗相契合。隨著「一帶一路」倡議的

㉕ 通文：〈中興通訊獨攬俄羅斯鐵路 GSM-R 通信系統項目〉（二〇一二年十月十七日，通信產業網），http://www.ccidcom.com/plus/view.php?aid=187155。

㉖ 徐偉：〈中國數字電視DTMB國際標準落地巴基斯坦〉，載《人民日報》二〇一五年四月二十一日，第二十一版。

㉗ 新華社：〈中國地面波數字電視國際標準DTMB在巴成功落地〉（二〇一五年四月二十一日），http://news.xinhuanet.com/info/ttgg/2015-04/21/c_134170725.htm。

提出，中國優質鐵路建設企業的國際化進程明顯加快。僅二〇一四年，中國企業參與境外鐵路建設項目三百四十八個，比二〇一三年增加一百一十三個；累計簽訂合同額兩百四十七億美元，同比增長三倍多。一個個標誌性的工程，正是企業參與「一帶一路」建設實實在在的成果。以下將分別以中鐵建、中國路橋和中國中鐵在海外承建的重要鐵路工程為例，展現中國企業為促進沿線國家地區互聯互通和經濟社會發展的精彩故事。

（一）中鐵建與土耳其安伊高鐵

中國鐵道建築總公司（簡稱「中鐵建」）是目前在海外鋪軌里程最多、海外鐵路項目在手合同額最多的中國企業，曾五次刷中國對外承包工程最大單體合同額紀錄。

二〇一四年七月二十五日，由中鐵建和中國機械進出口（集團）有限公司（簡稱「中機公司」）帶頭、土耳其當地企業共同建設的安卡拉（Ankara）至伊斯坦堡（Istanbul）高速鐵路二期工程順利實現通車，從而使兩大城市之間每天的鐵路客流量從原來的四千人次增加到兩萬五千人次以上，而鐵路客運量將從佔總量的百分之十提升至百分之七十八。在通車儀式上，埃爾多安（Recep Tayyip Erdo an）總統高興地表示，「這條高鐵的貫通具有偉大的意義，土耳其是世界上第八個，也是歐洲第六個擁有高鐵的國家，這是值得紀念的一天」。中國駐土耳其大使郁紅陽則指出，安伊高鐵的成功開通是中土共建「一帶一路」所取得的第一個成果。[28]

安伊高鐵是土耳其「東西線鐵路」戰略規劃的重要組成部分，全程約五百三十三公里，設計時速兩百五十公里，全部採用歐洲標準建造，中方承建的路段全長一百五十八公里。這一合同金額達十二億七千萬美元的工程是中土兩國迄今為止最大的合作項目，也是中國企業在海外修建的第一條高鐵，不僅在當時刷新了中國對外工程承包單項合同總額紀錄，也為未來中國高鐵全面「走出去」積累了寶貴經驗和良好聲譽。值得指出的是，中方承建的施工路段雖然不到總里程的三分之一，卻包括三十七座、總長度約四十五公里的隧道，以及總長度十公里的橋樑，是全線建造工程中任務最艱巨的一段。㉙

安伊高鐵的開通不僅正在重塑土耳其的經濟地理格局，而且更深刻地改變著普通人的生活方式。據中國鐵建土耳其分公司總經理鄭建兵介紹，公司項目部聘用的一位土耳其姑娘住在安卡拉郊外的小鎮上，之前上班乘坐巴士需要四個小時，而高鐵開通之後耗時不到一小時。在離安卡拉不遠處，有個叫帕穆科瓦的小鎮原先沒沒無聞，在安伊高鐵建設過程中，中國施工人員的進駐直接拉動了當地的工業、建築業、農業和餐飲等行業。高鐵通車後，到首都只需一個小時，更讓這個小鎮越發活躍，人們無論是在當地就業還是外出務工，都變得十分便捷。㉚

目前，除了安伊高鐵之外，中鐵建還成功建成了全長一千三百四十四公里的安哥拉（Angola）本格拉（Benguela）鐵路，這是二十一世紀以來中國人在海外修建的最長鐵路，未來將與安贊、坦贊鐵路（Tanzania Zambia Railway）及周邊國家鐵路網接軌，有力促進南部非洲鐵路的互聯互通；承建了總金額高達一百一十九億七千美元的奈及利亞阿布賈（Abuja）至卡杜納（Kaduna）鐵路，這是非洲首條按中國鐵路技術標準修建的現代化鐵路，奈及利亞的很多村莊都因中國鐵建的到來而擁有了第一所學校、

㉘ 范珣：〈土耳其安伊高鐵通車　系中企海外修建首條高鐵〉（二〇一四年七月二十六日），http://www.guancha.cn/Project/2014_07_26_250538.shtml。

㉙ 劉睿：〈中國高鐵，助力土耳其聯通「新絲路」〉，載《人民日報》二〇一五年九月二十二日，第二十一版。

㉚ 李瀟等：〈中東湧動新期盼（絲路觀察）〉，載《人民日報》二〇一四年十二月九日，第十三版。

第一條公路、第一批產業工人；承建了衣索匹亞至吉布提（Djibouti）鐵路，這個項目全部採用中國標準，從設計、施工、監理，到軌料、施工裝備、通信訊號和電氣化設備、機車車輛，全部使用中國產品。

(二)中國路橋與肯亞蒙奈鐵路

作為肯亞百年來建設的首條新鐵路，由中國交通建設集團（簡稱「中國交建」）下屬中國路橋責任有限公司（簡稱「中國路橋」）承建的蒙奈鐵路位於東非鐵路網的起始段，連接肯亞首都奈洛比（Nairobi）和東非第一大港蒙巴薩港（Mombasa Port）。全長四百八十五公里，設計運力兩千五百萬噸，完全採用中國國鐵一級標準進行設計施工，設計客運時速一百二十公里、貨運時速八十公里。根據遠期規劃，未來蒙奈鐵路還將南下經過盧安達（Rwanda）連通布隆迪、北上通往南蘇丹共和國，成為名副其實的「非洲大動脈」。

在蒙奈鐵路修建以前，高昂的運輸成本使得肯亞部分商品物價甚至高於中國不少沿海城市。據悉，從中國到蒙巴薩港海運一個二十呎的貨櫃的距離約為一萬三千公里，運輸費用約為一千七百美元；而從蒙巴薩港到奈洛比，儘管地面運輸距離不到五百公里，運費卻高達一千美元。因此，修建高規格的蒙奈鐵路並進而全面升級肯亞鐵路網就成為了肯亞乃至東非國家的共同心願。二〇一二年，中國路橋與肯亞鐵路局簽署了蒙奈標軌鐵路項目土建部分設計、採購、施工總承包合同。二〇一三年十一月二十八日，肯亞舉行蒙奈鐵路開工儀式。總統肯雅塔（Uhuru Muigai Kenyatta）滿懷期待地表示：今日這一宏偉工程不僅將徹底改變肯亞，整個東非也將受益匪淺，建成後將為當地降低超過百分之六十的運輸成本。

[31]二〇一四年五月十一日，中國國務院總理李克強、肯亞總統肯雅塔以及來自東非其他五國的總統或外長，共同見證了中肯關於蒙奈鐵路融資協議的簽署，涉及金額三十八億零四百萬美元。李克強表示，蒙奈鐵路是中非從次區域合作起步，共同建設非洲高速鐵路、高速公路和區域航空三大網絡的重大項目，中方願同各方分享鐵路建設方面的技術和經驗，積極開展設計、建設、裝備、管理、人才培訓、項目融資等合作。[32]

蒙奈標軌鐵路預計將於二〇一八年前正式投入營運，東非地區很多國家到出海口都將使用這段鐵路，而這也正是中國通過共建「一帶一路」為地區發展提供的公共產品。屆時，營運了一百多年、時速僅四十公里、年貨運量僅一百多萬噸的肯亞老窄軌鐵路將逐步退出歷史舞台，而從蒙巴薩到奈洛比的時間將從目前的十五小時縮短到四小時。

值得指出的是，蒙奈鐵路施工建設期間，除了使用中國高端的鐵路設備、機車、信號之外，也將大量採購本地材料。正如中國路橋蒙奈鐵路項目總經理部對外聯絡部經理李聚廣所說：凡是能在肯亞市場採購的材料、機械、設備和服務等，我們就不考慮從國際市場採購，最大程度地吸納當地合作夥伴參與蒙奈鐵路建設，拉動肯亞相關產業發展。[33]據悉，蒙奈鐵路建設將為肯亞創造近三萬個工作崗位，推動GDP增長百分之一．五，並累計培養五千名鐵路施工人才。為確保該鐵路項目建成後的營運和維護，

---

31 胡錦洋、丁良恆：〈肯尼亞東非鐵路正式開工　由中國公司承建〉（二〇一三年十一月三十日，環球網），http://world.huanqiu.com/exclusive/2013-11/4616474.html。

32 張藝、俞錚：〈李克強出席肯尼亞蒙內鐵路項目融資協議簽字儀式並講話〉（二〇一五年五月十一日，新華網），http://news.xinhuanet.com/world/2014-05/11/c_1110634085.htm。

33 謝松信、侯黎強：〈蒙內鐵路為非洲插上騰飛的翅膀〉（二〇一五年六月十二日，中國日報網），http://world.chinadaily.com.cn/2015-06/12/content_20983690.htm。

目前中國路橋已開始分批培訓鐵路機車司機、技術管理與維護人員，為項目順利營運和維護做好人才儲備工作，從而真正將中國鐵路的技術、標準、裝備製造和管理經驗全面帶到非洲。

(三)中國中鐵與阿迪斯阿貝巴城市輕軌

衣索匹亞素有「非洲屋脊」之稱，平均海拔近三千公尺，而首都阿迪斯阿貝巴（Addis Ababa）也是非洲海拔最高的城市。隨著人口不斷增加，阿迪斯阿貝巴落後的交通基礎設施日益不堪重負。據報導，過去阿迪斯阿貝巴的公共交通主要依靠巴士以及當地人稱為「藍驢」的藍白相間的出租車（小型巴士），每天高峰時段的公車站人流如潮，等待坐車的人們排成長龍。

阿迪斯阿貝巴城市輕軌項目是衣索匹亞乃至東非地區首條城市輕軌，也是中國中鐵在非洲承建的首個城市軌道交通項目。輕軌（一期）工程線路全長三十一公里，全部採用中國鐵路技術標準，建成通車後最高行車速度為每小時七十公里，日均運送乘客七千五百人次，將極大地緩解這座城市的交通壓力。二〇一五年二月一日，阿迪斯阿貝巴輕軌成功實現試運行，衣索匹亞總理海爾馬里亞姆（Hailemariam Desalegn Boshe）不僅對工程和乘車體驗表示滿意，還尤其讚賞中方在施工過程中進行的人員培訓和技術轉移。據悉，中國中鐵在建設期間共僱用當地員工約一萬三千人次，並為衣索匹亞培養了一大批鐵路建設和營運技術人才。[34]

值得指出的是，阿迪斯阿貝巴輕軌是一個勘察設計、施工建設、設備製造、營運維護一體化的項目，充分體現了中國企業在境外建設鐵路項目的綜合能力。二〇一四年十二月二日，中國中鐵、深圳地鐵集團組成聯合體簽約阿迪斯阿貝巴輕軌（一期）營運維護管理服務項目。這是中國企業首次獲得境外輕軌項目營運權，標誌著中國鐵路「走出去」從基建、裝備出口延伸到營運管理、技術服務。

根據協議，聯合體從二〇一五年一季度開始為項目提供為期四十一個月的營運維護管理服務，合同總價約七億元。內容包括為衣方建立專業的軌道交通運作體系，包括行車組織體系、客運組織體系、維修組織體系、安全保障體系、人員培訓體系等，並對衣方人員進行技術、管理培訓，過程中中方員工逐步退出，到第四年末由衣方逐步接管項目的營運維護管理，最終確保衣方擁有一支完備的專業技術人員隊伍，具備獨立營運輕軌交通的能力。[35]正如中國商務部外貿司副司長支陸遜所說：「中國鐵路走出去正逐步從初期的設備供貨向設計引領、技術帶動、施工建設、營運維護的全產業鏈輸出轉變。」[36]

七、港口

各種公開資訊顯示，沿著二十一世紀海上絲綢之路的軌跡，目前在新加坡、馬來西亞、斯里蘭卡、緬甸、柬埔寨、巴基斯坦、坦尚尼亞、吉布提、埃及、以色列、希臘、意大利、比利時、荷蘭乃至俄羅

[34] 中國外交部：〈駐埃塞俄比亞大使解曉岩出席亞的斯亞貝巴城市輕軌試運行儀式〉（二〇一五年二月三日），http://www.fmprc.gov.cn/mfa_chn/zwbd_602255/gzhd_602266/t1234038.shtml；劉水明、倪濤：〈中國造列車駛上「非洲屋脊」（第一現場）〉，載《人民日報》二〇一五年二月二日，第三版。

[35] 中國中鐵：〈中國中鐵、深圳市地鐵集團組成聯合體簽約亞的斯亞貝巴輕軌項目（一期）運營服務合同〉（二〇一四年十二月四日），http://www.cregcdw.com.cn/web/articleread.asp?id=14268。

[36] 商務部：〈商務部舉行我國鐵路設備出口情況新聞吹風會〉（二〇一五年二月五日），http://www.mofcom.gov.cn/article/ae/slfw/201502/20150200889819.shtml。

斯等國港口均活躍著中資企業的身影，其中不僅有中國招商局、中遠集團、中國交建（中國港灣）等中國央企，也有上海港、青島港、北部灣港等中國地方港口企業。[37]隨著中國港口海運企業國際化水平的提升，其海外佈局的重點已逐漸從早期的工程建設向投資、建設、營運、開發、管理一體化的模式轉變。尤其值得指出的是，中國企業越來越注重港口與城市、港口與產業園區的融合、協調，從而使港口的功能更為多元立體，對所在國經濟社會發展的推動作用更為明顯。以下將以招商局和中國港灣在斯里蘭卡、上港在以色列的案例，來展現中國港口企業在二十一世紀海上絲綢之路沿線的華麗轉型。

(一)招商局國際、中國港灣與斯里蘭卡港口

斯里蘭卡是古代海上絲綢之路的必經之地，也是二十一世紀絲綢之路上的重要樞紐，科倫坡港和漢班托特港（Hambantota）則是這一樞紐的鑰匙。

科倫坡港是印度洋航道上的老牌港口，也是斯里蘭卡最大的海港，途經此處前往 荷姆茲海峽和歐洲的運輸量佔全球海上航運的一半。二〇一一年八月，中國招商局國際得標科倫坡港南港貨櫃碼頭項目。項目由中國招商局國際和斯里蘭卡港務局合資成立的科倫坡國際貨櫃碼頭有限責任公司（CICT）共同投資五億美元，其中中國招商局國際佔股百分之八十五並負責碼頭的融資、設計、建造、營運和管理，特許經營期為三十五年。二〇一四年四月，CICT正式投入營運，共有四個泊位和十二個橋吊，堆場面積五十八公頃，設計年吞吐能力兩百四十萬標準貨櫃，是科倫坡港目前唯一可接卸超大型船舶的碼頭（參見圖6.4）。

據介紹，自開港以來，CICT的服務水平已經接近中國國內同行業的優秀標準，達到科倫坡港的

圖6.4　招商局國際營運的斯里蘭卡科倫坡國際貨櫃碼頭

最佳水準。二〇一四年，CICT累計完成六十八萬噸標準貨櫃卸量，促使整個科倫坡港吞吐量增長百分之十四，創造了當年世界港口增長的最快紀錄。CICT的高效營運和優質服務，持續吸引全球領先的貨櫃班輪掛靠。現每週有五條固定班輪歐亞航線、五條南亞區域航線停靠南港碼頭，極大地提高了斯里蘭卡在世界航運界的地位。值得指出的是，CICT的建設營運也給當地帶來了實實在在的好處。按照三十五年的BOT協議，CICT向地方直接繳納稅收就高達十八億美元；同時，在建設和營運期間，可分別創造三千個和七千五百個直接就業機會，並為當地培養一大批專業人才。

漢班托塔港位於科倫坡港東南方向兩百四十公里處，距世界最繁忙的歐洲—遠東國際主航線僅約十海里，具備發展為國際中轉深水港的地理位置優勢。二〇〇七年十月三十一日，由中國港灣和中國水利水電建設集團公司負責具體承建的斯里蘭卡漢班托塔港正式開工。該項目係政府框架項目，分別由斯方和中國政府出資百分之十五和百分

㊲ 肖夏：〈港口成二十一世紀海上絲綢之路關鍵節點　中資佈局沿線各國〉，載《21世紀經濟報導》三月三十一日，第六版。

之八十五，一期工程的合同額達三億六千一百萬美元，並於二〇一二年年底完成，已建有兩個十萬噸級貨櫃碼頭、兩個十萬噸級油碼頭、兩個一萬噸級駁船泊位以及一千公尺的航道。據介紹，中國港灣曾在一期港池與水工結構主體完成時舉行了一個注水儀式，引發斯里蘭卡民眾極大關注。據不完全統計大約有十萬人到場觀看，附近道路堵了十公里，不得不動用軍隊和警察維持秩序。[38]根據斯方規劃，漢班托塔港將分期建設，全部三期工程建設需十五年時間，屆時該港將成為世界上最大的港口之一，每年的貨櫃吞吐能力將由目前的六百萬個增加到兩千三百萬個。二〇一四年九月十六日，在中斯兩國領導人的見證下，中國招商局國際、中國港灣組成的合資企業與斯里蘭卡港務局就漢班托塔港二期貨櫃碼頭漢港二期項目（SOT項目）達成協議。該項目總投資約六億零一百萬美元，中方以現金出資約三億九千一百萬美元，佔股百分之六十四．九八；斯方以土建和設備等實物出資約兩億一千萬美元，佔股百分之三十五．〇二。[39]建成以後，招商局國際和中國港灣將獲得三十五年特許經營權，期滿後可以選擇再延長五年。

截至二〇一五年年底，中國招商局國際已成為中國第一、世界第二大港口營運商。據悉，未來中國招商局的海外港口營運將日益向「綜合開發」模式轉變，即以港口為龍頭和切入點，打通港口和腹地之間的集疏運通道，在港口腹地集中力量開發產業園區、物流園區乃至自由貿易區，實現港口的臨港工業良性互動。這不僅有助於促進中國產業群聚的落地生根，也能為當地民眾創造大量就業機會，促進所在國經濟增長。

(二)上港集團與以色列海法新港

二〇一五年五月二十八日，以色列港口發展及資產公司（Israel Ports Development & Assets Company, IPC）與上海國際港務集團（簡稱「上港集團」）在台拉維夫（Tel Aviv）簽署協議，正式授予上港集團以色列海法（Haifa）新港碼頭二十五年的特許經營權。這是繼中國港灣工程有限公司二〇一四年得標以色列南部阿什杜德新港（Ashdod）建設項目後，中國公司在以色列獲得的又一大型港口項目。

海法新港位於地中海東南岸，是以色列第一大港，與希臘比雷埃夫斯港隔海相望。以色列政府希望借此契機將海法新港發展成「以色列的巴塞隆納港（Barcelona）」。根據協議，海法新港基礎部分由以方負責完成，上港集團將負責海法新港碼頭的設施建設、機械設備配置和日常經營管理，預計於二〇二〇年建成。全部建成後碼頭岸線總長一千五百公尺，設計年吞吐能力一百八十六萬個標準箱，將是以色列最大的海港。同時，以色列還計劃建設一條連接紅海與地中海的高鐵。因此，未來海法新港將處於地中海與紅海貨運通道的中心位置，來自亞洲的海運貨物可以繞過蘇伊士運河，通過鐵路轉運至地中海海港，再轉運至歐洲。

據以色列交通運輸及道路安全部部長伊斯拉爾．卡茨（Yisrael Katz）介紹，以色列目前處於基礎設施建設快速發展的階段，正在建設新的機場、碼頭、鐵路和公路，上港集團的實力和經驗將大大促進海法新港的發展。海法新港二〇二一年投入營運後，港口本身還將提供數百個就業機會，與港口有關的間

[38] 趙憶寧：〈漢班托塔港口工程：三年建五個十萬噸碼頭——對話中國港灣漢班托塔港口一期項目總工程師夏林、二期項目副總經理張聯玖〉，載《21世紀經濟報導》二〇一五年九月十八日，第六版。

[39] 施秀芬：〈中資海外佈局港口：富貴險中求〉，載《中國水運報》二〇一五年五月二十九日，第六版。

接就業機會將達三千多個，有力促進當地經濟發展和就業。

與近年來中國港口航運企業的海外拓展一樣，上港集團輸出的不僅只是工程，更包括上港集團多年積累的港口管理經驗、管理技術以及和諸多航運公司建立的長期良好合作關係。以色列港口發展及資產公司總經理施洛姆·布萊曼認為，引入上港集團經營以色列的港口，有助於打破以色列國有企業對碼頭的壟斷經營，推動以色列港口的改革。

作為中國地方港口航運企業融入二十一世紀海上絲綢之路建設的典型個案，投資海法新港對上港集團、上海港的意義都將逐漸凸顯。正如上港集團董事長陳戌源所說：投資海法港是上港集團在國際化道路上邁出的重要一步，有利於推動上海港和「海上絲綢之路」港口之間的業務聯繫。海法港將成為上海港連接歐洲的橋頭堡，戰略地位非常重要。投資海法港之後，可以連成一個更加密切的物流網絡。[40]

八、跨境電商

近年來，在總體進出口水平有所下降的背景下，跨境電子商務逐漸成為了中國對外貿易中新的增長點。隨著「一帶一路」倡議的提出，各家中國跨境電商平台加速了在沿線的佈局，網絡絲綢之路和「買全球＋賣全球」的理念日益深入人心，而這也恰恰是中國民營企業參與「一帶一路」最為充分的領域。出口方面，通過阿里巴巴「全球速賣通」、京東、敦煌網、Kilimall等知名或新興跨境電商平台，中國的商品得以全面進入「一帶一路」沿線國家，尤其是東南亞、中亞、俄羅斯、東歐、西亞、非洲等發展中國家。進口方面，天貓國際、網易、順豐、銀泰等跨境電商平台也正在使中國消費者得以更方便、更輕鬆地分享來自世界各地的商品，僅在杭州的跨境電子商務產業園，這些電商每月給消費者帶來的進口產品就超過兩千種。㊶可以說，跨境電子商務正在不斷改善乃至重構全球中國與沿線國家的商品流通和貿易交往方式。以下將分別以阿里巴巴「全球速賣通」和Kilimall的故事來呈現電商企業在「一帶一路」的努力與作為。

（一）阿里巴巴「全球速賣通」在俄羅斯

「全球速賣通」（AliExpress）是阿里巴巴集團旗下的跨境商對客（B2C）電商平台，致力於將中國的商品銷往世界各地，並為全球的商家和消費者搭建交易平台。根據速賣通團隊的介紹，目前該平台最大的消費群來自俄羅斯。由於自身輕工業相對薄弱，俄羅斯對於中國製造的日用品需求旺盛，該國廣袤領土上東南西北四端都有人在速賣通上下單。二〇一四年，俄羅斯電子商務的百分之六十完全依賴於海外，而中國電商銷售量則佔到所有在俄羅斯的外國電商銷售量的百分之六十三。

據俄羅斯媒體報導顯示，二〇一〇年進入俄羅斯的速賣通已成為當地銷量第一，遠遠超過了易貝（eBay）、亞馬遜（Amazon）等同類網站，每月購買人數超過一千五百六十萬人次，絕大多數來自二三線城市和偏遠區域，平均每天有三十萬個包裹從中國發到俄羅斯。其中，除了衣服鞋帽等之外，在

㊵ 楊志望：〈中以「一帶一路」合作添碩果〉（二〇一五年五月二十九日，新華網），http://news.xinhuanet.com/fortune/2015-05/29/c_1115451333.htm；上海國際港務（集團）股份有限公司：〈上港集團獲二十五年以色列海法新港經營權〉（二〇一五年六月二十六日），http://www.portshanghai.com.cn/jtwbs/xinwen/2015-6/1435303338180.html。

㊶ 杜海濤：〈互聯網＋，讓「一帶一路」飛起來〉，載《人民日報》二〇一五年五月二十二日，第十八版。

速賣通上訂購量最大的商品是智慧型手機、平板電腦和汽車用品。二〇一四年八月，速賣通躋身最受俄羅斯人歡迎的十大網站之一。在俄羅斯最大社交網站上，速賣通的公共賬號已擁有粉絲一百五十多萬個。二〇一四年淘寶「雙十一」購物節時，在各國速賣通用戶中，俄羅斯用戶表現最為踴躍，一天內就下訂單兩百多萬個（參見圖6.5）。

跨境電子商務的發展，也在直接推動著俄羅斯物流和郵政基礎設施的改善。由於俄羅斯地廣人稀，能夠提供覆蓋全國的快速、優質的物流服務公司並不多，價格更是居高不下。二〇一三年三月，速賣通舉辦開年大促，俄羅斯單日訂單超過十七萬件。訂單的突增導致俄羅斯海關包裹大規模積壓，數量達到幾十噸，幾乎使該國郵政物流體系癱瘓了將近一個禮拜，之前二十五天左右就能到達的包裹一下子延長到了六十天到九十天。這一事件在俄羅斯民眾和媒體引起了非常大的反響，俄羅斯政府還更換了郵政局局長。為此，速賣通團隊緊急赴俄與俄羅斯海關、郵政進行溝通，並建立了數據對接合作。隨著中俄貨運專機的開通，以及二〇一五年三月速

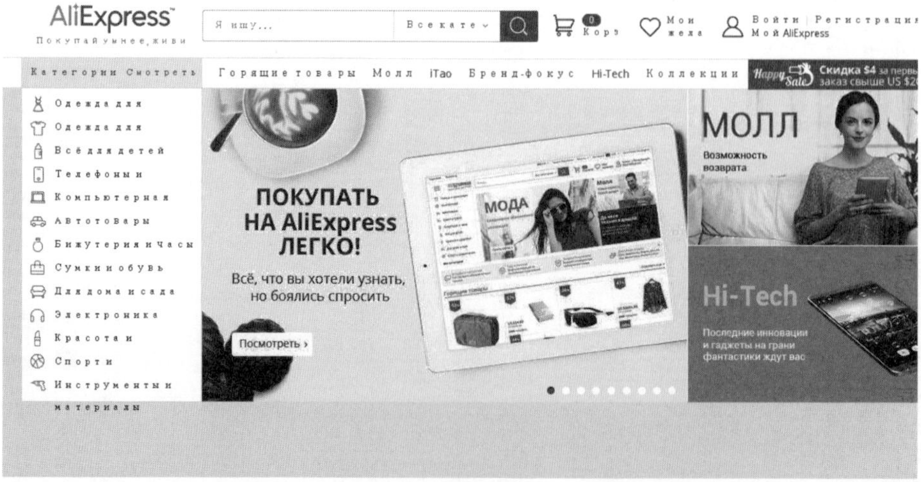

圖6.5　阿里巴巴「全球速賣通」俄語版主頁

賣通與俄羅斯著名商業物流公司SPSR Express建立合作，物流問題已基本解決。現在每天有近三十萬包裹很順暢地發往俄羅斯，俄羅斯境內七十五個主要城市（包含莫斯科、聖彼得堡等）十一至十四日內即可到達，其他偏遠地區三十一日內可到達。

同時，為了解決用戶支付問題，速賣通也成為了俄羅斯第一家推出支持手機餘額支付的跨境電商，給俄羅斯偏遠地區缺乏有效支付工具的消費者帶來了巨大的便利。據稱，這一舉措在俄羅斯國內引起了不小的轟動。

值得指出的是，速賣通不僅便利了中國賣家與國外買家之間的交易，也為其他國家之間的貿易往來搭建了平台。據速賣通團隊介紹，自二〇一四年開始，土耳其國內一家名為Defacto的知名服裝品牌（類似中國的美特斯邦威〔Meters/bonwe〕）正在通過速賣通開拓俄羅斯市場，成績相當喜人；借助速賣通的平台，印尼當地從事穆斯林服裝貿易的企業也將產品銷往廣大伊斯蘭國家。

鑑於俄羅斯市場的巨大潛力，目前除了阿里巴巴之外，其他中國跨境電商和物流企業也正加緊在俄羅斯的佈局。二〇一五年六月十八日，京東宣佈俄語網站上線，消費者可以用信用卡、借記卡及PayPal付款。因其網頁設計美觀，開通十天內的日平均訪問量達到八萬人次，平均每天有一千筆交易。在此之前，京東已先後與俄羅斯物流公司SPSR Express、俄羅斯最大網上零售商Ulmart達成了合作協議。有俄羅斯分析師預測，五年內京東有望佔領百分之二十的俄羅斯電商市場。同時，中國格林伍德國際貿易中心和黑龍江俄速通物流公司合作建立的首個在俄大型公共服務海外倉已經啟用，日處理訂單能力約一萬件，能讓網購用戶收貨時間縮短到兩至七天，周到的退換貨和售後服務也大大提升了買家的購物體驗。[42]

[42] 曲頌、陳效衛：〈中國電商俄羅斯市場顯身手〉，載《人民日報》二〇一五年七月三十日，第三版。

（二）Kilimall在非洲

Kilimall是中國商人在非洲創立的第一家全品類跨境電商平台，也是全球第一家致力於為中國商家開拓非洲大市場的電商平台，可以被視作非洲的天貓或京東。非洲龐大的人口（尤其是年輕人）、快速增長的消費能力、相對滯後的電子商務，都給了Kilimall以巨大的發展機遇。從字面上看，Kili是非洲第一高峰吉力馬扎羅山（Kilimanjaro）的簡稱，由此也可見該平台的雄心。[43]

二〇一四年七月，Kilimall正式上線，最初以本地營運和招商為主（參見圖6.6）。二〇一五年四月，Kilimall引入海外購，以對接非洲民眾和中國供貨商的需求。除了與尚未拓展非洲市場的敦煌網等中國跨境電商合作之外，Kilimall還去義烏、東莞等外貿貨源集散地招商，並提供代營運服務。據介紹，海外購分為兩種模式：一是基於市場分析尋找優質供應商，提前將商品運到非洲倉庫；二是非洲消費者下單後，中國賣家再發貨到Kilimall非洲倉庫，一般一至兩週可以到達。上線一年來，Kilimall的單日訂單量在七百件左右，月銷售額近一千萬元人民幣，約

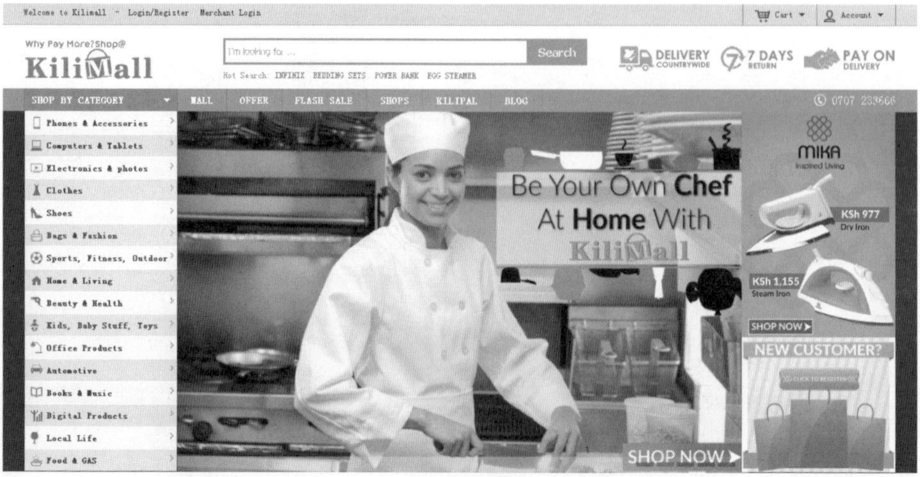

圖6.6　Kilimall網站主頁

有一千家商戶入駐，產品已經覆蓋了全品類，主要消費者來自肯亞和烏干達部分地區。就產品而言，數位3C類、運動用品、廚具、衛浴用品、寢具、服裝等日常品銷量較好，而當地人頻繁更換假髮的習慣也使假髮需求量很大。儘管在體量上與中國國內的淘寶、天貓、京東相去甚遠，卻在一年時間裡成為了非洲第二大電商平台，僅次於德國Rocket Internet公司旗下的Jumia。後者成立於二〇一二年，覆蓋奈及利亞、摩洛哥、埃及等多個國家和地區。二〇一五年七月，Kilimall正式進軍坦尚尼亞等東非六國的電商市場。

據悉，鑑於非洲相對落後的交通物流狀況，Kilimall採取自營物流加第三方的配送體系，已做到下單後兩至三天即可到貨。一方面，在若干核心城市節點自建由非洲當地人組成的物流團隊；另一方面，處於幹線的城際配送則由第三方物流巴士承接，每天有幾班城際巴士將貨品運到指定地點，直接發往相應城市。因此，儘管非洲銀行卡、信用卡普及率很低，Kilimall卻能夠通過自營物流體系實現貨到付款，幫中國商家把貨送到非洲人的田間地頭，再幫商家把錢收回來。同時，針對非洲行動支付和手機轉賬體系發達的現狀，Kilimall通過與非洲行動營運商合作，用手機支付實現交易閉環。目前，貨到付款的比例佔百分之六十至百分之七十，其他均為手機轉賬。值得指出的是，非洲的行動購物端的發展非常迅速，Kilimall訂單量中的百分之八十來源於行動端。從某種程度上說，非洲是繞過了個人計算機電商時代，直接進入行動購物的時代了。因此，可以預見未來非洲電子商務中行動支付的比重將進一步加大。[44]

[43] Kilimall中國商家支持組：〈掘金非洲．先機為王——Kilimall非洲第一電商平台訪談錄〉（二〇一五年八月十四日），http://www.kilimall.com.cn/archives/111。

[44] 億邦動力網：〈中企成非洲第二大電商　支付物流為關鍵〉（二〇一五年五月十四日），http://www.ebrun.com/20150514/133933.shtml。

通過建立契合當地實際的物流和支付管道，Kilimall得以順利在非洲扎根並發展壯大，不僅給本地和中國商家提供了廣闊的市場，也給非洲消費者帶來了價廉物美的豐富商品，還借由本土化經營戰略為非洲培養了一批專業的跨境電商人才。

大量生動的案例顯示，「一帶一路」的提出和推進為中外企業拓展或升級全球業務提供了巨大的機遇和平台。相應地，各類企業的踴躍參與不僅使「一帶一路」得以逐漸落地，也給中國與沿線國家的普通民眾帶來了便利和實惠，發揮了政府和個人無法承擔的重要功能。我們清楚地看到，中國企業的國際競爭力正不斷增強，「走出去」的深度和廣度正加速拓展，在促進沿線國家的互聯互通和工業化的進程中作用日益明顯。更為重要的是，中國企業在沿線國家的業務已超越了產品輸出和工程承包的階段，提供包括裝備、設計、標準、建設、營運、管理經驗在內的綜合解決方案的能力不斷增強。同時，中國企業與所在國企業、發達國家企業的合作不斷增多，使新時期的南南合作和南北合作有了具體的載體。

第七章

「一帶一路」的風險應對

作為一項地理覆蓋範圍甚廣的超大型國際合作倡議，「一帶一路」涉及國家眾多，面臨情況錯綜複雜，其進程必然不是一帆風順和一蹴而就的。隨著建設行動的全面推進，各種固有和伴生、突發性和結構性風險也相應浮現，成為我們必須理性認識和審慎應對的重大課題。

一、沿線國家內部風險

除西歐以外，「一帶一路」沿線國家基本上都是發展中和轉型中國家。由於歷史糾葛和現實矛盾，許多國家內部的民族、宗教、地域、派系之間往往對立嚴重，有時還會演變為循環式的政治危機，正可謂「你方唱罷我登場，各領風騷三五年」。尤其是在戰略地位關鍵的重要節點國家，內部政治對立與外部大國博弈常常相互交織、相互強化，使其內部局勢緊張，具有結構性、經常性和反覆性的特徵。

例如，位處中國—中南半島經濟走廊地理中心的泰國，其國內長期以來存在著不同階層和地域的政治力量之間的尖銳對立，以城市中產階級為主體的「黃衫軍」和以廣大鄉村地區農民為主體的「紅衫軍」頻繁地以大規模街頭抗議的激進方式尋求政治變革。截然對立的階層利益和政治訴求，加上彼此互不妥協的零和博弈，使民主政治不得不由軍隊做出最終的仲裁。

再看作為「一帶一路」旗艦項目的中巴經濟走廊。自一九四七年獨立以來，巴基斯坦的國家建設進程就始終面臨著部族、教派、地方、軍隊等各種力量的相互撕扯，二〇〇四年後又開始出現部落地區的「塔利班化」和「基地」組織的「巴基斯坦化」。巴基斯坦塔利班運動的崛起助長了國內的激進宗教勢力，進一步強化了巴基斯坦政治的伊斯蘭化傾向，嚴重削弱了中央政府對國內局勢的掌控力。隨著巴基斯坦塔利班運動漸成氣候，其勢力和影響已逐步從最初的部落地區擴大到部落以外的內地和沿海城市，日益形成與中央政府分庭抗禮的局面。該國國內局勢的動盪為「基地」組織等極端恐怖組織的活動、蔓延提供了土壤和空間，而這又反過來對巴基斯坦政局造成衝擊，使巴基斯坦成為了反恐戰爭的前沿陣地。在此背景下，巴基斯坦本已脆弱的政治體系愈發分崩離析，而「失敗國家」、「巴爾幹化」也逐漸成為外界對巴基斯坦黯淡政治現狀的描述。❶

在孟中印緬經濟走廊上，緬甸中央政府與民族地方武裝遠未就後者的地位和安置問題達成協議，軍事衝突時有發生，而近年來美國、歐盟、英國、日本等國紛紛加大了對緬甸事務的政治介入和資源投入。少數民族控制區是緬甸水力、礦產等資源富集的地區，也是近年來中國在緬投資的重點區域。未來如何妥善應對緬甸國內局勢，將對中國形成考驗。

在中國—中亞—西亞經濟走廊上，西亞地區是當前全球政治、安全風險最高的區域。在中亞地區，哈薩克和烏茲別克總體局勢穩定，但未來數年內兩個大國都將面臨權力交接的問題，能否實現順利過渡值得關注。作為中吉烏鐵路重要當事國的吉爾吉斯，自二十世紀九〇年代初期獨立並開啟政治轉型以來就陷入頻繁的政權更迭中，除了二〇〇五年的「鬱金香革命」（Tulip Revolution）和二〇一〇年四月和六月的政治騷亂外，二十年間已十四次更換政府總理、八次進行憲法重大修改。❷從本質上看，造成該國結構性政治困境的根源即在於其南北政治分裂難以彌合，而南北矛盾的載體不是籠統的地方而是具體的部族，部族之間圍繞著國家政權的爭奪成為國家政治生活中的常態。在阿富汗，隨著絕大多數美國和

❶ 王聯：〈評塔利班對巴基斯坦的滲透〉，載《現代國際關係》二〇〇九年第八期，第二十八頁。

❷ 徐海燕：〈國家治理與政治穩定——以吉爾吉斯斯坦轉軌為視角〉，載《當代世界社會主義問題》二〇一一年第二期，第七八頁。

北約軍隊的撤出，該國的國家重建進入了新階段。在此過程中，喀布爾政權、北方聯盟、塔利班、地方軍閥、「基地」組織圍繞政治權力分配和主導權歸屬展開激烈的競爭，各派勢力內部和相互關係將更趨複雜，而美國、俄羅斯、印度、巴基斯坦、伊朗等外部國家在該國的戰略競爭態勢也在逐漸強化，阿富汗的政治、安全與經濟過渡前景仍然充滿了不確定性。

可以說，六大國際經濟走廊都不同程度地面臨著沿線國家內部的政治、安全和社會風險。即便是歷來最為安全、穩定的西歐國家，如今也已陷入風聲鶴唳之中，二〇一五年十一月發生的巴黎恐怖襲擊事件深刻揭示了歐洲所面臨的困境，也給新亞歐大陸橋經濟走廊建設做出了警示。隨著西亞北非難民的大量湧入，未來西歐國家的安全形勢有可能進一步惡化，而來自其內部的極端分子也使防範難度驟增。

在現階段，重大戰略性和示範性工程項目是「一帶一路」建設的主要載體和形式。然而，正如中泰鐵路、緬甸萊比塘（Letpadaung）銅礦和密松水電站、希臘比雷埃夫斯港、中吉烏鐵路、斯里蘭卡科倫坡港口城等項目曾經或正在面臨的遭遇所表明的，中方的重大戰略項目經常受到這些國家國內局勢的波及和綁架，成為不同政治力量間相互鬥爭的籌碼和犧牲品，使中國不得不付出高昂的政治代價和經濟成本。當政治危機演變為騷亂暴動、政權更迭乃至戰爭時，中國企業的投資將更加缺乏保障，利比亞戰爭即是明證。

值得注意的是，一些沿線國家的資源民族主義、經濟民族主義、貿易保護主義不斷抬頭，一旦涉及中國在當地的資源能源開發或基礎設施建設項目，很容易被貼上「資源掠奪」、「新殖民主義」、「環境破壞」的負面標籤，而某些中國企業在項目實施過程中的失當行為也給了外界以口實。當中方項目在當地的利益分配存在爭議，或是項目選址、路線走向無法照顧到各方利益時，某些力量或當地民眾常常以上述理由對中國企業進行控訴，在外國媒體和非政府組織的推波助瀾之下，最終導致政府出面擱置乃至取消項目。在有些國家，資源民族主義使得這些國家財稅法律變更頻繁，增大了中國能源企業的風險成本，而類似的資源國有化政策預計還將持續並對中國能源企業經營產生負面影響。

過去，由於許多發展中國家都面臨資金短缺的困難，中國企業在當地的項目投資或建設經常採取「資源換項目」、「貸款換石油」、「金礦換公路」、「基礎設施建設—資源能源開發—金融合作」的合作模式。其核心在於，由中國的開發性金融提供融資，發展中國家將其資源能源作為抵押，用於支付中國基建企業的工程、裝備與勞務。這種合作模式拓寬了發展中國家的資金管道，但與此同時，它所承受的負面指責也不絕於耳，更經常在國際上造成中方的外交處於被動。事實上，隨著經濟民族主義情緒的上升，中國倡導的國際產能合作也面臨著如何在沿線國家真正落地和接受的問題。

在沿線某些國家，不僅中國企業的工程項目經常面臨著非市場性的風險，中國公民的人身安全也不時遭受侵犯。近年來，中國境外企業已近三萬家，境外企業資產總額超過三兆美元。但據中國商務部不完全統計，二〇一〇年至二〇一五年間共發生涉及中國企業機構的各類境外安全事件三百四十五起。❸二〇一五年十一月，西非國家馬里發生嚴重恐怖襲擊事件，中國鐵建三名赴該國洽談交通合作項目的高管被槍殺，給中國境外安全保護工作敲響了警鐘。隨著「一帶一路」建設的全面展開，中國工程、產能和勞務大量「走出去」，尤其是走進沿線發展中國家，如何確保公民在境外的人身安全將是重要課題。

❸ 商務部：〈商務部召開例行新聞發佈會（二〇一五年十二月二日）〉，http://www.mofcom.gov.cn/article/ae/slfw/201512/20151201199367.shtml。

二、跨地區性安全風險

從歷史來看，古代（陸上）絲綢之路的衰落與沿途地區長年戰亂動盪、缺乏持續穩定的安全環境密不可分。二十一世紀以來，儘管沿線地區國家間大規模軍事衝突可能性已大大降低，但以「三股勢力」（民族分裂主義、宗教極端主義和恐怖主義）為代表的跨境政治動員與行動網絡強有力地衝擊著中亞、西亞、北非多民族國家的政治體制，對中國西北邊疆的安全穩定造成持續性挑戰。由於陸上貿易往往涉及頻繁的人員、貨物往來和跨境基礎設施建設，而爆炸、暗殺、綁架等「三股勢力」常用的極端手段儘管犯罪成本較低，卻能夠嚴重惡化絲綢之路經濟帶上的安全環境，尤其是動搖過往人員和外來投資者的信心。

在中國，地處絲綢之路經濟帶開放最前沿的南疆地區近年來已成為了「東突」恐怖活動的集中分佈地，並在此基礎上逐漸輻射到東疆、北疆和中國其他地區。❹一系列嚴重暴力恐怖襲擊的接連發生，標誌著中國境內已進入恐怖主義多發、頻發的新階段。同時，長期盤踞在南亞、中亞和西亞等地區的「東伊運」（Turkistan Islamic Party）恐怖組織不斷通過各種方式在中國境內傳播暴力恐怖思想，煽動、策劃和實施恐怖活動，已構成中國最直接和最現實的安全威脅。

在西亞北非，「阿拉伯之春」（Arab Spring）的衝擊波遠未結束，美軍撤出後伊拉克的民族和解與國家重建困難重重。曠日持久的敘利亞戰爭見證了「伊斯蘭國」的崛起，它正加速向北非、中亞、南亞、東南亞和歐洲等各地滲透。沙地阿拉伯、土耳其等地區大國利用衝突和戰爭擴大政治影響力，在打擊「伊斯蘭國」問題上態度曖昧。美歐和俄羅斯之間的角力則進一步加劇了該地區的動盪。以敘利亞戰爭、葉門內戰為契機，以伊朗為首的什葉派和沙地阿拉伯為首的遜尼派之間根柢柢固的教派衝突持續升級，並各自通過武裝支持「代理人」的方式進行對抗。二〇一六年一月，沙地阿拉伯處決什葉派教士奈米爾事件在伊朗引發強烈反應，迅速演變為沙伊兩國斷絕外交關係。受此影響，巴林、蘇丹、阿拉伯聯合大公國等國相繼宣佈與伊朗斷交或降低外交關係級別，使地區局勢更趨複雜。

在中亞，受到「伊斯蘭國」快速擴張和阿富汗局勢溢出效應的影響，宗教極端思潮和勢力出現了明顯的回升勢頭，包括哈薩克、塔阿邊境、吉爾吉斯等地的恐怖暴力活動日益增多。阿富汗塔利班除了繼續保持在阿富汗東部和南部的強勢存在，還聯合「烏茲別克伊斯蘭運動」（Islamic Movement of Uzbekistan, IMU，簡稱「烏伊運」）、「伊斯蘭聖戰聯盟」（Islamic Jihad Union, IJU）等中亞「三股勢力」進入北部昆都士等省份。一度偃旗息鼓、盤踞在阿富汗境內的「烏伊運」經過重組後，進一步融合了塔利班、車臣、中東等地的極端分子和「東突」恐怖分子，南下吉爾吉斯、塔吉克與阿富汗邊境地區，與阿富汗塔利班形成了南北呼應的態勢，而烏、吉、塔三國交界的費爾干納盆地（Fergana Valley）成為其重點活動地區。

相較於沿線國家內部政治動盪所引發的安全挑戰，「三股勢力」的活動具有鮮明的跨國性或國際化色彩，而這不僅加大了各國打擊「三股勢力」的難度，也凸顯了各國合作開展跨境治理的必要性。

首先，從指導思想上，各種政治背景和利益訴求的「三股勢力」幾乎都不承認本地區當前的多民族國家體系和邊界，要求以特定的信仰版圖或民族身份來重構既有的政治版圖。「泛伊斯蘭主義」主張將所有信仰伊斯蘭教的國家和民族聯合起來，推翻現有的世俗政權，建立政教合一的哈里發國家，思想和

❹ 古麗阿扎提・吐爾遜：〈「東突」恐怖勢力個體特徵及其發展趨勢評析〉，載《現代國際關係》二〇一四年第一期，第五六—六二頁。

組織日益全球化的「伊斯蘭國」正是對該理念的直接實踐。相應地，「泛突厥主義」則宣揚全世界突厥人是同一個民族，鼓吹亞洲西部和中部地區所有突厥語民族聯合起來，建立一個以土耳其為核心的「大突厥帝國」。作為跨國性的意識形態，「泛伊斯蘭主義」、「泛突厥主義」所建構的信仰版圖或民族版圖亦存在著中心地帶與邊緣地帶。作為「三股勢力」重災區的中亞、南亞和中國新疆地區，常常受到處於中心地帶的沙地阿拉伯、土耳其等中東國家的影響。事實上，後者不僅為前者提供了思想上的指引和武器，亦在很多時候成為了前者背後的資金來源，中東的石油美元與中亞、南亞、中國新疆地區的「三股勢力」之間存在著隱秘的聯繫。

其次，在活動範圍上，「三股勢力」的存在並非只限於一國國內，往往分佈在本地區的多國交界地帶，具有相當靈活的活動空間。例如，從二十世紀九〇年代起，烏、塔、吉三國交界處的費爾干納盆地成為中亞宗教極端主義的主要活動基地，而阿富汗局勢的持續動盪又進一步為「烏茲別克伊斯蘭運動」、「東突厥斯坦伊斯蘭黨」、「伊斯蘭聖戰聯盟」、「伊扎布特」（Hizb ut-Tahrir）等極端組織的跨境活動提供了土壤。❺對中國而言，由於新疆的陸上邊境線漫長且與巴基斯坦、阿富汗接壤，盤踞於兩國的「東突」組織與中國國內的「東突」恐怖勢力之間聯繫緊密。

第三，在運作方式上，具體訴求各異的「三股勢力」常常能夠在特定的政治和宗教觀念下結成一系列或鬆散或緊密、既相對獨立又相互支援的動員與合作網絡，從而在客觀上進一步造成了「三股勢力」構成的複雜化和國際化。對中國而言，「東突」恐怖主義已形成了境內外聯動的行為模式和恐怖主義「流水線」。即境外的極端勢力在互聯網上用維吾爾語發佈暴恐行動的指導錄影，傳授爆炸物製作方法或售賣違禁物品，並在中國境內招募中國籍恐怖分子赴國外受訓，向其提供資金和武器，再伺機派其潛回中國實施暴恐行動。伴隨著敘利亞戰爭加劇和「伊斯蘭國」的肆虐，全球的極端分子得到了更多的實戰訓練機會。目前，已有許多新疆籍維吾爾族極端分子從雲南、廣西偷渡進入越南、緬甸，再在境外「蛇頭」的安排下經陸路、水路輾轉泰國、柬埔寨等地，由馬來西亞、印尼的機場出境飛抵土耳其，再前往敘利亞、伊拉克加入「伊斯蘭國」。一旦這些前往敘利亞參加所謂「聖戰」的恐怖分子回國後組織實施新的暴恐活動，其破壞力和殺傷力將不可估量。

值得注意的是，目前阿富汗、巴基斯坦和伊朗三國交界的「金新月」（Golden Crescent）地帶已取代「金三角」成為全球最重要的毒品產地，並形成了以阿富汗為中心的跨國毒品走私網絡，向中國新疆地區的滲透日益加劇。有證據表明，中亞地區的跨國販毒集團與「東突」恐怖組織之間相互勾結的趨勢日益明顯，「毒」「恐」聯動的惡性循環已然形成。

簡言之，在國家間大規模軍事衝突可能性大大降低的同時，「三股勢力」的威脅正在上升。在此過程中，全球「政治伊斯蘭」（Political Islam）的復興、阿富汗和巴基斯坦持續的局勢動盪、沙地阿拉伯和土耳其等中東國家的資金支持和理念輸出、美歐等西方國家的雙重標準和「禍水東引」，乃至敘利亞、伊拉克的實戰訓練，都使得「三股勢力」不斷發展壯大，使中國等沿線國家面臨著長期的威脅。同時，隨著「一帶一路」建設所帶來的商品、資金、人員快速流動和基礎設施互聯互通，「三股勢力」和跨國犯罪的活動也有可能獲得更大的便利性，而這正是中國應當盡量避免出現的境況。

---

5 陳靖、王鳴野：〈費爾干納的伊斯蘭極端主義：產生的原因與可能的影響〉，載《新疆社會科學》二〇一二年第六期，第八〇—八七頁；楊雷：〈當前中亞五國安全形勢評析〉，載《現代國際關係》二〇一二年第十一期，第二四—二七頁。

三、大國競爭風險

大國競爭是「一帶一路」建設中需要面對的重大課題。大國博弈往往在重點地區和節點國家爆發，若中國無法與主要大國管控分歧和摩擦、達成戰略諒解與合作，將在很大程度上制約「一帶一路」倡議的順利推進。反之，若能與大國加強合作，有利於消除相關中小國家「選邊站」的疑慮，也能防止某些國家利用大國矛盾左右逢源和漫天要價。具體而言，中國在「一帶一路」上可能面臨的大國競爭主要包括兩個層面，一是全球大國（美國），二是地區大國（俄羅斯、印度、日本）。

作為當今世界第二大和第一大經濟體、最大的發展中國家和最大的發達國家，中美之間力量的此消彼長正在加速塑造雙邊關係的國際化。當前，中美在「一帶一路」上的競爭集中體現在亞太地區和金融領域。

亞太被認為是中美利益交織最密集、互動最頻繁、發生衝突的風險也最大的地區。隨著美國實施「亞太再平衡」戰略，一系列針對中國的政治、軍事和經濟舉措相繼推出，使中美在該地區的戰略競爭態勢凸顯。政治上，美國除了在釣魚台問題上偏袒日本、加大對緬甸的資源投入之外，還越來越多地介入到中國與越南、菲律賓的領土爭端中。軍事上，美國不僅在日本、韓國、關島、澳大利亞、菲律賓、新加坡等地進行了軍事調整和部署，還與亞洲盟國頻繁舉行軍事演習以提高兩棲作戰和協同作戰能力，更試圖通過「空海一體」戰略應對所謂中國的反介入／區域拒止。[6]經濟上，美國推動達成「跨太平洋戰略經濟夥伴協定」，試圖以重構亞太經貿規則的方式獲取亞太經濟合作主導權，削弱中國在地區經濟整合中的影響力和競爭力。「跨太平洋戰略經濟夥伴協定」與美國的政治、軍事部署相互配合，使中國

在東海、南海方向面臨越來越大的戰略壓力。❼

美國是現有國際金融體系的主導者。近年來中國通過各種方式加強了與世界各國的金融合作，推動著國際金融治理結構的變革。第一，中國正在穩步推進與各國之間的雙邊本幣互換、結算與直接交易，人民幣國際化取得重要進展。人民幣在東盟地區影響力的快速上升，正在悄然改變美元、日圓在該地區的傳統優勢地位。二〇一三年以來，中國又先後實現了與英格蘭銀行（Bank of England）、歐洲中央銀行（European Central Bank）的貨幣互換，與英鎊、歐元的直接交易，並分別在倫敦、法蘭克福、巴黎、盧森堡等歐洲金融重鎮實現人民幣跨境網絡覆蓋。更具里程碑意義的是，人民幣跨境支付系統一期順利上線，人民幣成功納入國際貨幣基金組織特別提款權貨幣籃子。第二，依托雄厚的外匯儲備，中國正為全球（尤其是亞洲和發展中國家）發展提供新的融資管道。無論是已設立的亞洲基礎設施投資銀行、金磚國家新開發銀行和絲路基金，還是擬成立的上海合作組織開發銀行等，或是中國與相關國家共同設立的各種專項基金，都將為沿線發展中國家提供世界銀行、亞洲開發銀行以外的新選擇。第三，中國通過參與多邊性貨幣互換和應急儲備安排，為發展中國家在面臨國際收支壓力時提供短期流動性支持，有利於共同抵禦金融風險。可以說，近年來中國與相關國家的金融合作和人民幣國際化進程，正在重構全球金融治理格局，而這些未必為美國所樂見。

俄羅斯是中國在絲綢之路經濟帶上所面對的關鍵大國，對新亞歐大陸橋經濟走廊和中蒙俄經濟走廊至關重要，而中亞則是兩國可能發生戰略競爭的主要地區。長期以來，由於俄羅斯視中亞地區為自己的

---

❻ 阮宗澤：〈美國「亞太再平衡」戰略前景論析〉，載《世界經濟與政治》二〇一四年第四期，第八—九頁。

❼ 吳澗生、曲鳳傑：〈跨太平洋夥伴關係協定（TPP）：趨勢、影響及戰略對策〉，載《國際經濟評論》二〇一四年第一期，第七三—七四頁。

「後院」，其他大國試圖強化在該地區影響力的舉動，都被俄羅斯所高度警惕。當前，以歐亞經濟聯盟（Eurasian Economic Union）為核心，俄羅斯對於開展與中亞國家的貿易、投資、金融合作形成了一整套清晰、明確、循序漸進的理念和舉措。與其他一體化組織一樣，歐亞經濟聯盟在促進內部成員國之間各種要素自由流動的同時，也給外部的非成員國帶來各種制度性壁壘，產業、投資、貿易的保護主義傾向將提高中國商品、資金、勞動力的准入門檻。因此，儘管中俄已就絲綢之路經濟帶與歐亞經濟聯盟對接達成共識，但兩國圍繞歐亞經濟整合仍存在著一定程度的競爭關係。

值得指出的是，在具有高度戰略意義的金融領域，中俄兩國的合作與競爭關係也相當微妙。首先是貨幣流通。儘管中俄雙方在打破美元霸權問題上存在共同利益，但隨著中國與上海合作組織成員國之間貨幣合作的深入，人民幣和盧布的主導權之爭也日益成為必須正視的問題。其次是融資支持。關於成立上合組織開發銀行的磋商多年未獲實質進展，主要障礙即來自各國（尤其是中俄）對所持投票權的比重存在分歧。早在二〇〇六年，俄羅斯即已聯合哈薩克、塔吉克、吉爾吉斯、亞美尼亞和白俄羅斯共同成立專門用於成員國基礎設施項目融資的開發性銀行——歐亞發展銀行（Eurasian Development Bank, EDB）。未來，上合組織開發銀行勢必將面臨如何與歐亞發展銀行和平共處、相互合作的問題。

印度作為南亞地區的大國，既是孟中印緬經濟走廊的組成部分，也是中國—中南半島經濟走廊、中巴經濟走廊、中國—中亞—西亞經濟走廊的重要相關方。長期以來，受到領土爭端、中巴關係、地區領導權等一系列因素的影響，印度一直將中國視為除巴基斯坦之外最主要的戰略競爭對手。優越的地理位置使得印度不僅對南亞地區的領導權志在必得，也對中亞（尤其是阿富汗）、東南亞（如緬甸）、中東、非洲等鄰近地區抱有濃厚的興趣，日益加大的資源投入和經營力度正反映了印度的雄心。在此背景下，近年來中國在巴基斯坦、緬甸、孟加拉國、斯里蘭卡等國的港口建設，引起了印度對所謂「珍珠鏈戰略」（string of pearls）的高度警惕，以及對中方在印度洋影響力上升的擔憂。繼中方「一帶一路」倡議之後，印方亦有「季風計劃」和「棉花之路」作為對沖舉措。

鑑於當前中日關係的結構性矛盾，日本很可能成為「一帶一路」建設的挑戰者。自安倍政權上台以來，日本除了在釣魚台和東海持續向中國挑釁之外，還通過拉攏越南、菲律賓介入南海事務，試圖在東盟內部構築反華同盟，對二十一世紀海上絲綢之路建設造成干擾。在基礎設施互聯互通領域，中國高鐵和日本新幹線已在泰國、緬甸、越南、印度等亞洲多國的鐵路建設規劃中展開了激烈的競爭。面對中國倡議籌備旨在提供融資支持的亞洲基礎設施投資銀行，日本以其與亞洲開發銀行（Asian Development Bank, ADB）功能重合為由拒絕加入，而後者正是由日本所主導的開發性金融機構。種種跡象表明，中日兩國非但未能在東海緩和局勢，反而在南海、東南亞、中亞、南亞等地進一步加強了競爭態勢。

簡言之，儘管中方反覆強調「一帶一路」不包含排他性的地緣政治訴求，但有關大國仍對中方政治影響力的上升抱有疑慮。未來能否順利達成戰略諒解乃至具體合作，將在相當程度上決定「一帶一路」的進展。

四、理性認識與應對風險

隨著「一帶一路」建設的全面推進，我們需要理性認識和應對風險。

一方面，應該對「一帶一路」建設的長期性、複雜性、艱鉅性抱有充分的心理準備，建立起多層次的綜合安全保障體系。尤其是在中方聚焦重點方向、重點國家、重點領域、重點項目推進建設的背景下，更要密切注意和防範可能遭遇的定點攻擊。

另一方面，不應過分誇大「一帶一路」的風險，將中國公民和企業「走出去」過程中遇到的所有挑戰都籠統地與「一帶一路」掛鉤，或是因暫時的挫折而對「一帶一路」否定乃至全盤否定，陷入到懷疑主義和失敗主義的情緒中。

為了妥善管控和應對「一帶一路」建設中現實和潛在的風險，可以嘗試從以下諸方面優先加以具體落實。

第一，全面加強針對「一帶一路」沿線重要節點國家內部政治、經濟、宗教、民族形勢的即時追蹤。對於安全風險高、政局動盪頻仍的地區，中國應即時追蹤其內部的政局變化，做好政治風險評估和預警工作。在自身政治、軍事實力難以實施有效保護的情況下，應當緩入、慎入這些地區，並在必要時做好撤出準備。除了外交部、商務部等部門進行「走出去」的指導外，還可支持相關商會、企業、高等院校、科學研究院所加強對「一帶一路」各類安全風險的動態評估。具體變量可以包括：民族、宗教、地域、階層、派系、軍政、中央地方關係等一系列影響沿線國家內部政局穩定的因素；特定國家／政府對中國或中國投資者的政策與態度；可能涉及的跨國性安全因素；外部大國因素等。

第二，發展與沿線重要節點國家內部不同政治勢力的友好關係，確保任何一方勢力掌權都不至於嚴重影響「一帶一路」的正常推進。在推進過程中，中國盡可能發掘與這些國家之間的利益契合點，優先從電力、通信等涉及民生的基礎設施建設入手，減少該國政府和民眾的疑慮。正如緬甸萊比塘銅礦抗議事件、吉爾吉斯拒絕中吉烏鐵路所揭示的，在涉及重大戰略性合作項目時，中國應當加強對當地民眾的工作力度，將項目建設成果與當地經濟社會發展相結合，避免部分黨派或外國勢力通過操縱民粹的方式破壞中國的重大戰略項目。沿線節點國家普遍存在的弱國家─強宗教／部族／地方的政教格局、央地關係意味著，中國海外利益的保護不僅要立足於雙邊關係的國家間和政府間層面，還要重視與對象國內部各族群、宗教、地方、階層的互動。尤其是應當充分認識到部落長老、宗教領袖等在這些國家政治尤其是基層政治生活中的重要作用，依托中國豐富的宗教和文化資源，擴大民間交流管道和公共外交力度，加強草根民眾對中方的認可度和接受度。

第三，強化國際合作力度，嚴厲打擊「三股勢力」和「毒」「恐」聯動。鑑於當前阿富汗局勢的動盪、「三股勢力」活動的國際化和「毒」「恐」聯動的常態化，可借鑑中寮緬泰大湄公河聯合執法合作經驗，倡議由上海合作組織成員國和觀察員國（尤其是印度、巴基斯坦和伊朗）共同建立聯合反恐緝毒執法機制。支持巴基斯坦國家反恐能力建設，加強與沙地阿拉伯、土耳其等中東國家的政策協調，切斷「三股勢力」的境外訓練基地、資金、理念、人員支持網絡。加強與東南亞國家的情報、邊檢合作，防止宗教極端分子從廣西、雲南經東南亞前往中東參戰，或是經東南亞國家潛回國內實施暴恐。中國地方政府在吸引中東投資時，應堅決防範和制止「瓦哈比主義」（Wahhabism）、「泛伊斯蘭主義」、「泛突厥主義」等極端思想藉機滲透。

第四，加強與主要大國的戰略協調，在特定地區和領域拓展務實合作空間。在俄羅斯與歐美因烏克蘭問題矛盾加劇的背景下，中國應以此為契機強化與俄羅斯在中亞和遠東地區的合作，加速上合組織開發銀行和發展基金籌建工作。同時，可考慮接受俄羅斯邀請，注資加入目前由俄羅斯主導的歐亞發展銀行。由於銀行股東利用本幣進行結算，歐亞發展銀行客觀上可以成為中國推進人民幣國際化的新平台；中國的注資將使歐亞發展銀行獲得更高的信用評級，中俄得以擴大在國際金融體系中的話語權；成員國將獲得更大的基礎設施融資支持。在涉及中亞、南亞、東南亞、中東、非洲、中東歐等地區的重大投資項目時，中國可以考慮借鑑中緬天然氣管道建設中的「四國六方」合作模式，吸納俄羅斯、印度、美國、歐盟、韓國等國企業共同參與，既能分擔中方風險，也能通過利益共享減少對方疑慮。儘管目前中美在亞太地區的戰略競爭態勢凸顯，但隨著美國陸續從伊拉克、阿富汗撤軍，雙方在維持地區穩定、保護本國投資和公民權益等問題上擁有共同利益，中美在中東、中亞地區合作空間正在增長。目前可重點圍繞阿富汗穩定與重建開展合作，尋求「一帶一路」與美國版「新絲綢之路」計劃的兼容。兩國從二〇一二年起每年舉行一次中東事務磋商，並取得了一定的進展，未來應該進一步用好和強化該機制。

簡言之，「一帶一路」沿線情況錯綜複雜、實施難度巨大。從風險性質來看，突發性風險和結構性、長期性風險相伴相生；從風險類別來看，政治風險、安全風險、經濟風險、社會文化風險相互交織；從風險層次來看，沿線國家內部風險、跨地區性威脅和大國博弈相互強化。對此，我們既不能低估，也不應過分誇大，而應以更加理性、審慎的態度妥善加以應對。

結語

作為新時期中國的重大國家發展戰略和國際合作倡議，「絲綢之路經濟帶」和「二十一世紀海上絲綢之路」是中國政府借助古代海陸絲綢之路的歷史概念所勾勒的中國與沿線各國之間平等互利的新願景。它不是古代絲綢之路的簡單再現，而是當前和今後一段時期內中國對外開放和對外合作的總綱領，是促進全球合作共贏的「中國方案」和公共產品。

這一對外開放和對外合作的總綱領將中國經濟的轉型升級，融入到了全球經濟合作的大背景中，它不僅旨在打造陸海內外聯動、東西雙向開放的新型開放格局，也試圖將中國的資金、產能、裝備、技術、商品、勞務、標準、管理經驗，乃至人民幣與沿線國家的資源、能源、市場相結合和聯動，構建平等互利、共贏共享的對外經濟合作新模式。

之所以稱其為「中國方案」，絕不是指其完全由中國一家主導。「中國方案」體現在，它是中國在綜合國力增強和發展方式轉型兩大背景下，基於國際和國內最新形勢發展做出的重大戰略決策，集中反映了中國對新型國際關係的構想。在理念上，它以合作共贏取代對抗獨佔；在推進中，它以促進沿線國家最亟需的基礎設施互聯互通和工業化為兩大優先突破口，並將中國在改革開放以來積累的寶貴發展經驗與沿線國家分享。

之所以稱其為中國向沿線國家所提供的公共產品，也並不是指由中國一家提供所有資金。在更為根本的意義上，正如習近平所說，「一帶一路」是中國為地區和全球發展提供的「一個包容性巨大的發展平台」，「能夠把快速發展的中國經濟同沿線國家的利益結合起來」。❶在這個平台上，中國與沿線國家在資金、工業化、基礎設施建設和資源能源等方面的優勢與需求有望得到有效互補；在這個平台上，中國將與已開發國家共同開拓第三方市場，南南合作與南北合作將獲得新的動力、載體；在這個平台上，亞歐大陸尤其是許多開發中國家的貿易、交通、物流條件有望得到改善，工業化進程得到加速；在這個平台上，域外國家有了更多參與亞歐大陸發展合作的契機。

伴隨著推進「一帶一路」建設工作領導小組的成立和運作，以及《推動共建絲綢之路經濟帶和二十一世紀海上絲綢之路的願景與行動》的發佈，中共中央層面關於「一帶一路」建設的頂層設計已經明確。按照以點帶面、循序漸進的推進思路，以「五通」為主要內容，聚焦「四個重點」（重點方向、重點國家、重點領域和重點項目），從國內到國外、從中央到地方、從政府到企業和民間，「一帶一路」建設正在有序開展，相應的支撐保障體系陸續建立。

在各方的共同努力下，國際上關於「一帶一路」建設的共識和響應越來越多，許多國家經歷了從觀望到參與、從被動感受到積極推動的轉變。通過「一帶一路＋」的戰略對接方式，中國已與許多國家達成了諒解備忘錄和合作協議，「使我國在『一帶一路』重點方向培育起若干支點國家和核心團隊」❷。與此同時，新型融資平台成功建立營運，一批標誌性、示範性重點合作項目陸續啟動實施，六大國際經濟走廊建設著手開展，基礎設施、規章制度和人員往來三個層面的互聯互通進程進一步加速。

從中國東部沿海到西北邊境，從中馬「兩國雙園」到中白工業園，從上海自貿區到瓜達爾港自貿區，從中泰鐵路到莫喀高鐵，從科倫坡港到比雷埃夫斯港，從「渝新歐」到「中歐陸海快線」，從AEO互認到農產品通關「綠色通道」，從卡洛特水電站到中沙延布煉廠，從成立亞洲基礎設施投資銀行到加入歐洲復興開發銀行，從原油貿易人民幣結算到人民幣跨境支付系統上線，從中俄青年友好年、中歐文化對話年到中國—東盟教育交流年，從「重走鄭和路」到「重走茶葉之路」，放眼望去，「一帶一路」建設正在各地方、各領域快速展開。

綜觀目前為止「一帶一路」建設的行動與進展，大致可以概括為「五個結合」。

一是點（重點突破）與面（整體推進）的結合。「一帶一路」雖然是普遍性的合作倡議，但鑑於中國自身國力、內外複雜環境的制約，中國在推進中仍聚焦重點方向、重點國家、重點領域和重點項目，優先與那些基礎好、意願強、位置佳、影響大的友好國家合作，合力推進那些地處要衝、涉及關鍵互聯互通的標誌性、瓶頸性工程的建設。❸

二是遠（遠期願景）與近（早期收穫）的結合。誠如習近平所指出的，「一帶一路」建設不是空洞的口號，而是看得見、摸得著的實際舉措，將給地區國家帶來實實在在的利益。自倡議提出以來，亞投行、金磚銀行、絲路基金、中泰鐵路、中寮鐵路、雅萬高鐵、匈塞鐵路、瓜達爾港、中白工業園、中哈產能合作等一系列重大成果相繼落地。事實上，「一帶一路」建設越早取得實實在在的成果，就越能調動各方面積極性，發揮引領和示範效應。

三是新（新型平台）與舊（現有機制）的結合。「一帶一路」建設雖然體現了許多新思路和新佈局，卻並不是中國在既有地區和國際秩序之外的另起爐灶。因此，除了發起成立亞投行、金磚銀行、絲路基金等新型融資平台之外，中國更多地借助或升級現有的雙多邊合作機制、平台與進程，並在此基礎上推動中國與沿線國家發展戰略相互對接、優勢互補。

❶新華社：〈加快推進絲綢之路經濟帶和二十一世紀海上絲綢之路建設〉，載《人民日報》二〇一四年十一月七日，第一版。

❷中國國家發改委：〈「一帶一路」建設取得實實在在成果〉（二〇一五年八月三日），http://www.sdpc.gov.cn/xwzx/xwfb/201508/t20150803_744051.html。

❸范恆山：〈「一帶一路」建設的「五忌五要」〉，載《中國經貿導刊》二〇一五年第三十一期，第四二頁。

四是政府與市場的結合。「一帶一路」建設初期主要由中國政府出面進行宏觀規劃、政策溝通和平台搭建，但在具體執行和落實時，尤其是在以項目為主要載體的推進落實階段，企業則是最重要的主體。自倡議提出以來，或是挖掘開拓新的市場空間，或是升級優化既有的海外業務，各行各業都展現出了濃厚的參與熱情，取得了不俗的成績。值得關注的是，中國企業在沿線國家的業務已超越了產品輸出和工程承包的階段，提供包括裝備、設計、標準、建設、營運、管理經驗在內的綜合解決方案的能力不斷增強。同時，即便是由政府主導達成的合作項目，仍遵循市場運行的規則，而絕非「賠本賺吆喝」。

五是中央與地方的結合。除了中共中央層面的頂層設計，中國國家各部委和各地方政府也紛紛將「一帶一路」列入本部門、本地區的核心工作之一，並陸續推出了各自的對接方案。各省區市大體圍繞基礎設施建設、經貿合作、產業投資、資源能源、金融合作、環境保護、海上合作與人文交流等方面開展了部署。很多地方政府參與積極性高漲，將之視為新一輪的政策紅利，推出了大規模的項目計劃。為了防止部分地區出現一哄而上、同質化競爭的問題，中共中央層面也及時加強了指導和協調，強調突出重點地區，明確各省區市的定位，發揮各地比較優勢。❹

「一帶一路」建設所蘊含的機遇是全方位的。由於同時契合了全球發展和中國自身發展的迫切需要，也為企業和普通人提供了巨大的發展舞台，我們有理由對它的前景懷有信心和期待。

但與此同時，作為一項地理覆蓋範圍空前廣泛的超大型洲際經濟合作倡議，「一帶一路」沿線的地緣政治關係和民族宗教矛盾錯綜複雜，各國發展目標和利益訴求差異巨大，國內風險、跨境威脅和大國博弈相互交織，實施難度前所未有。特別是就絲綢之路經濟帶建設而言，它涉及的國家眾多，受領土、民族、宗教、人口、自然環境的影響遠大於海上絲綢之路，相應的合作成本和內外風險也更高。歷史上，陸上絲綢之路經常因為征服、戰亂、衝突而遭阻斷。在歐亞大陸國家間大規模戰爭可能已大大降低的今天，國際化運作的「三股勢力」不僅對中國西北邊疆的安全穩定、中國企業與公民的海外權益造成直接威脅，也給中亞、西亞、北非的地區秩序帶來衝擊，並有進一步向東南亞、歐洲蔓延的趨勢。

在此背景下，應當理性地看待「一帶一路」正在或潛在面臨的風險，對「一帶一路」建設的長期性、複雜性、艱巨性抱有充分的心理準備。一方面，應避免過於浪漫主義的樂觀期待，注意量力而行和循序漸進，不在安全風險過高的地區消耗過多戰略資源，建立多層次的綜合安全保障體系。另一方面，也應避免陷入到失敗主義的情緒中，將中國公民和企業「走出去」過程中遇到的所有挑戰都籠統地與「一帶一路」掛鉤，或是因一時一地的挫折而轉向對「一帶一路」的否定乃至全盤否定。

「一帶一路」建設是中國與沿線國家共同的事業，但關鍵仍然是辦好中國自己的事，仍然取決於中國國內經濟發展能否提供持續有力的支撐。相應地，唯有使企業和民眾從「一帶一路」建設中切實獲益，才能獲得持續的支持。在中國經濟「新常態」的背景下，這兩點尤為重要。

同時，「一帶一路」建設仍應繼續加強與沿線國家的戰略對接，發掘彼此的利益契合點，制定出具有針對性的共贏方略。唯有使沿線國家真正感受到「一帶一路」建設的機遇與利益，才能激發各方的參與熱情。在此意義上，如何在積極有為與審慎節制之間保持平衡，如何與各沿線相關國家建立起有效的政治互信和利益協調機制，是中國在「一帶一路」上面臨的核心課題。

對於美國、俄羅斯、印度、歐盟等國家和地區，「一帶一路」建設並不是要削弱其在特定地區的傳統影響力，反而有可能開闢出彼此新的合作空間。未來，應積極推動中美在中亞和中東、中俄在中亞和遠東、中印在東南亞和中東、中歐在中東歐和非洲等地區加強務實合作。尤其是在沿線開發中國家進行重大項目建設時，可鼓勵中國企業與美國、俄羅斯、印度、歐盟、韓國、新加坡等國企業開展第三方市

❹新華社：〈確保實現「一帶一路」建設良好開局〉，載《人民日報》二〇一五年七月二十二日，第一版。

場合作，以實現風險共擔和利益共享。

對於沿線中小國家，中國需要盡可能照顧到其國內不同族群、階層、地域、黨派的利益，形成不被其內部政治鬥爭所綁架的長期穩定關係。過去的許多教訓表明，中國企業在沿線國家的一些重大項目（尤其是民生項目）非但沒有提升當地民眾的好感度，反而加深了對中國的負面印象，企業也蒙受了巨額的經濟損失。未來，在以基礎設施、產能合作、資源能源為重點內容的「一帶一路」建設過程中，中國可能將繼續面臨「新殖民主義」「資源掠奪」「環境破壞」等指責，而一些沿線國家資源民族主義、經濟民族主義和貿易保護主義的抬頭也將對中國企業造成不小的壓力。儘管「一帶一路」倡議旨在實現中國與沿線國家經濟上的優勢互補，但應當充分尊重各國建立相對獨立和完整經濟體系的正當訴求，避免在打破固有國際分工體系的同時，又形成新的不平等關係。中國也應該有這樣的心理準備，即經濟融合併不自動帶來民心相通，而要將中國提供的公共產品轉化為中國的親和力、吸引力、影響力，仍需要付出大量的努力和智慧。

公開資訊顯示，中共中央層面關於今後一個階段（尤其是「十三五」時期）「一帶一路」建設的思路已非常明確和務實。即以「五通」為主要內容，繼續聚焦重點方向、重點國家、重點領域和重點項目。具體而言，在「六廊六路多國多港」框架下，以基礎設施互聯互通為先導，優先與那些基礎好、意願強、位置佳、影響大的友好國家開展合作，共同打造新亞歐大陸橋、中蒙俄、中國—中亞—西亞、中國—中南半島、中巴、孟中印緬等六大國際經濟合作走廊，推動鐵路、公路、水路、空路、管路、資訊高速路「六路」互聯互通，建設若干海上支點港口。突出互聯互通和產能合作兩條主線，全面推進一批具有示範性效應的重大項目和重要園區建設，加強與沿線國家產業對接合作。同時，對內通過完善財稅、金融、海關、質檢等方面政策，對外通過加強戰略對接、簽署投資保護協定、推動人文交流、完善

各類合作交流平台等方式，共同加強對「一帶一路」建設的支撐保障。❺

推動共建「一帶一路」是中國實現經濟轉型升級、構建全方位開放格局、邁向全球大國進程中的重要一步，是一項長期、艱巨、光榮的重大事業。正如習近平所說：「一帶一路」建設是擴大開放的重大戰略舉措和經濟外交的頂層設計，要找準突破口，以點帶面、串點成線，步步為營，久久為功。❻合作共贏，久久為功，這正是「一帶一路」的願景與行動。

❺新華社：〈堅持共商共建共享推進「一帶一路」建設打造陸海內外聯動、東西雙向開放新格局〉，載《人民日報》二〇一六年一月十六日，第一版；穆虹：〈推進「一帶一路」建設〉，載《人民日報》二〇一五年十二月十一日，第七版；新華社：〈深入實施創新驅動發展戰略爭當「一帶一路」建設的排頭兵和主力軍〉，載《人民日報》二〇一五年十二月二日，第四版；新華社：〈確保實現「一帶一路」建設良好開局〉，載《人民日報》二〇一五年七月二十二日，第一版。

❻習近平：〈在黨的十八屆五中全會第二次全體會議上的講話（節選）〉（二〇一五年十月二十九日），載《求是》二〇一六年第一期。

參考文獻

一、官方文獻

《中華人民共和國國民經濟和社會發展第十三個五年規劃綱要》（二〇一六年三月發佈）。
《中共中央關於制定國民經濟和社會發展第十三個五年規劃的建議》（二〇一五年十月二十九日中國共產黨第十八屆中央委員會第五次全體會議通過）。
《中共中央國務院關於構建開放型經濟新體制的若干意見》（二〇一五年五月五日）。
習近平：〈共同開創中阿關係的美好未來——在阿拉伯國家聯盟總部的演講〉（二〇一六年一月二十一日，開羅），載《人民日報》二〇一六年一月二十二日，第三版。
習近平：〈在亞洲基礎設施投資銀行開業儀式上的致辭〉（二〇一六年一月十六日，釣魚台國賓館），載《人民日報》二〇一六年一月十七日，第二版。
習近平：〈在黨的十八屆五中全會第二次全體會議上的講話（節選）〉（二〇一五年十月二十九日），載《求是》二〇一六年第一期。
習近平：〈邁向命運共同體　開創亞洲新未來——在博鰲亞洲論壇二〇一五年年會上的主旨演講〉（二〇一五年三月二十八日，海南博鰲），載《人民日報》二〇一五年三月二十九日，第二版。
習近平：〈聯通引領發展　夥伴聚焦合作——在「加強互聯互通夥伴關係」東道主夥伴對話會上的講話〉（二〇一四年十一月八日，北京），載《人民日報》二〇一四年十一月九日，第二版。
習近平：〈弘揚絲路精神　深化中阿合作——在中阿合作論壇第六屆部長級會議開幕式上的講話〉（二〇一四年六月五日，北京），載《人民日報》二〇一四年六月六日，第二版。

習近平：〈攜手建設中國—東盟命運共同體——在印度尼西亞國會的演講〉（二〇一三年十月三日，雅加達），載《人民日報》二〇一三年十月四日，第二版。
習近平：〈弘揚人民友誼　共創美好未來——在納扎爾巴耶夫大學的演講〉（二〇一三年九月七日，阿斯塔納），載《人民日報》二〇一三年九月八日，第三版。
李克強：〈政府工作報告——二〇一六年三月五日在第十二屆全國人民代表大會第四次會議上〉，載《人民日報》二〇一六年三月十八日，第一至三版。
李克強：〈在上海合作組織成員國總理第十四次會議大範圍會談時的講話〉（二〇一五年十二月十五日，鄭州），載《人民日報》二〇一五年十二月十六日，第二版。
李克強：〈在第四次中國—中東歐國家領導人會晤上的講話〉（二〇一五年十一月二十四日，蘇州），載《人民日報》二〇一五年十一月二十五日，第三版。
李克強：〈讓中韓合作不斷結出惠民新碩果——在韓國經濟界歡迎午餐會上的主旨演講〉（二〇一五年十一月一日，首爾），載《人民日報》二〇一五年十一月二日，第三版。
李克強：〈攜手開創中歐關係新局面——在中歐工商峰會上的主旨演講〉（二〇一五年六月二十九日，布魯塞爾），載《人民日報》二〇一五年六月三十日，第二版。
中國國家發展改革委、外交部、商務部：〈推動共建絲綢之路經濟帶和二十一世紀海上絲綢之路的願景與行動〉，載《人民日報》二〇一五年三月二十九日，第四版。
中國國務院：〈國務院關於推進國際產能和裝備製造合作的指導意見〉（國發〔二〇一五〕三〇號），二〇一五年五月十六日。
中國國務院：〈國務院關於加快實施自由貿易區戰略的若干意見〉（國發〔二〇一五〕六九號），二〇一五年十二月十七日。
高虎城：〈完善對外開放戰略佈局〉，載《人民日報》二〇一五年十二月十日，第七版。

高虎城：〈促進全球發展合作的中國方案〉，載《人民日報》二〇一五年九月十八日，第七版。
樓繼偉：〈打造二十一世紀新型多邊開發銀行〉，載《人民日報》二〇一五年六月二十五日，第十版。
穆虹：〈推進「一帶一路」建設〉，載《人民日報》二〇一五年十二月十一日，第七版。
王毅：〈中國特色大國外交全面拓展之年〉，載《人民日報》二〇一五年十二月二十三日，第二十一版。
張業遂：〈共建「一帶一路」　謀求合作共贏〉，載《求是》二〇一五年第十期。
中國人民銀行：《人民幣國際化（二〇一五年）》，二〇一五年六月。
周小川：〈深化金融體制改革〉，載《人民日報》二〇一五年十一月二十五日，第六版。

二、相關研究著作

陳炎：《海上絲綢之路與中外文化交流》，北京：北京大學出版社，二〇〇二年。
范恆山：〈從八方面落實「一帶一路」戰略〉，載《中國發展觀察》二〇一五年第八期，第一八—一九頁。
范恆山：〈「一帶一路」建設的「五忌五要」〉，載《中國經貿導刊》二〇一五年第三十一期，第四二—四三頁。
馮並：《一帶一路：全球發展的中國邏輯》，北京：中國民主法制出版社，二〇一五年。
黃群慧：《工業化藍皮書：「一帶一路」沿線國家工業化進程報告》，北京：社會科學文獻出版社，二〇一五年。
金立群、林毅夫：《「一帶一路」引領中國》，北京：中國文史出版社，二〇一五年。
李進新：《絲綢之路宗教研究》，烏魯木齊：新疆人民出版社，二〇一〇年。
李明偉：《絲綢之路貿易研究》，烏魯木齊：新疆人民出版社，二〇一〇年。
林梅村：《絲綢之路十五講》，北京：北京大學出版社，二〇〇六年。

陸如泉等：《「一帶一路」話石油》，北京：石油工業出版社，二〇一五年。
羅雨澤：《「一帶一路」基礎設施投融資機制研究》，北京：中國發展出版社，二〇一五年。
沈福偉：《絲綢之路：中國與西亞文化交流研究》，烏魯木齊：新疆人民出版社，二〇一〇年。
唐曉陽：《中非經濟外交及其對全球產業鏈的啟示》，北京：世界知識出版社，二〇一四年。
王靈桂：《國外智庫看「一帶一路」》，北京：社會科學文獻出版社，二〇一五年。
王興平等：《中國開發區在非洲：中非共建型產業園區發展與規劃研究》，南京：東南大學出版社，二〇一五年。
王義桅：《「一帶一路」：機遇與挑戰》，北京：人民出版社，二〇一五年。
向洪、李向前：《新絲路新夢想：「一帶一路」戰略知識讀本》，北京：紅旗出版社，二〇一五年。
張俊彥：《古代中國與西亞、非洲的海上往來》，北京：海洋出版社，一九八六年。
趙磊：《一帶一路：中國的文明型崛起》，北京：中信出版社，二〇一五年。
中國現代國際關係研究院：《「一帶一路」讀本》，北京：時事出版社，二〇一五年。
鄒磊：《中國「一帶一路」戰略的政治經濟學》，上海：上海人民出版社，二〇一五年。
[日]桑原騭藏：《中國阿剌伯海上交通史》，馮攸譯，上海：商務印書館，一九三四年。
[瑞典]斯文・赫定：《絲綢之路》，江紅、李佩娟譯，烏魯木齊：新疆人民出版社，二〇一〇年。
Bhattacharyay, Biswa N., Masahiro Kawai, and Rajat Nag, eds., *Infrastructure for Asian Connectivity*. Cheltenham, UK: Edward Elgar Publishing, 2012.
Elverskog, Johan. *Buddhism and Islam on the Silk Road*. Philadelphia: University of Pennsylvania Press, 2010.
Foltz, Richard C. *Religions of the Silk Road: Overland Trade and Cultural Exchange from Antiquity to the Fifteenth Century*. New York: St.Martin's Press, 1999.
Hansen, Valerie. *The Silk Road: A New History*. New York: Oxford University Press, 2012.

Liu, Xinru. *The Silk Road in World History*. New York: Oxford University Press, 2010.

Millward, James A. *The Silk Road: A Very Short Introduction*. New York: Oxford University Press, 2013.

Prasad, Eswar S. *China's Efforts to Expand the International Use of Renminbi*. Washington, D.C.: The Brookings Institute, February 2016.

後記

現在呈現在各位讀者面前的這本書，是我的第二部有關「一帶一路」的學術專著，也是自博士論文以來第三度撰寫如此長篇的「新絲綢之路」研究書稿。

隨著「一帶一路」被確立為重大國家發展戰略，相關研究也已成為顯學，政府部門、智庫、券商、學者、媒體和企業都傾注了極大的熱情與精力。在二〇一五年二月出版《中國「一帶一路」戰略的政治經濟學》之後，我繼續關注著「一帶一路」的建設動態，也試圖能形成一些更新、更深入的研究成果。

本書得以完成，首先要感謝上海市委黨校的王公龍教授和上海人民出版社的潘丹榕老師。二〇一五年五月，兩位老師希望我能撰寫一部更精簡、可讀、有趣的書稿，讓更多的讀者準確便捷地理解「一帶一路」。在此之後，從提綱、體例、篇章結構到內容詳略、文字風格，我都及時得到了兩位老師的中肯建議。

為了盡可能對讀者和自己負責，我並未選擇將前一本專著進行簡單壓縮或改寫，而是最大程度地運用新材料、闡發新觀點。因此，本書在一定程度上反映了我對「一帶一路」的最新認識和調研成果。誠然，由於種種原因，我對「一帶一路」沿線國家的實地考察仍然很缺乏，希望以後能有機會逐漸彌補這方面的不足。

在寫作本書的過程中，我也有幸得到了許多師長、同學和朋友的熱心指點幫助，有的還為我提供了寶貴的調研機會和一手素材。若沒有他們，本書必將遜色不少。王哲先生提供了許多在沿線國家實地拍攝的精美照片，使本書更具可讀性和生動性。能源戰略學者陸如泉先生惠賜大作《「一帶一路」話石油》，讓我在撰寫與之相關的內容時受益匪淺。復旦大學國際政治系的徐以驊教授和俞沂暄老師長期給予我關照和幫助，我的家人也因體諒我撰寫本書做出許多犧牲，在此一併致謝。

受到時間和學力的限制，本書必然存在許多錯漏之處，但我對完成本書的態度始終認真而真誠。未來，我希望能形成更多更為深入、細緻、扎實的研究成果。我也由衷期待著能得到更多方家和讀者的批評、指正，敬請您發函至leizou10@163.com賜教！

鄒磊

二〇一六年一月二十八日於上海松江

國家圖書館出版品預行編目 (CIP) 資料

一帶一路：合作共贏的中國方案 / 鄒磊著. -- 第一版. -- 臺北市：風格司藝術創作坊, 2017.12
面； 公分
ISBN 978-986-94773-6-9(平裝)

1.區域經濟 2.國際合作 3.中國大陸研究

553.16 106011238

一帶一路：合作共贏的中國方案

作　　者：鄒　磊
責任編輯：苗　龍
出　　版：風格司藝術創作坊
http://www.clio.com.tw
總 經 銷：紅螞蟻圖書有限公司
Tel: (02) 2795-3656　Fax: (02) 2795-4100
地址：台北市內湖區舊宗路二段121巷19號
http://www.e-redant.com
出版日期／2017 年 12 月　第一版第一刷
定　　價／280 元

Knowledge House & Walnut Tree Publishing

Knowledge House & Walnut Tree Publishing